CORPUS SCRIPTORUM ECCLESIASTICORUM
LATINORUM

VOL. XCVII

CORPUS
SCRIPTORUM ECCLESIASTICORUM
LATINORUM

EDITUM CONSILIO ET IMPENSIS

ACADEMIAE SCIENTIARUM AUSTRIACAE

VOL. XCVII

Verlag der
Österreichischen Akademie
der Wissenschaften

Wien 2009

CORPUS SCRIPTORUM ECCLESIASTICORUM LATINORUM

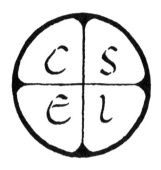

VOL. XCVII

PROSPER
DE VOCATIONE OMNIUM GENTIUM

EDIDERUNT

ROLAND J. TESKE ET DOROTHEA WEBER

Verlag der
Österreichischen Akademie
der Wissenschaften

Wien 2009

OAW

Vorgelegt von w. M. KURT SMOLAK in der Sitzung
am 12. Dezember 2008

Zur Erstellung der Edition wurde das Programm
„Classical Text Editor" verwendet.

Die verwendete Papiersorte ist aus chlorfrei gebleichtem
Zellstoff hergestellt, frei von säurebildenden Bestandteilen
und alterungsbeständig.

ISBN 978-3-7001-6611-5
Copyright © 2009 by
Österreichische Akademie der Wissenschaften
Wien
Druck: Grasl Druck & Neue Medien, A-2540 Bad Vöslau

http://hw.oeaw.ac.at/6611-5
http://verlag.oeaw.ac.at

Table of Contents

Foreword

De vocatione omnium gentium is the first work in patristic literature on the universal salvific will of God and marks a move away from the views of the late Augustine on predestination and a divine salvific will limited to only some human beings. It also marks a move on Prosper's part away from his earlier position as an ardent disciple of Augustine and opponent of the anti-Augustinian monks of Gaul to a theologian open to a milder and more conciliatory position on grace and the salvific will of God. The mellowing of Prosper's earlier hardline Augustinianism may be due at least in part to the influence of his friend, Pope Leo the Great.

The volume is the joint work of the two editors; the introduction, however, can be basically divided as follows: Chapters 1.1 to 1.3, 1.5, and 1.6 are the work of Roland J. Teske, S.J., Chapters 1.4, 2, and 3 are the work of Dorothea Weber. The collation of the manuscripts was done by Roland Teske, the text was constituted in close collaboration. We thank Clemens Weidmann for discussing some textual variants with us.

Roland J. Teske, S.J.   Dorothea Weber

Introduction

1 CHARACTERISTICS AND PROBLEMS

1.1 General Character, Date, Theological Context

The two books of De vocatione omnium gentium (hereafter abbreviated as VocGen and cited according to this edition) were written in Rome circa 450. The questions of dating, authorship, and theological content are mutually intertwined. There is now a strong consensus among scholars that the work was written by Prosper of Aquitaine after he had become a friend and secretary to Pope Leo I, that is, after 440,[1] but probably as late as 450. The work, which is about the relation between God's grace, original sin, and the abilities of the human will, is generally regarded as one of the first steps away from the hard-line Augustinianism set out in the works Augustine wrote in the last few years of his life.[2]

---

[1] The date of Prosper's move to Rome had traditionally been given as 435 based on the change of focus in the Chronicle. For the traditional dating see M. Cappuyns, Le premier représentant de l'augustinisme médiévale, Prosper d'Aquitaine, RecTh 1 (1929), 309–337 (326, n. 47). A. Hwang, Intrepid Lover of Perfect Grace: The Life and Thought of Prosper of Aquitaine (Washington, DC: The Catholic University of America Press 2009), 184 says that the earlier dating of Prosper's move to Rome "has been refuted by Markus, who has found no evidence of any discernable difference in interest or information between the parts before and after the break in 433." See R. Markus, Chronical and Theology: Prosper of Aquitaine, in: The Inheritance of Historiography 350 – 900, edd. Ch. Holdsworth - T. P. Wiseman. Exeter Studies in History 12 (Atlantic Highlands, NJ: Humanities Press 1966), 31– 43 (32 – 33).

[2] Cappuyns, Le premier représentant (see n. 1), esp. 336–337.

Ironically, Prosper along with his friend, Hilary, who is
otherwise unknown, provided the occasion of Augustine's late
work De praedestinatione sanctorum, of which De dono perseverantiae was originally the second book, when they wrote letters
to Augustine (Epistulae 225 and 226, in the letters of Augustine)
in 428–429, in which they reported to Augustine how some of
the monks of Provence – much to the distress of Prosper and
Hilary – had departed from the teaching of Augustine on the
necessity for grace, even for the beginning of faith (initium fidei).
The irony lies in the fact that the differing stances with regard to
the doctrine on grace and predestination between the younger
Prosper who wrote to Augustine and the more mature Prosper
of VocGen has led some scholars to question whether Prosper
was the author of the latter work (see below p. 23). But scholars
now see that Prosper's move from Gaul to Rome and his friendship with Pope Leo led him to adopt a new and more conciliatory approach to the topic, especially once the heat of controversy subsided after the death of Cassian. As Hwang in his
recently published monograph on Prosper says of the period
after 430, "Prosper no longer defended Augustine's doctrine of
grace, but devoted himself solely to defending the catholic
Church, which Prosper equated with the Roman Church. Prosper came to the conclusion that the Roman Church – through
what it teaches through the popes and by its liturgy – determined
the catholic doctrine on grace."[3]

As the very title indicates the work is about the calling of all
nations to salvation in Christ. The work is an attempt to end the
long-standing controversy between the anti-Augustinian monks
of Provence and the followers of the late Augustinian doctrine
on grace and predestination.[4] Prosper proposes three proposi-

---

[3] Hwang, Intrepid Lover (see n. 1), 9.

[4] Since the 16th century the monks of Provence, whom Prosper in
1,1,1 calls "the defenders of free choice," have been known as "Semi-Pelagians," an appellation that wrongly implies that these men were heretics or

tions to be believed, namely, that God wills the salvation of all men, that no one is saved except by the grace of Christ, and that the judgments of God in distributing that grace are at present inscrutable to human minds. Given these three points, he claims that the controversy will cease if one does not try to pry into what cannot now be known (1, 1).

Central to the work is 1 Tim. 2, 4: *Deus vult omnes homines salvos fieri et ad agnitionem veritatis venire* – a text found already in the first lines of the work. Prosper's interpretation of the text in VocGen represents a departure from Augustine's views on the question of God's salvific will, but the work remains thoroughly Augustinian on the necessity of grace, even for the *initium fidei*, and on the restricted sense of divine election. In his later works Augustine had himself interpreted the verse in a restricted sense so that "all men" meant some men from every class, nation, race, and age or so that God saves all whom he wills to save.[5]

Prosper's interpretation of the text in VocGen represents a development not only from Augustine's later works, but also

---

semi-heretics. John Cassian and Vincent of Lérins are saints of the Church, though some aspects of their teaching were condemned at the Council of Orange in 529. Moreover, the authority of that council was unknown until much later. – Others have proposed labeling the two sides: "Augustinians" and "anti-Augustinians" or "Massillians," labels that also have their problems. See Hwang, Intrepid Lover (see n. 1), 2–6 for a discussion of the various terms used.

[5] Augustine cited the verse in twelve passages from his works, letters, or sermons. In seven of them, all prior to 418, namely, in Rom. 1, 74, and in Gal. 28 (394/395), c. Faust. 12, 36 (397/399), spir. et litt. (412), and serm. 254 (412), epist. 149 to Paulinus (416), and serm. 304 (417), Augustine quoted the text without any further comment. In the remaining five passages he interpreted *omnes homines* to mean not all human beings, but only some. These passages are found in enchir. 103, 27, and c. Iulian. 4, 8, 42–43, both from 421/422, in epist. 217, 6, 19 to Vitalis of Carthage, corrept. 14, 44, both from 426/427, and praed. 8, 23. See A. Hwang, Augustine's Interpretations of 1 Tim. 2, 4 in the Context of his Developing Views of Grace, Studia Patristica 43 (Leuven: Peeters 2006), 137–142.

from his own earlier writings. In Ad Rufinum the young Prosper had explained to his friend that the monks of Provence were constantly raising 1 Tim. 2, 4 as an objection, as if it were opposed to the Augustinian doctrine on grace (13, 14).[6] Prosper interpreted the verse in a restricted sense in that work where he said: *modo confiteamur neminem immerito perdi, neminem merito liberari, et omnipotentissimam domini bonitatem omnes salvare et omnes ad agnitionem veritatis imbuere, quos vult omnes fieri salvos et ad agnitionem veritatis venire* (epist. 2, 13, 14).[7] By the time of the Capitula responsionum ad Gallos, however, Prosper softened the Augustinian position and said in his short reply to the objection that *non omnes deus velit salvos fieri, sed certum numerum praedestinatorum*, that someone who says that, *durius loquitur quam loquendum est de altitudine inscrutabilis gratiae Dei, qui et omnes vult salvos fieri atque in agnitionem veritatis venire* (2, 8, PL 51, 172A). In VocGen, however, 1 Tim. 2, 4 plays a central role, and Prosper cites it often, presents an exegesis of it, and shows how the universal salvific will has been carried out throughout history.

In the first book, after an introduction and a discussion of the state of the post-lapsarian human will, Prosper provides first a set of hermeneutic rules and applies them to the exegesis of 1 Tim. 2, 4 (1, 15–24). The rules that he provides, however, namely, that scripture at times means "some men" or "a part" when it speaks of "all" or "the whole" or people of a certain time when it speaks of people of all times, are not far from the rules that Augustine

---

[6] See also epist. 1 (to Augustine) 5, PL 51, 70C, 71C; resp. ad Gall. 8, PL 51, 162A; resp. ad Vinc. 2, PL 51, 170A and 179A, where 1 Tim. 2, 4 is listed among the objections raised by the opponents of the Augustinian view.

[7] In his article L'Auteur du «De Vocatione Omnium Gentium,» RBen 39 (1927), 198–226 (206), M. Cappuyns agrees that epist. 2 (=Ad Rufinum), 13, 14 (85B) expresses "l'une des interprétations restrictives de saint Augustin," but in Une étape vers l'affirmation du salut universel: Prosper d'Aquitaine: Lettre à Rufin sur la grâce et le libre arbitre, introduction et traduction, RHE 90 (1995), 367–394 (377), Françoise Vinel sees the letter as a step toward a universal interpretation of the text.

himself used to justify his restricted interpretation, and Prosper is well aware that the anti-Augustinians would recognize that fact.[8] Hence, he appeals to the prayers of the Church as indicative of the faith of the Church.[9] The supplications of the Church for the salvation of all human beings confirm Prosper's unrestricted interpretation of the salvific will of God.[10]

Secondly, Prosper constructs a long scriptural proof (1, 43–57) that no one is saved by his own merits, but only by the grace of God, and that the initiative lies with God's grace from the beginning of faith to final perseverance. The reason, however, why God does not give the grace of salvation to all is hidden in the just, but inscrutable judgments of God, which one should not seek to know since God has not revealed his reason for judging as he does (1, 57–58).

In the second book Prosper repeats the three basic truths to be believed, namely, that God wills the salvation of all men, that no one is saved except by the grace of God, and that the judgments of God cannot be known by us in this life (2, 1). Prosper then illustrates how the universal salvific will of God has always been operative throughout the history of salvation from creation to the time of Noah (2, 16–22), from Noah to Abraham (2, 23–24), from Abraham to Christ (2, 25), and since the coming of Christ (2, 26–35). Key to Prosper's universal interpretation of the salvific will, as distinguished from the restricted election of those who will be saved – *multi autem sunt vocati, pauci vero electi*

---

[8] See VocGen 1, 12, 25.

[9] In his auct. de grat. 8, PL 51, 209C, Prosper said, *Legem credendi lex statuat supplicandi*. The rule became transformed into the maxim, *Lex orandi, lex credendi*.

[10] See Paul De Clerk, La "prière universelle" dans les liturgies latines anciennes (Münster: Aschendorffsche Verlagsbuchhandlung 1977), 87–97 De Clerk sees Prosper's appeal to the prayer of the Church as a proof for the necessity of grace, even for the beginning of faith, which it certainly is, especially in the Auctoritates text, but in VocGen he uses it also and principally as proof of the universality of God salvific will.

(Matth. 22, 14) – is his distinction between general grace, which is always given to all men, and the special grace given only to the elect. The first stage of salvation history, that is, before the Mosaic Law, represents a *parcitas gratiae* (2, 14, 21) in all nations in comparison with the people of Israel, as the second stage under the Law also does in relation to the grace of Christ. De Letter claims that the concept of general grace marks "a break away from Augustine's restricted universalism ...".[11] Along with Cappuyns, but contrary to Pelland, De Letter holds that the grace of the first stage is not merely external grace, which, according to Prosper, can never be effective, but along with the second and third stages includes internal grace.[12] De Letter writes: "When Prosper speaks of *bonitas generalis,* or *dona communia,* or *dona generalia* he includes internal grace."[13]

Equally significant of the development of Prosper's thought in VocGen is the omission of any mention of Augustine or of predestination, the term that had so offended the monks of Provence. He also clearly rejected a doctrine of positive reprobation, arguing that no one perishes by God's plan or decree: *Haec autem summatim breviterque perstricta ad id valeant, ut certissime noverimus nullum fidelium a deo non discedentem relinqui neque cuiusquam ruinam ex divina esse constitutione dispositam ...* (2, 20). No one perishes who does not deserve to perish, just as no one who is saved merits the grace of election. De Letter claims that Prosper suggests another secondary reason why God's special grace is not given to all men, namely, man's refusal of grace. "This is not mentioned in Augustine. Here no doubt is the new-

---

[11] P. De Letter, Gratia Generalis in the De vocatione omnium gentium and in St. Augustine, Studia Patristica 14/3. Texte und Untersuchungen 117 (Berlin: Akademie-Verlag 1976), 393–401 (394).

[12] See Cappuyns, Le premier représentante (see n. 1), 332, and L. Pelland, S. Prosperi Aquitani doctrina: De praedestinatione et voluntate Dei salvifica, De eius in augustinismum influxu (Montreal: College of the Immaculate Conception, 1936), 166–170.

[13] De Letter, Gratia Generalis (see n. 11), 395.

ness of De vocatione: while respecting the mystery of divine election, Prosper turns to man and sees in his refusal of God's offer of a more abundant grace, in addition to the general grace, a sign or reason why one is not included in the divine election."[14] This solution, however, cannot explain the lot of infants who die without baptism. On their lot Prosper explains that, just as some infants believe by the faith of their parents who bring them to baptism, so others fail to believe by the unbelief of theirs. For everything at their age depends upon the actions of adults (2, 40).

At the same time, VocGen owes much to Cassian's Collatio 13,[15] a text, which Prosper had attacked fiercely in his earlier Contra collatorem. In VocGen Prosper assigns high importance to 1 Tim. 2, 4 and seems to refuse Augustine's interpretation that "all men" means "some men," as Cassian had previously done (coll. 13, 7 *qui enim ut pereat unus ex pusillis non habet voluntatem, quomodo sine ingenti sacrilegio putandus est non universaliter omnes, sed quosdam salvos fieri velle pro omnibus?*). Besides, Prosper not only knew Cassian's concept of salvation coming about by God's grace and the human will which cooperate, but also seems to follow it, though he avoids clearly agreeing with it (2, 43, 5 - 14 *gratia dei illa quidem in omni iustificatione principaliter praeeminet suadendo exhortationibus, monendo exemplis, terrendo periculis, incitando miraculis, dando intellectum, inspirando consilium corque ipsum illuminando et fidei affectionibus imbuendo, sed etiam voluntas hominis subiungitur ei atque coniungitur, quae ad hoc praedictis est excitata praesidiis, ut divino in se cooperetur operi et incipiat exercere ad meritum, quod de superno semine concepit ad studium, de sua habens mutabilitate si deficit, de gratiae opitulatione si proficit*). Even Pope Leo's works left traces in Voc Gen: Apart from stylistic features (see below p. 33), it is mainly

---

[14] De Letter, Gratia Generalis (see n. 11), 400.
[15] On this see Hwang, Intrepid Lover (see n. 1), 217 - 218.

the concept of Roman history governed by divine providence[16] that finds an echo in Prosper: (2, 53) *Nulla pars mundi ab evangelio vacat Christi, et licet illa generalis vocatio non quiescat, tamen etiam ista specialis iam universis est facta communis: Ex omni gente, ex omni condicione adoptantur cotidie milia senum, milia iuvenum, milia parvulorum, et effectibus gratiae Christianae etiam ipsa quibus mundus atteritur arma famulantur.* (54) *... Quidam ecclesiae filii ab hostibus capti dominos suos Christi evangelio manciparunt, et quibus condicione bellica serviebant, iisdem fidei magisterio praefuerunt. At alii barbari dum Romanis auxiliantur, quod in suis locis nosse non poterant, in nostris didicere regionibus et ad sedes suas cum Christianae religionis iustificatione remearunt. Ita nihil obsistere divinae gratiae potest, quominus id quod voluerit impleatur, dum etiam discordiae ad unitatem trahunt et plagae in remedia vertuntur, ut ecclesia unde metuit periculum, inde sumat augmentum.*

By the time of VocGen Prosper's concern is not mainly the defense of Augustine's teaching, but of the faith of the Roman Church. Hwang concludes that Prosper learned in the Rome of Leo that the Catholic faith is the faith taught by the Church of Rome rather than that taught by Augustine of Hippo.[17] In any case, the irenic, conciliatory tone of VocGen and its lack of a manifest position in favor of or against Augustine can be interpreted as significant for the author's position: After the aggressive discussion about inherited sin and free will which is found in Augustine's late writings, had cooled down, Prosper as papal secretary must have been more interested in presenting a compromise than stirring up the controversy.

---

[16] Tract. 82, 2, version β: *Ut autem huius inenarrabilis gratiae per totum mundum diffunderetur effectus, Romanum regnum divina providentia praeparavit, cuius ad eos limites incrementa perducta sunt, quibus cunctarum undique gentium vicina et contigua esset universitas. Disposito enim divinitus operi maxime congruebat, ut multa regna uno confoederarentur imperio, et cito pervios haberet populos praedicatio generalis, quos unius teneret regimen civitatis.*

[17] See Hwang, Intrepid Lover (see n. 1), chapter six, "Servus Ecclesiae (440–455): The Primacy of the Roman Church," especially 187–188.

Despite Prosper's movement away from the late Augustine, he still maintains the Augustinian position that no one is saved except by the grace of God and that every step on the path to salvation from the beginning of faith to final perseverance is a gift of divine grace. When at the Council of Orange in 529 the Catholic Church put an end to the second half of the controversy between the Augustinians and anti-Augustinians, the canons were largely drawn from Prosper's Praeteritorum episcoporum sedis apostolicae auctoritates.[18]

1.2 Content
Book One
1–2: Introduction
Prosper sets out to resolve the dispute between the monks of Provence and the defenders of the Augustinian account of grace, that is, between the defenders of free will and the preachers of grace. The solution cannot lie in the merits of human beings without destroying the concept of grace as a gift. Why God does not give the grace of salvation to everyone is unknowable in this life.
3–8: The Human Will
The will of fallen man is either sensual in infants or animal in adults, but can become spiritual by grace (3–4). Those whose will remains animal may live lives according to the rules of justice and morality, but cannot attain eternal happiness, because they do not refer their correct actions to the praise and honor of God. Even if they come to know God through creation, they fail to acknowledge him as the source of their gifts and sin through pride. Hence, since they were given God's gifts, yet fell into idolatry, they were without excuse. All of Israel would have fallen into the same idolatry without the support of God's grace (5–7). The spiritual man loves in himself God's work in him, and

---

[18] M. Cappuyns, L'origine des 'Capitula' d'Orange 529, RecTh 6 (1934), 121–142, especially 140–141.

good will, the first sprout of all the virtues, becomes spiritual when one refers all his actions to God (8).

9–14: God's Work upon and Transformation of the Will
When God transforms the will by grace, the old will is not replaced by a new will; rather the same will is healed and repaired (9–10). Man born of Adam cannot rise to a spiritual dignity except under the guidance of the Holy Spirit, and without the grace of God we can partake of no true virtue. No one, whether learned or unlearned of any race or rank, comes to God unless moved by the grace of God. When the word of God is preached exteriorly, the grace of God transforms the heart of the listener interiorly. The law gave commandments, but only grace enables us to fulfill them. Despite grace, temptations remain to our great benefit for they keep us from pride and show that we need the continuous help of grace (11–14).

15–24: The Rules for the Interpretation of 1 Tim. 2, 4
Given the firm faith that all good things come from God, we must not obscure what is clear nor stubbornly pursue what is hidden. God's foreknowledge and plan cannot fail, and his promises are fulfilled since God cannot lie (15–17). Scripture provides some hermeneutic rules: "All men" at times refers to only some, and "the whole" often refers to a part (18–21). The Bible provides many examples of such expressions (22–23). The Bible, at times, also speaks of the people of a certain time as if it were speaking of the people of all time (24).

25–40: Exegesis of 1 Tim. 2, 4
These rules of interpretation do not run counter to 1 Tim. 2, 4, which must be read in its whole context (25). 1 Tim. 2, 1 asks us to pray for the salvation of all people, and Prosper appeals to the prayer of the universal Church as normative for interpreting the apostle's words (26).
27–28: Yet, why some of these prayers are not answered remains hidden, as Rom. 11, 25–36 shows.
29–30: The reasons for many things that God does cannot be known by us.

31–35: The explanation, however, cannot lie in human merits. This is clear from the case of innocent infants who die without baptism and of sinful adults who die immediately after baptism (32–33); the parable in Matth. 20 also confirms this same fact (34–35).

36: It is simply up to God's choice to whom he grants the grace of salvation.

37: Without God's grace all men are sinful.

38–39: But all can be saved by his grace.

40: Still, the details of God's election are unknown and unknowable in this life.

41–42: The Pelagians have to admit that the reasons why God chooses some and rejects others are unknown to us in this life, and these reasons cannot lie in human merits, as can be seen from the case of infants.

43–57: As Prosper shows, the Bible supplies ample evidence that all human virtues and merits are the effects of grace.

44–49: First of all, texts are presented to show that faith is the mother of every good will and just action; the faith by which the impious are justified comes only from the gift of God and can be attributed to no merits. Rather, faith is given in order that it might be the beginning of merit.

50–55: Secondly, texts are presented to prove that any increase in virtue and merit comes from grace, first, from the OT (Psalms, Proverbs, Sirach, Wisdom [with parallel texts from the NT], Isaiah, Job, and Jeremiah [and Baruch]), and then from the NT (Paul's Letters, Matthew, and John).

56: Finally, texts are presented from the NT (Paul's Letters, Luke, and John) to show that final perseverance is a gift of God's grace.

57–58: The texts cited make clear that nothing that pertains to meriting eternal life can be begun, increased, or brought to perfection except by the grace of God. But why God, who wills to save all human beings (1 Tim. 2, 4), does not give the grace of salvation to all remains an inscrutable mystery.

Book Two
　　1: Introduction
Three truths must be held: 1) that God wills the salvation of all
human beings, 2) that no one comes to salvation except by the
help of grace, and 3) that God's judgments cannot be fathomed.
If we do not ask about what cannot be known, no basis for dispute remains between the first two points.
　　2‑10: God's Universal Salvific Will
2‑4: Prosper turns to scriptural proofs of God's will to save all
men in the missioning of the apostles to teach and baptize all nations, and yet many people rejected their ministry.
5‑6: The call of some peoples was mysteriously delayed, by
which we are taught that amid his general promises, works, and
commands God arranges others in a special order.
7: In the past God poured out his special grace upon the people
of Israel, although his goodness never left other peoples without
the means to know and fear him through his creation.
8: Before the coming of Christ grace worked in two ways:
through the testimony of creation and miracles of God's goodness in all nations, but more abundantly in Israel through the
law and the prophets.
9‑10: Even in the NT times grace is not given to all in the same
measure, and each one advances in the measure that the Lord
grants.
　　11‑13: 1 Cor. 12,3‑11 shows the diversity of gifts that the
one Spirit gives to each as he wills. Each person is given without
merit the grace by which to earn merit.
　　14: We cannot know the reason for the inequality of grace,
and we should stand in awe of it, as Saint Paul did, rather than
attempt to explain it.
　　15‑35: But we can know that the mercy and justice of God
have always nourished the bodies and helped the minds of human beings (15).
16‑25: OT times: Prosper shows this in the times from creation
to the flood (16‑22), from the time of Noah to Abraham (23‑

24), and from the time of Abraham to Christ (25). In an excursus (17–20) he argues that grace may have its effects on individuals immediately or only after some time and on peoples only after many generations or never at all. The texts show, he claims, that no one is abandoned by God unless that person first abandoned God and no one's fall comes about by God's disposition, although many depart from him by their free wills.

26–31: NT times: At the time of Christ's coming the Jewish people were no better than earlier ones. Rather, by his coming and grace Christ gathered a people for himself through persecution and sufferings (26–28). Christ died for the impious and sinners, from whose number no one is found to be free (29–30). On Pentecost the apostles proclaimed the gospel of Christ to people gathered from throughout the Roman Empire (31).

32–35: Present times: If the grace of Christ has not yet shone forth for people in some parts of the world, we should believe that the time of their calling has been arranged by the just judgment of God and that he has not denied them the general help always offered to all men (32). Although the mystery of salvation in Christ was hidden from previous generations, it was not also hidden from the prophets (33) or the apostles (34). The grace by which all the nations are called into the kingdom of Christ was concealed from earlier ages by God's hidden plan, and yet it is piously believed that God willed the salvation of all men (35).

36–48: The Difficulty Posed by Unbaptized Infants

36–41: The multitude of infants who die without baptism poses no small difficulty (36). In their case we must firmly believe in God's justice and not seek to know what he willed to be hidden (37). There is no reason to complain about an untimely death since every day of our life is subject to the mortality contracted through sin (38). Under the just providence of God no one is born or dies except how and when divine wisdom arranges it (39). Asked why God does not give to all the chance to embrace the faith, Prosper suggests that such people receive the grace always given to all. He explains that, as in baptism infants believe

by the faith of others, so other infants do not believe because of
the unbelief of others (40). The hearts of the faithful would become careless if there was nothing to fear in neglecting the baptism of infants. If the happiness of infants could not be lost, the
error that grace is given in accord with merits would seem to
find strong support (41).

42 – 48: Whether we contemplate the past or present, we reasona-
bly believe that God wills and has always willed the salvation of
all human beings by his general gifts to all and by his special
grace to some (42). God's grace is powerful, but does not act
with violence (43). There is no virtue, whether in the beginning,
growth, or final perseverance of the faithful that comes about
without God's gift and without the consent of our will (44),
which is brought about not only by preaching and teaching, but
also by fear (45). God gives us the grace of believing in Christ,
but does not take from us the mutability of the will by which we
can abandon the faith. Because of our proclivity to temptation,
we need not merely to watch, but also to pray (46). Peter's threefold denial of Christ, despite Christ's having prayed for him,
shows that weakness and mutability of the will remains even in
those who are given the grace of perseverance (47 – 48).

49: Prosper concludes that the goodness of God has always
cared for and continues to care for the whole of mankind by
common gifts and by special protections so that no one who perishes has any excuse and so that no one can boast of his own
righteousness.

50 – 59: He repeats the three truths stated at the beginning of
the second book (50) and cites 1 Tim. 4, 10 to illustrate God's
general goodness given to all and his special benefits given to the
faithful (51). The inequality of God's gifts affords no grounds for
complaint (52 – 53). Under the mercy and justice of God no one
perishes who ought not to perish (54). Eph. 1, 3 – 6 prove God's
eternal foreknowledge of the elect (55). Yet no one should main-
tain that good works or prayer are useless (56). God's immutable
knowledge and plan neither imposes necessity on our will nor

dispenses us from the need for good works. Grace is not given to the elect in order to free them from temptation (57). A passage from Tobit shows that God's election does not abolish the need for prayer (58). No one's correction should be neglected, nor should anyone's salvation be despaired of. Thus the Church prays for the perseverance of believers and for the conversion of nonbelievers (59).

1.3 Question of Authorship

Whether VocGen was written by Prosper or someone else had been debated since the 17th century, and the debate continued through the 20th century, although the question of the work's authenticity is now considered settled. Prosper's move to Rome and his friendship with Leo the Great along with the fact that after the death of Cassian the controversy in Gaul had quieted down are now taken to explain the more moderate and more polished tone of Prosper's writing. Of the two recent books on Prosper, that by Elberti argues convincingly and conclusively for the Prosperian authorship, while that by Hwang simply takes it as an accepted fact.[19] Since, however, the authenticity of the work had long been debated, it seems good to review the main arguments for the Prosperian authorship, for which the present work offers some new support.

a) External Evidence
The manuscript tradition (see p. 44) offers only three names. Of the twenty-nine extant mss. of the work, fifteen attribute it to Prosper, that is, all those pertaining to the family κ, among which are the oldest manuscripts dating from the 9th and 10th centuries (P W L),[20] one of the μ family (G, 15th century), and one of the two oldest manuscripts of the λ family (M, 12th century).

---

[19] A. Elberti, Prospero d'Aquitania: teologo e discepolo (Roma: Edizioni Dehoniane 1999). Hwang, Intrepid Lover (see n. 1), 19–20.
[20] For the sigla see p. 78.

Two other late manuscripts of the μ family (*Ma* and *X*) attribute it to Augustine. Ten manuscripts of the λ family attribute the work to Ambrose,[21] and one is unclear.[22] The Ambrosian authorship is rejected by everyone since the bishop of Milan died in 397, well before the Pelagian controversy arose, not to mention the controversy with the so-called Semi-Pelagians, which began only in the last years of Augustine's life.[23] This attribution may have come about by reason of the fact that codex *V*, to which the later members of family λ can be traced back, was written in Milan where Ambrose was bishop. No scholar has, it seems, noticed or commented on the attribution of the work to Augustine; the fact that the author of VocGen says that the controversy has been going on for a long time,[24] coupled with the universalistic interpretation of the salvific will of God in 1 Tim. 2, 4, seems to preclude the possibility of Augustine as author of the work. Besides, style and patterns of argumentation do not fit with Augustine, nor is VocGen mentioned in the *Retractationes* or in the *Indiculum* of Augustine's works. The title attributed to the work in the oldest manuscript of the μ family, *De libero arbitrio et gratia*, could well have been the starting point for this false attribution in other members of the μ family. Given the impossibility of an Ambrosian or an Augustinian authorship, coupled with the antiquity of the mss. that attribute the work to Prosper, the weight of ms. evidence clearly points to Prosper as the author.

Furthermore, two 9th century clerics, Ratramnus, a priest of Corbie, and Hincmar, archbishop of Reims, attributed VocGen

---

[21] Of these only *V* stems from the 12th century, while all the rest date from the 14th, 15th, and 16th centuries.

[22] Q, which dates from the 12th century, gives *De libero arbitrio et gratia* as the title of the work, but the name of the author is illegible, though a note from the 12th century says that the ms. contains works of Augustine.

[23] For the term "Semi-Pelagian" see n. 4.

[24] See VocGen 1, 1, 2 *magna et difficilis dudum vertitur quaestio*.

to Prosper.[25] Thus we can conclude that in the 9th century Prosper's authorship was commonly accepted in the West. Other documents do not contribute to the solution of this problem. Photius, Patriarch of Constantinople in the 9th century, spoke of a certain Prosper who published at Rome some small books (*libelli*) against the Pelagian heresy.[26] It is not clear, however, that the books are those of VocGen. Pope Gelasius quoted the work late in the 5th century, but referred to the author only vaguely as *quidam magister ecclesiae*.[27] His omission of any name has led some to the view that the work was published anonymously as well as to the view that Prosper could not have been the author of VocGen.[28] But the vague reference to the author by Gelasius provides an even stronger argument against a Leonine authorship which was held by Quesnel (see below).

b) Status quaestionis

A. Elberti's recent book provides an excellent summary of the debate on the authorship of the work.[29] Apart from Erasmus, who attributed the work to Eucherius of Lyon and G. J. Vossius, who attributed it to Hilary of Arles,[30] the Prosperian authorship was unquestioned by scholars until the time of P. Quesnel, who

---

[25] See Ratramnus, De praedestinatione Dei et libero arbitrio 1 (PL 121, 27C) and Hincmar, De praedestinatione Dei et libero arbitrio posterior dissertatio (PL 125, 117–475). Hincmar quotes 21 passages from VocGen, and it is clear that he is quoting from a ms. in the κ family (see below p. 42).

[26] See Phot., Bibl. cod. 54 (PG 103, 97).

[27] In Adversum Pelagianam haeresim (= coll. Avell., epist. 97) 47, Gelasius (pope from 492 to 496) quotes 1, 13, 13–14. The words quoted are from the passage omitted in λ. See below p. 70.

[28] "L'idée de l'anonymat voulu fut lancée par Quesnel et Antelmi et vulgarisée par Dupin" (Cappuyns, L'Auteur [see n. 7], 199, n. 1).

[29] Elberti, Prospero d'Aquitania (see n. 19), 143–160.

[30] Ibid., 143.

proposed Leo the Great as its author.[31] His strongest argument
for a non-Prosperian authorship rests upon the difference between Prosper's doctrine of grace and that found in VocGen.
The latter work certainly places an emphasis of the universal
salvific will of God, frequently quoting or alluding to 1 Tim.
2, 4, while not interpreting it in a particularist sense, as Augustine
himself had done.[32] VocGen also does not mention Augustine at
all and mentions predestination only once in a quotation from
Eph. 1, 5 (2, 55). Quesnel also claimed that the author of VocGen
was the same as the author of Epistula ad Demetriadem de vera
humilitate, which he considered not to be the work of Prosper.
Quesnel's view was followed by L. E. Du Pin, but strongly opposed by J. Antelmi (Antelmy).[33] The Ballerini brothers rejected
both Leo and Prosper of Aquitaine as the author, while pro-
posing another author also named Prosper.[34]

---

[31] P. Quesnel, Dissertatio secunda de auctore librorum de vocatione omnium gentium, in: S. Leonis Magni Papae primi Opera omnia ..., vol. 2
(Lutetiae Parisiorum 1675), reprinted in PL 55, 339–372.

[32] See, for example, Aug., ench. 103, 27, where Augustine explains that
the verse means either that there is no human being saved whom God does
not will to be saved or that omnes homines means some human beings from
every nation, class, occupation, age, social condition, and so on. See below
p. 39 for further discussion of Augustine's views.

[33] L. E. Du Pin, Nouvelle bibliothèque des auteurs ecclésiastiques (Paris,
1695). See PL 51, 639–647 for the Latin translation of Du Pin's article. J.
Antelmius, De veris operibus SS. Patrum Leonis Magni et Prosperi Aquitani
dissertationes criticae (Lutetiae Parisiorum: Dezallier 1689).

[34] See Admonitio in libros de Vocatione omnium Gentium, in: S.
Leonis Magni, Romani Pontificis, Opera ... vol. 2 (Venetiis: Occhi 1756),
163–166 (reprinted in PL 55, 157–159): "Difficultates enim a Quesnello
objectae ... id solum evincunt horum librorum auctorem non esse Prosperum Aquitanium. At si dicatur esse aliquis alius Prosper aliunde non cogni-
tus, qui sub Leonis aevum et ante Gelasium vixerit; ea objecta nihil offi-
ciunt ..." (166).

Early in the 20th century L. Valentin regarded favorably the Prosperian authorship,[35] and soon afterward M. Cappuyns argued that it was certain that Prosper was the author of the work.[36] L. Pelland, however, regards the Prosperian authorship as merely very probable, but not certain.[37] At mid-century P. De Letter, S.J., examined Cappuyns' arguments and agreed with his acceptance of the Prosperian authorship.[38] A few years later, however, G. de Plinval cast doubts on it: "En dépit des arguments qui ont été avancés, nous ne croyons pas que Prosper soit l'auteur du De vocatione omnium gentium ... encore qu'il en ait sans doute inspiré certains passages, mais à coup sûr, il a été le

[35] L. Valentin, St. Prosper d'Aquitaine. Étude sur la littérature latine ecclésiastique au Ve siècle en Gaule (Toulouse, 1900).

[36] "Ces coïncidences nombreuses d'expression, tant pour les idées simples et ordinaires que pour les réflexions plus originales, ce parallélisme poursuivi à travers toute l'étendue du De Vocatione et de l'œuvre de S. Prosper, nous ramènent forcément à la question que nous nous posions en terminant l'analyse doctrinale. Quel est donc cet auteur qui pense, raisonne, écrit comme Prosper sinon Prosper lui-même?" Cappuyns, L'Auteur (see n. 7), 220.

[37] Pelland, S. Prosperi Aquitani doctrina (see n. 12), 154: "Ex his breviter animadversis videtur concludendum: 1° Nulli auctori (praeter Prosperum Aquitanum) favere argumenta solide probabilia neque interna neque externa; 2° nulla argumenta peremptoria adversari origini prosperianae; 3° datis argumentis externis et praesertim internis, solide cum probabilitate posse hos libros De voc. omn. gent. Prospero Aquitano attribui. Non auderemus tamen hanc attributionem esse certam contendere, propter difficultates non utique apodicticas, sed non spernendas."

[38] P. De Letter, St. Prosper of Aquitaine: The Call of All Nations. Ancient Christian Writers 14 (Westminster, MD: The Newman Press 1952), 9: "We may, then, align ourselves with a number of patristic scholars and safely accept Cappuyns' conclusion that St. Prosper's authorship of the De vocatione is historically established." – Among the other scholars whom De Letter cites as favoring Prosper as author are G. Bardy, Prosper d'Aquitaine (Saint), Dictionnaire de théologie catholique 13,1 (1936), 847, who regards it as certain, along with B. Altaner, Patrologie, 2nd ed. (Freiburg: Herder 1950), 400.

contemporain, l'ami et le confident du pape Saint Léon. ... Les
arguments présentés par Quesnel ... gardent leur valeur. Ne pas
oublier que l'auteur du De vocatione est aussi l'auteur d'une
Lettre à Démétriade (PL 55, 162–180) qu'il parait bien difficile
d'attribuer à Prosper."[39] M. K. C. Krabbe, on the other hand, has
argued that Prosper was the author of the Letter to Demetrias,[40]
and A. Solignac claims that, despite the rejection of the authenticity of the letter by Cappuyns and de Plinval, "l'étude de Sister
Krabbe conduit à reconsidérer la question."[41] In his recent study
of Prosper, A. Elberti considers at length the arguments of
Quesnel and shows quite conclusively that they do not provide
any sound reasons for rejecting the Prosperian authorship and
good reasons for accepting it. He concludes regarding VocGen:
"È un'opera di matrice fortemente agostiniana, in cui l'agosti-
nismo primitivo appare molto attutito e a volte trasformato.
Possiamo mantenere l'opinione che essa sia stata scritta a Roma
verso la metà del V secolo. Vanno escluse chiaramente le due
matrici ambrosiana et leoniana. Respecchia chiaramente il pensiero e la dottrina di uno dei discepoli più intimo e fedele di
Agostino. Pertanto, ci sembra di poter tranquillamente sostenere
che il De vocatione omnium gentium sia frutto del pensiero teo-
logico et della penna de *Prospero d'Aquitania*."[42] Following Cappuyns and Elberti, I have argued for a Prosperian authorship of
VocGen, relying on the evidence of the oldest manuscripts, the

[39] G. de Plinval, Prosper d'Aquitaine: interprète de saint Augustin,
RecAug 1 (1955), 339–355, here 351 with n. 51. In L'universalisme de l'his-
toire du salut dans le "De vocatione omnium gentium," RHE 68 (1973),
731–758, Czelaw Bartnik prescinds from the question of authorship.
[40] See M. K. C. Krabbe, Epistula ad Demetriadem De Vera Humiliate. A
Critical Text and Translation with Introduction and Commentary. Patristic
Studies 97 (Washington, DC: The Catholic University of America Press
1965).
[41] A. Solignac, Prosper d'Aquitaine, Dictionnaire de spiritualité 12
(Paris: Beauchesne 1986), cols. 2446–2456, here 2452.
[42] Elberti, Prospero d'Aquitania (see n. 19), 160.

impossibility of Ambrosian authorship, the great improbability of Augustinian authorship, and the weakness of the arguments favoring Saint Leo or anyone else.[43]

c) Internal Evidence

Quesnel's argument for the non-Prosperian authorship rested mainly on the following five points of internal evidence. First, Quesnel argued that the initial paragraph of the work and especially the verb *annitar* (1, 1, 12) indicates that the author was first at that point undertaking – and undertaking rather timidly – to deal with the question, something that could hardly apply to Prosper, who had by 450 been long and vigorously involved in the controversy.[44] Secondly, he pointed to the differences between Prosper's teaching on grace and that found in VocGen (see above). Thirdly, he claimed that the polished style and eloquent diction of VocGen was markedly different from that of Prosper's works. Fourthly, he noted the absence of any mention of Augustine in VocGen, although Prosper had elsewhere shown himself a staunch defender and promoter of the fine points of Augustine's teaching,[45] and fifthly, he argued that Pope Gelasius' attribution of the work to *quidam magister ecclesiae* (see n. 27) indicates that the author of the work was unknown by the late 5th century.

In response to Quesnel's arguments, Elberti points out that the verb *annitar* need not mean a first attempt, but simply an

---

[43] See R. Teske, The Augustinianism of Prosper of Aquitaine Revisited, Studia patristica 23 (Leuven: Peeters 2006), 491–503.

[44] Appealing to the view of Vossius, Quesnel says of the author of VocGen, "ejus sententia non ex amussim quadrat doctrinae Prosperi, sed mediam potius viam sequitur inter Augustini sententiam et eam quae fuit Semipelagianorum" (Dissertatio secunda [see n. 31], 12, 1; PL 55, 344–345).

[45] Quesnel says of Prosper, "Hic enim palam et publice assertorem se vindicemque sancti Augustini exhibet, ejus doctrinae apices omnes ubique acriter ac strenue propugnat, premit studiose omnia ejus vestigia, ubique sancti doctoris animum, doctrinam, sensusque omnes spirat. Nihil tale in gemino libello" (Dissertatio secunda [see n. 31], 12, 3; PL 55, 345).

attempt, and he finds it a comparable expression of the author's
supposed timidity in Responsiones ad excerpta Genuensium.[46]
The second objection is at the heart of the question and has been
discussed above (pp. 26–29). To the third objection Elberti suggests that the better style of VocGen compared to other works of
Prosper can be explained by the fact that he wrote his other
works in haste and amid full controversy, while at Rome, where
he wrote VocGen, he had the time and leisure to refine the style
and diction.[47] In reply to the fourth objection Elberti suggests
that the absence of any mention of Augustine could simply be
the result of the author's wanting "evitare ogni pretesto che
potesse riaccendere la lotta e tentare così di convincere più facil-
mente gli avversari."[48] Finally, to the fifth objection Elberti re-
plies that Gelasius could quite properly have called Prosper
quidam magister ecclesiae and notes that, if the pontiff were referring to Leo, he would more likely have referred to him as his
predecessor.[49]

Cappuyns has provided more detailed arguments for the
Prosperian authorship. For instance, he singles out biblical cita-
tions the wordings of which differ from the Vulgate as evidence
that Prosper is the author of VocGen. With modern electronic
resources, the evidence can be made even stronger. He points to
the passage from Luc. 22, 31–32, which is quoted in VocGen
1, 56, 65–68 and 2, 46, 30–33 *Dixit autem Iesus Petro* (these words
are not quoted in 2, 46): *Simon, Simon, ecce Satanas (ex)postulavit,
ut vos cerneret velut* (*sicut* in 1, 56) *triticum. Ego autem rogavi pro
te, Petre* (not in 2, 46), *ne deficiat fides tua, et tu tandem* (not in

[46] See Elberti, Prospero d'Aquitania (see n. 19), 146–147.
[47] See Elberti, Prospero d'Aquitania (see n. 19), 147.
[48] Ibid.
[49] Ibid., 148: "[I]nfatti attribuendo questi libri a quel pontifice, Gelasio
avrebbe adoptato la formula: 'Il nostro predecessore'; referendo invece a
Prospero, Gelasio poteva ben stimare che egli fosse così abbastanza noto
come autore di questi libri, da poter tacere il nome."

1, 56) *conversus confirma fratres tuos et roga, ne intretis in tempta-tionem.* He notes that the readings *postulavit* (for *expetivit* in the Vulgate), *cerneret* (for *cribraret*), *velut* (for *sicut*) are quite frequent in patristic authors. The vocative *Petre* is found 11 times in Augustine, twice in Prosper, once in Leo, and 17 times in later authors in PL.[50] The reading *dixit autem Iesus Petro* (for *ait autem dominus* in the Vulgate), however, is found only in Prosper's Ad Rufinum and VocGen 1, 56.[51] So too, *confirma fratres tuos et roga, ne intretis in temptationem* is found only in Ad Rufinum and VocGen 1, 56 and 2, 46.[52] The reading *tandem* (for *aliquando*) is only found once in VocGen 2, 46, once in Ad Rufinum, and once in Eusebius of Vercelli.[53]

So too, in the passage in VocGen 2, 5, 14–16, *Volentes apostoli evangelizare verbum in Asia vetiti sunt ab spiritu sancto et disponentes ire in Bithyniam prohibiti sunt ab spiritu Iesu ...* where the author is referring to Act. 16, 6–7, the words *prohibiti sunt a spiritu Iesu* have the closest parallel in Prosper's Contra collatorem 12 (PL 51, 245).[54]

Cappuyns also points to the remarkable combination of the images of wandering, seeking, and finding from Matth. 18, 12–13 and of carrying on his shoulders from Luc. 15, 5 in VocGen 1, 14, 1–4, which is also found in Ad Rufinum 8, 9 (PL 45, 1796–1797).[55]

Turning to literary parallels, Cappuyns provides lists of expressions, which he admits are "moins significatives en elles-

---

[50] Cappuyns, L'Auteur (see n. 7), 215 says, "Le vocatif *Petre* est particulier à S. Augustin".

[51] VocGen 1, 56, 65 and Ad Rufinum 10, 11 (PL 45, 1797).

[52] Cappuyns does not mention this fact.

[53] Cappuyns, L'Auteur (see n. 7), 215 says that *tandem* is found only in Prosper and the Quaestiones of Pseudo-Augustine, which are now attributed to Ambrosiaster (quaest. test. 7, 9, 3).

[54] Cappuyns missed the occurrence in Contra collatorem, which strengthens the evidence in favor of Prosper's authorship of VocGen.

[55] Cappuyns, L'Auteur (see n. 7), 217.

mêmes, mais auxquelles leur commune inspiration et leur nombre donnent quelque importance."[56] The texts he gives in parallel columns run five pages in his article on the author of VocGen,[57] the parallels that were found conclusive are cited in the apparatus similium of this edition. Cappuyns adds other texts whose formulation is characteristic of the thought of Prosper. First, grace is not merely the *comes*, but also the *dux* of our actions.[58] Sin and redemption do not change the nature, but the quality of the will.[59] Free choice does not explain the *adoptio* or the *abdicatio* of infants,[60] the salvation of adults who remain all their life *excordes et fatui*,[61] or that of those who are converted at the last moment, after living their life *in flagitiis*.[62]

In his study of the vocabulary and style of VocGen, Joseph J. Young has argued that the author of the work is the same as the author of the Contra collatorem. He admits that the vocabulary does not prove the Prosperian authorship of VocGen, but claims that "[t]he study of the clausulae on the other hand furnishes strong evidence that the author of the De vocatione was the author of the Contra collatorem – Prosper of Aquitaine."[63] Young's study does not, however, achieve what he claims: The first part, which lists quite a number of Latin words occurring in the work and gives parallels in other authors, proves only that

---

[56] Ibid., 215.

[57] Ibid., 215 – 219.

[58] Ibid., 216. See VocGen 1, 2; epigr. 46 (512A); carm. de ingrat. 558 – 562 (124A); c. coll. 2, 3 (219B); epist. 1, 4 (71A).

[59] See VocGen 1, 9; c. coll. 9, 3 (236C – 237A); 12, 4 (245C – 246A); 18, 3 (264C – 265A).

[60] See VocGen 2, 36; resp. ad Gall. 17, 8 (162C); in psalm. 102, 13 – 14 (286C).

[61] See VocGen 1, 5; c. coll. 13, 6 (251A).

[62] See VocGen 1, 33; epist. 2, 17, 18 (87B).

[63] J. J. Young, Studies on the Style of the *De vocatione omnium Gentium* Ascribed to Prosper of Aquitaine. Patristic Studies 87 (Washington, DC: The Catholic University of America Press 1952), 179.

VocGen stems from the 5th century, something that has never been denied. The second part, which is dedicated to prose rhythm, compares VocGen with Prosper's *Contra collatorem*; again, though Young is able to find close similarities between both works, e.g., that both prefer accentual clausulae to metrical ones and that the different types of cursus are distributed in approximately the same proportions (see p. 35), his results remain inconclusive because these features were common to other authors of the time.

Nevertheless, there is strong external and internal evidence for the present consensus of scholars that the author of VocGen is Prosper of Aquitaine.

1.4 Language and Style

As Young has shown, the vocabulary of VocGen corresponds with the standards of late antique Christian prose works. In its syntax, which Young left aside, VocGen also has many characteristics of Late Latin. This holds true, for example, for the following phenomena: the indefinite pronoun *aliquis* occurs after *si* (2, 19, 14; 30, 3; LHS 195[2]);[64] in four places, the author uses the periphrastic form of the present perfect tense, i.e., *habere* plus the perfect passive participle (1, 57, 12 *donatum habet*; 2, 7, 21 *dispositum habens*; 37, 3sq. *habere cognitum*; 49, 17 *praecognitum habuit*, cf. LHS 319[4]); he construes verba dicendi and sentiendi with *quod* and subjunctive instead of the accusative with an infinite (1, 2, 3; 5; 6, 1; 6, 16 etc.; LHS 576 – 578), but with *quia* (2, 35, 8) or *quoniam* (2, 24, 14) only in biblical allusions; *siquidem* introducing a subordinate clause is always followed by the subjunctive (2, 14, 9; 46, 36; 47, 15; 51, 17); Prosper has *iubere* with dative, something that occurs only rarely in classical Latin (2, 3, 1sq. *praedicatoribus evangelii quid a domino iubeatur*; ThlL VII/2, 577, 39 – 63); he

---

[64] M. Leumann - J. B. Hofmann - A. Szantyr, Lateinische Grammatik, Zweiter Band: Lateinische Syntax und Stilistik. Handbuch der Altertumswissenschaft II, 2, 2 (München: Beck 1965).

uses *merito* as a preposition with the genitive as equivalent to *propter* (2, 51, 12), as other post-classical authors from Tertullian onwards did (LHS 133[4]; ThlL VIII, 817, 60 – 818, 19); in two instances he omitted, it seems, the accusative of the reflexive pronoun, *se*, which according to the rules of classical grammar would be needed as indicating the subject in accusativus cum infinitivo. This, however, is not certain since in both places *se* might have been omitted erroneously due to haplography: *cui commoriturum spoponderat* (2, 46, 39) and *qui hoc ingeniose arbitrantur opponere* (2, 56, 7; LHS 362[3.4]).

With regard to the style, VocGen agrees with other writings of the fifth century, e.g., in enumerations, the last element is usually introduced by a copula, and in some places Prosper uses the abstract for the concrete (e.g., 2, 31, 1 [cf. Eph. 2, 11] *circumcisio ... praeputium* instead of *circumcisi ... non circumcisi*; 2, 12, 18sq. ... *duorum servorum vigilantissima industria non solum gloriosis laudibus honestatur, sed etiam in aeterna domini sui gaudia intrare praecipitur*). – The most significant features pertain to the word order: *igitur* sometimes occurs in the initial position (1, 38, 20; 2, 7, 17; 48, 14; cf. ThlL V/2, 760 – 761), but what strikes a reader most is Prosper's predilection to locate constructions with participles, which can be long and complex, either at the beginning of a clause (cf. 2, 11, 1 *haec magistro gentium tanta luce, tanta evidentia praedicante ...*) or – more often – at the end of a clause, cf. 1, 5, 28 – 30 *incipientes in semetipsis etiam illa temporalia dei dona corrumpere et a bono eorum usu in consuetudinem innumerabilium transire vitiorum*; 2, 16, 11sq. *sic impendens moderaminis sui regimen, ut declinandi ad vitia non adimeret potestatem*; 21, 3sq. *custodiens discretionem sui a permixtione carnalium*; 43, 13sq. *de sua habens mutabilitate si deficit, de gratiae opitulatione si proficit*; with ablative absolute see 1, 36, 3sq. *ab ea gratia incipientibus meritis ...*; 2, 4, 5 – 7 *habente quidem salutis suae damnum rebellium portione, sed obtinente plenitudinis censum fidelium dignitate*; 5, 16sq. *non utique negata illis populis gratia, sed quantum apparuit retardata*; 7, 15 *implente omnia spiritu dei*; 26, 3sq. *vigente apud veros Israelitas spe redemptionis nostrae*; 29, 37 – 39 *donante Christo imitatoribus suis de persecutionibus regum aeternarum stemmata coronarum.* VocGen is "one of the more carefully composed works of the fifth century" (Young [see n. 63], 179). As can be seen throughout the work, Prosper strives for rhetorical effects: For example, in 1, 14, 1–10 an exhortation is presented in a threefold anaphora (*quaerat dominus imaginem suam*); antithetic cola are arranged in parallelism to the effect of rhyme (1, 58, 11sq. *magis… in electione gratiae quam in retributione iustitiae*; 2, 6, 7sq. *dormitet assuetis, si non excitetur insolitis*; 2, 48, 19sq. *qui veniunt dei auxilio diriguntur, qui non veniunt sua pertinacia reluctantur*), some phrases sound stilted and sententious (e.g., 1, 32, 11sq. *opus exserit pietas, causam obscurat potestas*). – The prose rhythm, which Young compared with Prosper's Contra collatorem, resembles the standards of many other writings of the same time: The rhythmical cursus is predominant over the metrical clausulae. The author has a predilection for the cursus planus (ca. 32%), the cursus tardus (ca. 24%), and the cursus velox (ca. 21%); within the clausulae one can find cretic combined with trochee (ca. 29%), dicretic (ca. 12%), and a variety of ditrochee forms (11%). In rhetorically elaborated passages as in 1, 1 – 2, the metrical system prevails. Towards the end of VocGen cursus and clausulae occur more rarely.

VocGen is indebted to Augustine not only with regard to theological aspects. Phrasing and style come often close to Augustine, who is beyond any doubt the main point of reference. This is in some instances true even for the wording: For example, the superlative *annosissimus* (2, 39, 21) occurs only here and in Augustine (epist. 137, 3; in psalm. 103, enarr. 3, 15; serm. 110A, 1; civ. dei 8, 15; c. Donatist. 8, 44), and the adjective *inamissibilis* (2, 41, 5) was used by Augustine (besides civ. dei 11, 10 and 22, 30 in the anti-Pelagian works: nat. grat. 51, 59; c. Iul. op. imperf. 6, 11, 4; 19, 1), by Prosper himself (c. coll. 9, 3), and by Leo the Great (tract. 85, lin. 39; 92, lin. 73). Apart from the

wording, there are close similarities to Augustine in phrasing
from the very beginning: In 1, 1, 1sq. the outline of the content
(*inter defensores liberi arbitrii et praedicatores gratiae dei magna et
difficilis dudum vertitur quaestio*) echoes the first words of
Augustine's grat. lib. arb. (*propter eos qui hominis liberum arbitrium sic praedicant et defendunt, ut dei gratiam ... negare audeant
et conentur auferre, multa iam disseruimus litterisque mandavi-
mus*), and the topos of modesty (*modulum facultatis meae*) is
clearly modeled after Aug., in evang. Ioh. 99, 2 (*pro mei moduli
facultate*). There are countless further parallels, something that is
not surprising, given Prosper's indebtedness even to Augustine's
theology. Identifying and analyzing them would go beyond the
scope of this edition. – In some places the language of VocGen is
close to Leo, which led scholars to attribute this work to him (cf.
p. 23sqq.); however, Prosper may have influenced Leo or may
even have revised his works which would explain the similarities.
The most significant examples are from book two:[65] 2, 8, 17–22
*nisi ipsa totius mundi inenarrabilis pulchritudo et inenarrabilium
beneficiorum eius dives et ordinata largitio, per quae humanis cordibus quaedam aeternae legis tabulae praebebantur, ut in paginis elementorum ac voluminibus temporum communis et publica divinae
institutionis doctrina legeretur ...* – cf. Leo M., serm. 18, 2, 48–51
*quoniam et per ipsa elementa mundi tamquam per publicas paginas
significationem divinae voluntatis accipimus nec umquam cessat
superna eruditio, quando etiam de his quae nobis famulantur imbui-
mur.* 2, 12, 25–29 *sedente filio hominis in sede maiestatis suae, ante
quem facta congregatione omnium gentium alii dicuntur ad dexteram, alii ad sinistram constituendi, laudatis dextris de operibus caritatis nihil aliud sinistris obicietur quam misericordiae benevolentiaeque neglectus* – cf. Leo M., serm. 10, 2, 51–60 *cum autem venerit
filius hominis in maiestate sua et sederit in throno gloriae suae, et
congregatis omnibus gentibus, bonorum et malorum fuerit facta dis-*

---

[65] Cappuyns, L'Auteur (see n. 7), 221–224 discusses five of the examples
given here.

cretio, in quo laudabuntur qui ad dexteram stabunt, nisi in operibus benevolentiae et caritatis officiis, quae Iesus Christus sibi impensa reputabit? ... Sinistris vero quid obicietur nisi neglectus dilectionis, duritia inhumanitatis et pauperibus misericordia denegata? 2, 31, 17sq. *ad cuius rei* (scil. *ut evangelium totus audiret mundus*) *effectum credimus providentia dei Romani regni latitudinem praeparatam* – cf. Leo M., serm. 82, 2, 40 – 44 (β) *ut autem huius inenarrabilis gratiae per totum mundum diffunderetur effectus, Romanum regnum divina providentia praeparavit.* 2, 46, 40 – 42 *qui ergo tunc conturbatum cor apostoli non humanis, sed divinis convenit oculis et ad largos poenitudinis fletus potenti incitavit aspectu* – cf. Leo M., serm. 60, 4, 93 – 96 ... *Iesus ... trepidationem discipuli foris positi divino vidit intuitu et paventis animum, mox ut respexit, erexit et in fletus poenitudinis incitavit.* 2, 48, 1–3 *hanc fortissimam petram, quae ab illa principali petra communionem et virtutis sumpsit et nominis ...* – cf. Leo M., epist. 28, 5 (PL 54, 773A) *a principali petra soliditatem et virtutis traxit et nominis.* 2, 59, 14 –16 *dum enim in hoc corpore vivitur, nullius est negligenda correctio, nullius desperanda reparatio* – cf. Leo M., serm. 34, 5, 184sq. *dum in hoc corpore vivitur, nullius est desperanda reparatio et omnium est optanda correctio.*

1.5 Sources

a) Biblical

Prosper quotes extensively from both the Old and the New Testament,[66] whereas there is not a single instance where he refers explicitly to any patristic author. Some passages, mainly at the end of book one, consist almost entirely of biblical quotations arranged according to the order of the Bible, which seems

---

[66] From the Old Testament VocGen cites Genesis, Exodus, Leviticus, Deuteronomy, Tobit, Esther, Job, Psalms, Proverbs, Ecclesiastes, Wisdom, Sirach, Isaiah, Jeremiah, Baruch, Hosea, Joel, Amos, Zechariah, and Malachi. From the New Testament the work cites all the books except Philemon, 2 and 3 John, Jude, and Revelation.

to indicate that VocGen meant to provide the reader with an extensive manual of proofs from the Holy Scriptures to be used in further argumentation.

From the text of the quotations it is clear that Prosper had some Vetus Latina version as well as the Vulgate at his disposal. Early in the last century Cappuyns wrote, "L'on sait qu'au second tiers du Ve s., l'usage des versions hiéronymiennes de la bible n'était un phénomène isolé. Rien d'étonnant donc qu'on les trouve souvent sous la plume de Prosper et de l'auteur du De Vocatione."[67] In his translation of VocGen De Letter adds, "Broadly speaking, we may say that the New Testament books are generally quoted according to the Vulgate, with occasional inversions in the order of words and slight variants that hardly affect the meaning. ... Of the Old Testament, the Psalms and Job are consistently quoted according to the Vulgate. Most of the other books are cited from older versions, especially the Prophets...".[68] De Letter is correct regarding the Psalms and Job where VocGen follows the Vulgate in all but a few words. VocGen also follows the Vulgate of Sirach and Psalms with only a few very slight variations. In the last fifty years more volumes of the edition of the Vetus Latina have been completed and the Vetus Latina Database is accessible online, so that there is now no doubt that Prosper used the Vetus Latina for Genesis, Exodus, Leviticus, Deuteronomy, Tobit, Esther, Proverbs, Ecclesiastes, Wisdom, Isaiah, Jeremiah, Baruch, Hosea, Joel, Amos, and Zechariah, though it does not seem to be possible to identify his Bible with any specific pre-hieronymian tradition.[69] For the New Testament, in which the Vetus Latina and the Vulgate are frequently

---

[67] Cappuyns, L'Auteur (see n. 7), 214.

[68] De Letter, St. Prosper (see n. 38), 173–174.

[69] Some quotations that match texts in Leo were used by Quesnel (PL 55, 349–351) as a support of Leo's authorship, though others do not match those in Leo. Besides, it should not cause surprise if Prosper, who was the pope's secretary, had access to the same Bible texts Leo had at his disposal.

identical or almost so, it is in many cases difficult to say with certainty which version was used. It seems clear that VocGen used the Vetus Latina for the four Gospels and for 1 Corinthians. But the Vulgate, it seems, was used for 2 Corinthians, Galatians, Ephesians, Philippians, Colossians, 1 and 2 Thessalonians, 1 and 2 Timothy, Titus, 2 Peter, and 1 John.

b) Patristic
The clearest patristic source for VocGen is the writings of Augustine. In his notes to the English translation, De Letter points out numerous examples of Augustinian themes and ideas that are found in VocGen. For example, he points to the presupposition underlying the initial dilemma in 1, 1, namely, "the Augustinian idea that God's will and grace are always effective of their purpose."[70] Similarly, the often repeated principle of Prosper's solution to the dilemma, namely, that God's judgments remain unknowable to us in this life, is Augustinian.[71] Prosper's teaching on the good works and virtues of the pagans, who do not refer their actions to God, is also clearly Augustinian.[72] Augustine's teaching that the virtues of the pagans are only vices is also found in Prosper.[73] His teaching that the *initium fidei* and every good will begins with God's grace is characteristic of the late Augustine and is also found in canon five of the Council of Orange.[74] De Letter also points to Prosper's claim that men

---

[70] De Letter, St. Prosper (see n. 38), 171, n. 3.

[71] Ibid., n. 4.

[72] Ibid., 173, nn. 16–17.

[73] See civ. dei 19,25; c. Iulian. 4,3,17; in evang. Ioh. 45,2. Augustine's teaching needs to be carefully understood in its context, since the proposition was condemned among the errors of Michael Baius. See Enchiridion Symbolorum Definitionum et Declarationum de Rebus Fidei et Morum, ed. H. Denzinger and A. Schönmetzer, 32nd ed. (Herder: Freiburg im Breisgau 1963), 1925; hereafter DS.

[74] De Letter, St. Prosper (see n. 38), 176, n. 35, and DS 375; cf. Cappuyns, L'origine des 'Capitula' d'Orange (see n. 18).

come to the knowledge of God only by the grace of God, which is also found in Augustine's civ. dei 11, 2.

Prosper's statement that *totumque quod virtus est, deus est* (1, 11, 3), an idea that is also found in Contra collatorem 13, 1,[75] reflects and universalizes Augustine's puzzling inversion of the Johannine *deus dilectio est* (1 Ioh. 4, 8).[76] But Prosper also explicitly identifies charity with God in 2, 19, 10, where he says of charity, *quae non solum ex deo est, sed etiam deus est.* De Letter also points out that in 2, 22 Prosper follows Augustine's interpretation of Cain's sin in civ. dei 15, 7, 1, namely, that Cain divided the sacrifice incorrectly, keeping the *electiora* for himself.

Another influence upon VocGen came from the writings of the so-called Semi-Pelagians of Provence. That influence was largely negative, although Cappuyns noted that Prosper did not mention predestination even in the Contra collatorem, thus omitting the expression that they found most offensive.[77] But Cappuyns also makes the appealing suggestion that Cassian's eloquent argument in Collatio 13, 7 against a restricted interpretation of God's salvific will may have made an impression on him: "La tragique objection de Cassien, si éloquemment formulée, a-t-elle fini par lui faire l'impression et par mettre, une fois encore, sa science théologique en défaut? C'est possible. Ce qui est certain c'est que la prédestination n'était plus qu'avant, le souci dominant de Prosper."[78]

After the death of Cassian the fierce struggle against "the enemies of grace" took on a milder tone, and it is possible that Collatio 13 led Prosper to a softening of his earlier position. His

---

[75] In c. coll. 13, 37, Prosper said, *Virtus namque principaliter deus est.*

[76] In "The Double Face of Love," Louvain Studies 12 (1987), 116–130, J. Van Bavel speaks of Augustine's daring inversion of St. John. See also R. Teske, "Augustine's Inversion of 1 John 4:8," AugStud 39 (2008), 49–60.

[77] "Le Contra collatorem, chose curieuse, ne dit pas un mot de la prédestination." Cappuyns, Le premier représentant (see n. 1), 321.

[78] Ibid., 322.

move to Rome could also have led him to the more irenic approach to an interpretation of God's salvific will.

The relationship between Prosper and Leo the Great has been discussed at length. The statement of Gennadius that Prosper is believed to have drafted correspondence for Leo in opposition to the Eutychians led J. Gaidioz to argue from internal evidence that Prosper helped Leo to draft the Tome to Flavian dating from 449.[79] Gennadius' language had also led to the common belief or legend that Prosper served as a papal notary.[80] In his study James provides "considerable evidence for Prosper as the drafter of a number of Leo's letters and sermons, particularly in key areas where he had specialist knowledge."[81] He also presents strong arguments for the influence of Prosper on the Tome to Flavian, although on different grounds than those given by Gaidioz, and also on the Tome to the Palestinian Monks and on the Tome to the Emperor Leo.[82] In his attempts to attribute VocGen to Leo, Quesnel (see n. 31) pointed to many parallels in language and style between the works of Leo and those of Prosper. James comments, "Considerable evidence was unwittingly provided by Quesnel in his mistaken attempt to attribute the De Vocatione Omnium Gentium to Leo."[83] James' case is made even stronger when the anti-Pelagian letters of Leo are

---

[79] Gennadius wrote: *Epistulae quoque Papae Leonis adversus Eutychen de vera Christi incarnatione ad diversos datae ab isto dictatae creduntur* (vir. ill. 85). See J. Gaidioz, Saint Prosper d'Aquitaine et le tome à Flavien, RSR 23 (1949), 270–301.

[80] See F. di Capua, Leone Magno e Prospero d'Aquitania, in: Scritti Minori II (Rome, 1959), 184–190, esp. 184. N. W. James comments that di Capua "is correct in demolishing the legend of Prosper as papal notary, attributed to Ado of Vienne, and based on a misreading of Gennadius." See N. W. James, Leo the Great and Prosper of Aquitaine: A Fifth Century Pope and his Adviser, JThS 44 (1993), 554–584 (568–569, n. 54).

[81] James (see n. 80), 555–556.

[82] Ibid., 557–564.

[83] Ibid., 579.

examined in comparison with Prosper's works.[84] Hence, it would seem that there is solid evidence for Prosper's influence on the writings of Leo, but it is also probable that Leo and the Roman Church softened Prosper's earlier ardent espousal of the late teachings of Augustine.

1.6 Reception

No ancient author mentions VocGen, although in the late 5th century Pope Gelasius I quoted with approval VocGen 1, 13, 12 – 14, which he ascribed to *quidem magister ecclesiae*.[85] It is first mentioned in the ninth century by Ratramnus, a priest of Corbie, in De divina dispositione[86] and by Hincmar, archbishop of Reims, who in the dispute with Gottschalk over predestination extensively quoted VocGen in De praedestinatione Dei et libero arbitrio posterior dissertatio adversus Gothescalcum et ceteros Praedestinatianos. Ratramnus argued in De praedestinatione for a double predestination, namely, to salvation and to damnation, but not to sin. His single, though lengthy quotation from VocGen emphasizes the inscrutability of God's judgments. On the doctrine of predestination, Ratramnus sided with Gottschalk and claimed to be following the doctrine of Augustine. He opposed Hincmar, who held a more moderate position. Hincmar, on the other hand, quoted much more extensively from VocGen as well as from other works of Prosper. The passages he cited from VocGen are: 2, 55, 5–33, on the immutability of God's foreknowledge and predestination; 1, 6, 15 – 7, 9, on God's providential care for all human beings and his special graces for the people of Israel; 1, 15, 17 – 19, on its being no surprise that some do not come to the sacraments of life, since others leave after having come; 1, 15, 28 –16, 7, on those who are saved having received the desire for salvation from the inspiration of God; 1, 25, 1–27, 9,

---

[84] Ibid., 565 – 567.
[85] Gelasius, Adversus Pelagianam haeresim, PL 59, 127. See below p. 70.
[86] See PL 121, 27 – 28, where he quotes 1, 14, 1 – 49.

on 1 Tim. 2, 4 in its context and the prayers of the Church for
the salvation of all human beings, although her prayers are not
always heard; 1, 28, 9 – 29, 6, on the multitude of questions arising
from Paul's words in Rom. 11, 33 – 36; 1, 40, 1 – 12, on the mystery of why the savior of all human beings does not save all;
2, 5, 6 – 12, that all human beings are called does not take from
God the discretion over his gifts; 2, 7, 1 – 4, the grace of Christ
was not lacking to generations before his resurrection; 2, 7, 7 – 9,
God's goodness provided earlier human beings with the means to
know and fear him; 2, 7, 17 – 24, on God's mercy and providence
never having been lacking to previous generations, though it was
given in differing measures; 2, 15, 4 – 9, the authority of God's
words and the continuous experience of past ages confirm that
God's mercy and justice were never lacking to human bodies and
minds; 2, 35, 7 – 14, on God's universal salvific will being per-
petual, but in accord with his general and specific gifts; 2, 42, 1 –
43, 5, on the manifestation of God's universal salvific will over
the ages in his general and specific gifts, although the causes for
his distributing his gifts remains hidden; 2, 48, 14 – 20, God wills
that all human beings come to the truth, though in different
ways, and those adults who do not come resist out of stubborn-
ness; 2, 53, 4 – 7, under God's mercy and justice no one perishes
who ought not perish; 1, 37, 32 – 40, 12, biblical texts show God
calls all nations to salvation although in his inscrutable justice he
does not give the grace of salvation to all human beings; 1, 10, 8 –
17, we should not trust our fallen human powers, even though
we have not lost free choice; 2, 30, 1 – 31, 5, no human beings are
exempt from sin, and Christ came to save sinners; 1, 38, 20 – 39,
on the blindness of the human race that Christ came to save; and
2, 12, 12 – 15, that not everything that can be healed is healed, but
what is healed is healed by grace.[87] Thus the quotations from
VocGen quoted by Hincmar are extensive and provide a fairly

---

[87] The passages from Hincmar are found in PL 125, 117; 204; 256 – 260;
334 – 336; 473 – 474.

complete picture of the teaching of that work. The fact that
Hincmar quoted VocGen along with other works of Prosper
without any question about the Prosperian authorship of
VocGen counts in favor of Prosper being the author of the work
(see above p. 24).

2 THE MANUSCRIPT TRADITION

2.1 General Outline

VocGen is handed down in 29 manuscripts, one of which
(*Do*) contains only excerpts. At least four manuscripts are lost.[88]
The extant codices go back to a pre-Carolingian copy that seems
to have been almost free of errors. There is not a single place
where the text had to be corrected by conjecture, and there are
very few places where the correct text seems to be the result of a
scribe's conjecture (see pp. 60, 64, 69).

As can be seen from various evidence (cf. p. 57), the manuscripts can be divided into three families κ, λ, and μ. Two of
them, κ and μ, go back independently to the archetypus, whereas
the third family, λ, offers a text contaminated between κ and μ.
Manuscripts pertaining to λ were therefore eliminated from the
constitution of the text, but were cited in the critical apparatus,
because the former editors followed them in part. Hence, they
are of some historical interest.

---

[88] Codex S. Martini Lovaniensis, codex Camberonensis, codex Boneffiensis (cf. PL 51, 11), and codex Villariensis (A. Sanders, Bibliotheca belgica
manuscripta, sive elenchus universalis codicum mss. in celebrioribus Belgii
coenobiis ... adhuc latentium [Insulis: Tussanus le Clercq 1641–1644], vol.
I, 268). The old library catalogue of S. Nazarius in Lorsch from the 10th
century mentions, apart from codex *P* (see p. 45), another one, cf. G.
Becker, Catalogi bibliothecarum antiqui. Im Anhang Rezension von M.
Perlbach und Nachträge von G. Meier (Bonn-Leipzig: Cohen 1885–1887,
Reprint Hildesheim: Olms 2003), 102, n° 312. Codex Tungrensis was erroneously added to this list by Cappuyns, L'Auteur (see n. 7), 199, n. 3, on ba-
sis of Sanders II, 188, cf. Elberti, Prospero d'Aquitania (see n. 19), 279, n. 33.

2.2 Description of the Manuscripts

Family κ contains the oldest extant manuscripts from the 9th and 10th century, *WPL*, which, often followed by *C*, are the basis for two sub-families, *κ¹* and *κ²*. The text of *κ* is almost exclusively handed down in codices written in French and German monasteries. All members of *κ* offer Prosper as author of VocGen. The title in *WPLCκ²* is given as *De vocatione omnium gentium* and in *κ¹* as *De vocatione gentium*.

Wolfenbüttel, Herzog-August-Bibliothek, Cod. Guelf. 179   **W**
Gud. Lat. 4° (Heinemann 4483),[89] probably written in Corvey by a scribe from Corbie in or shortly after the middle of the 9th century; VocGen (fol. 2r–77r) is attributed to Prosper (2r *incipit liber primus sancti Prosperi de vocatione omnium gentium*) and has at its end (fol. 77) the note: *de vocatione omnium gentium s. Prosperi finit liber secundus et contra collatorem feliciter*, though Prosper's Liber contra collatorem is not contained in the manuscript. There follow some letters of Leo the Great (78r) and three anti-Pelagian works of (Ps.-)Hieronymus: epist. 133 (100r); adv. Pelag. (108v); epist. supp. 16 (PL 30, 176; 167r).

Rome, Biblioteca Apostolica Vaticana, Palatinus Lat. 236,[90]   **P**
written in the first half of the 9th century in Lorsch;[91] the writing is uniform and very careful with only few corrections from the same time, which are placed above the line or in the margin.

---

[89] Die Handschriften der herzoglichen Bibliothek zu Wolfenbüttel, von O. von Heinemann, Bd. IV/9: G. Milchsack, Die Gudischen Handschriften (Wolfenbüttel: Zwissler 1913), 180–181. B. Bischoff, Die Schriftheimat der Münchener Heliand-Handschrift, Beiträge zur Geschichte der deutschen Sprache und Literatur (Tübingen: Niemeyer 1979), 161–170 = id., Mittelalterliche Studien, vol. 3 (Stuttgart: Hiersemann 1981), 112–119 (115).

[90] Codices Palatini Latini Bibliothecae Vaticanae, rec. et digessit Henricus Stevenson iun., recogn. I. B. De Rossi, tom. 1 (Roma: Typ. Vaticana 1886), 58. The manuscript is mentioned in the catalogue of S. Nazarius from the 10th century (Becker [see n. 88], 105, n° 314).

[91] See B. Bischoff, Die Abtei Lorsch im Spiegel ihrer Handschriften, 2., erw. Auflage (Lorsch: Laurissa 1989), esp. 44, *51, 66, 82A, 120sq.

VocGen, which can be found on 2r – 53r, following a short text
from the 10th century about a visionary appearance at Lorsch,
lacks a title, but has a note attributing the work to Prosper at the
end of book two (*explicit liber secundus sancti Prosperi de vocatione omnium gentium*). In 2, 31, 20sq. (*quamvis gratia Christiana
non contenta sit eosdem limites habere*), a later scribe added in the
margin: *nota vide franciscum petrarcham lib 2 de vita solitaria.*

L   Laon, Bibliothèque municipale, ms. 122,[92] written in the
second quarter of the 9th century probably in Orléans. After
VocGen (fol. 2r – 60r) there follow five letters of Leo the Great
on the heresy of Eutyches. Although VocGen is not attributed to
any author either at the beginning or at the end, the index of
contents on 1v, also belonging to the 9th century, has: *Prosperi de
vocatione omnium gentium libri duo.* The text has only a few corrections from that time, but many that were added much later in
the margin.

C   Paris, Bibliothèque nationale, Lat. 2156 (*Colbertinus*)[93] from
the 12th century. VocGen (1r – 36r), the title of which had been
corrected from *liber primus Prosperi de vocatione gentium* to *de
gratia et libero arbitrio*, which gives evidence of the influence of
family *μ*, is again followed by some letters of Leo (36r); the other
works do not belong to the anti-Pelagian debate: Gennad., dogm.
(46r); Fulg. Rusp., epist. (51v); Fulg. Rusp., ad Monim. (73r). The
text of VocGen has many interlinear notes explaining grammat-
ical aspects of the text; they are introduced by *s.* (for *scilicet*) or *i.*
(for *id est*). Comments on the content are added in the margin.

---

[92] Catalogue général des manuscrits des bibliothèques publiques de
France, vol. 1 (Paris: Impr. Nationale 1849), 106; J. Contreni, The Cathe-
dral School of Laon from 850 to 930: Its Manuscripts and Masters. Münchener Beiträge zur Mediävistik und Renaissance-Forschung 29 (München:
Arbeo Ges. 1978), 36 – 37; 44. B. Bischoff, Katalog der festländischen Handschriften des neunten Jahrhunderts (mit Ausnahme der wisigotischen), Teil
II: Laon – Paderborn (Wiesbaden: Harrassowitz 2004), 27 n° 2080.
[93] Bibliothèque Nationale, Catalogue général des manuscrits latins, tome
II (Nos. 1439 – 2692), publié sous la direction de P. Lauer (Paris: 1940), 345sq.

The manuscript was used by Quesnel and the later editions (*codex Thuaneus*, named from its former owner, J.-A. de Thou). The earlier manuscripts pertaining to κ^1 and κ^2 were mostly copied in Cistercian monasteries in France. Thus they are closely related. The subarchetype of κ^1 was evidently intended as a proper edition. Its text was established on the basis of some old manuscript belonging to κ, but also had a few characteristics from μ, and it contained a corpus of Prosper's writings (resp. ad Gen., resp. ad Gall., resp. ad Vinc., VocGen, epist. 2), which was to some extent modified by each member. The first two chapters of book one of VocGen were marked as the prologue and were thus distinguished from the rest of the work.

Paris, Bibliothèque de l'Arsenal, ms. 586,[94] written in two   **A**
columns in the 12th century in the Abbey of Fontenay (*in abbatia Fontaneti et postea in Biblioteca domini De Paulmy*). The manuscript contains several works of Augustine and Prosper, VocGen is found on 77rb – 102ra among several works of undoubtedly Prosperian origin. Its content is: 24 sermons of Augustine (1r); Aug., gen. Man. (45r); Prosp., resp. ad Gen. (63v); resp. ad Gall. (68r); resp. ad Vinc. (73v); VocGen (77r – 102r); epist. 2 (102r); two sermons of Augustine (106v); Aug., nupt. et concup. (111r); c. Pelag. (132r); epist. 140 (163v).

Dijon, Bibliothèque municipale, ms. 140,[95] written in the 12th   **D**
century in Cîteaux (see the note on 45r); the content is close to that of *A*: Aug., gen. Man. (2r); Prosp., resp. ad Gen. (23r); resp. ad Gall. (28r); resp. ad Vinc. (35r); VocGen (38r – 62); epist. 2 (62v); Beda, expos. in Tob. (67r). Some omissions that occur in the text are corrected by a 12th century hand (e.g., 2, 8, 20sq.).

---

[94] Catalogue des manuscrits de la bibliothèque de l'Arsenal, par H. Martin, tom. I (Paris: Plon 1885), 437 – 438.

[95] Catalogue général des manuscrits des bibliothèques publiques de France, vol. 5: Dijon (Paris: Plon 1889), 37 – 39.

Though *D* is closely related with *A*, the corrections in *D* do not resemble the text of *A*.

F   Rome, Biblioteca Apostolica Vaticana, Vaticanus Lat. 558,[96] from the 12th century, formerly owned by the Grande Chartreuse; the manuscript, which is written in two columns, contains only works (in some instances erroneously) ascribed to Prosper: resp. ad Gall. (1v, only a fragment); De vita contemplativa (9r, the author is Pomerius); resp. ad Gall. (73r); resp. ad Vinc. (80r); resp. ad Gen. (85v); epigr. (94r); Poema ad uxorem (Ps.-Prosp., PL 51,611–616; 106r); epist. 2 (107v); conf. (Ps.-Prosp., PL 51,607–610; 115r); sent. (119v); VocGen (140ra–186ra); c. coll. (186r). In book 1 the Bible quotations from chap. 50 onwards are numbered sequentially, probably by a later hand.

J   Paris, Bibliothèque nationale, Lat. 17413,[97] 12th century; the manuscript has among other works of Prosper VocGen on 45rb–74vb. In 1423 Johannes Brevis Coxae (Jean Cortecuisse) donated it to the chapter of Notre-Dame; after the death of Claude Joly (1607–1700), *canonicus ecclesiae metropolitanae* in Paris, it was transferred to Notre Dame. The flyleaf has the note *Joh. M. Maio 1654 / Mss Ecclesiae Parisiensis*. The codex is referred to by later editors (see below, p. 73sq.) as *codex Joliensis*.

---

[96] Codices Vaticani Latini, recensuerunt M. Vattasso, P. Franchi de'Cavalieri, tom. 1: Codices 1–678 (Roma: Typ. Vaticana 1902), 418–419. M. Oberleitner, Die handschriftliche Überlieferung der Werke des Heiligen Augustinus, Band 1/2 Italien, Verzeichnis nach Bibliotheken (Wien: VÖAW 1970), 272. R. Étaix, Les manuscrits de la Grande-Chartreuse et de Portes, Scriptorium 42 (1988), 49–75 (70). F. Georges-Pichot, Lire la plume à la main: Tommaso Parentucelli et le *De vocatione omnium gentium* de Prosper d'Aquitaine (autour du ms. Vat. lat. 262.), Journal of Medieval Latin 17 (2007), 342–360 (350–352).

[97] L. Delisle, Inventaire des manuscripts latins de Notre-Dame et d'autres fonds conservés à la Bibliothèque Nationale sous les numéros 16719–18613 (Paris: Durand et Pedone-Lauriel 1871; Reprint Hildesheim: Olms 1974), 43. Ch. Denoël, Le fonds des manuscrits Latins de Notre-Dame de Paris, Scriptorium 58 (2004), 131–173 (148 n. 84; 159).

Troyes, Bibliothèque municipale, ms. 5,[98] written in the 12th   *T*
century in Clairvaux; the manuscript has VocGen on 11rb – 32ra
among other works of Prosper and one of Augustine: Prosp.,
resp. Gen.; resp. Gall.; resp. Vinc.; VocGen; Aug., grat.; Prosp.,
epist. 1; c. coll.; Pomer., De vita contemplativa, in the manuscript attributed to Prosper; Rufin., Greg. Naz. orat.; Hier., Di-
dym. spir.; Chrysost., De sacerdotio. There are no traces of later
corrections or comments.

Lisbon, Biblioteca nacional, cod. Alcobacensis 67,[99] written in   *O*
the 13th century and containing several works of Prosper besides
some other authors: Glossa ordinaria in Prov. (1r – 37r); Hier., in
eccles. (37v – 64r); Prosp., resp. Gen. (64r – 67v); resp. Gall. (67v –
71v); resp. Vinc. (71v – 74v); VocGen (74vb – 93ra); epist. 2 (93v –
96v); epist. 1 (96v – 98v); c. coll. (96v – 112r); Pomer., De vita
contemplativa (112v – 137v, ascribed to Prosper); Rufin., Greg.
Naz. orat. 1 – 5, 7 (137v – 169v).

Rome, Biblioteca Apostolica Vaticana, Vaticanus Lat. 559,[100]   *I*
very carefully written in 1447, containing only works (allegedly)
written by Prosper: De vita contemplativa (2r, author is Pomerius); Prosp., resp. ad. Gall. (35r); resp. ad Gen. (43v); epigr. (48r);
poema ad uxorem (PL 51, 611 – 616; 57v); epist. 2 (58v); conf. (PL
51, 607 – 610; 62r); sent. (65r); VocGen (80rb – 105rb); c. coll.
(105r). As in *F*, the biblical quotes in book one are numbered
from 1, 52, 17 onwards, but the numbers start only with XIII,
which has its exact parallel in codex *F* where the same quote
bears this number. In *I*, though, numbers I to XII are missing.

---

[98] Catalogue général des manuscrits des bibliothèques publiques de
France des departements, vol. 2 (Paris: Plon 1855), 9 – 10.

[99] J. Black - Th. L. Amos, The *Fundo Alcobaça* of the Biblioteca nacional, Lisbon, vol. III: Manuscripts 302 – 456 (Collegeville, Minnesota:
HMML 1990), 89 – 92.

[100] Codices Vaticani Latini, recensuerunt M. Vattasso, P. Franchı de'Cavalieri, tom. 1: Codices 1 – 678 (Roma: Typ. Vaticana 1902), 419 – 420.
Oberleitner (see n. 96), 272.

Do   Douai, Bibliothèque municipale, ms. 533,[101] produced in the
13th century in the Abbaye de Marchiennes, contains only very
short excerpts from many classical and patristic authors; those of
VocGen are found on 146r–147v; many, though not all, have a
heading which indicates the content.

  κ¹ consensus codicum *A D F J T O I* (*Do* which belongs to this
  family as well, will be listed separately in the apparatus)

R   Rome, Biblioteca Apostolica Vaticana, Reginensis Lat. 293,[102]
written in the 11th/12th century in Moutiers-la-Celle in Troyes
(*liber sancti Petri sanctique Frodoberti de cella*). It contains several
exegetical works of Isidore of Seville (PL 83, 207–424; 1r–120v);
VocGen (121r–162v); Leo M., epist. 139, 35, 31, 165 (163r–
171v); Innocentii epist. 25 (PL 20,551sqq.; 171v–172v); Hier.,
epist. 70 (173v–175v). VocGen 1,10–14 has marginal texts from
the 16th century; underlining of words throughout the work may
stem from the Ballerini brothers who used *R* as "codex Vaticanus
1" (cf. PL 55, 157sq.) for their edition.

K   Charleville-Mézières, Bibliothèque municipale, ms. 202/ 13,[103]
written in the Cistercian Abbey Notre-Dame de Signy in the last
part of the 12th century; the codex transmits several works of
Augustine and Prosper: Aug., bapt.; un. bapt.; spir. et litt.;
VocGen (91vb–128rb); Pomer., De vita contemplativa (in the
manuscript attributed to Prosper); Aug., grat. (in the manuscript
attributed to Prosper); Prosp., resp. Gall. There are almost no
corrections or other traces of usage.

  κ² consensus codicum *R K*
  κ consensus codicum *W P L C κ¹ κ²*

[101] Catalogue général des manuscrits des bibliothèques publiques de
France des departements, vol. 6: Douai (Paris: Plon 1878), 321–333. C.
Jeudy - Y.-F. Riou, Les manuscrits classiques latins des bibliothèques publiques de France, tom. 1 (Paris: CNRS 1989), 724.
[102] Codices Reginenses Latini, tom. II: Codices 251–500, recensuit A.
Wilmart (Roma: Typ. Vaticana 1945), 122–124.
[103] Catalogue général, vol. 5 (see n. 95), 640.

Family μ is comparatively small, but clearly presents a text tradition of its own. All four manuscripts ended abruptly at the same words in 2, 57, 36, although the rest was later added to *G*. They have VocGen among Augustinian works, which led to ascribing it to Augustine in *Ma* und *X*, whereas *G*, which seems to be slightly contaminated with κ, attributed it to Prosper.

Florence, Biblioteca San Marco, ms. 637,[104] written in the   Q
early 12th century. VocGen (1r – 24r) for which the title does not give any author's name, but only provides as the title *De libero arbitrio et gratia*, ends in 2, 57, 36 at *felicius pug-* in the midst of a page, the rest of the page and the next page are empty; the text was corrected not much later than it was written. Few notes in the margin were added by the former owner, Niccolò Niccoli (1364 –1437), e.g., *De magnitudine Romani imperii* at 2, 31, 17sq. The rest of the codex transmits several works of Augustine: duab. anim. (25r); perf. iust. (33r); epist. 163, 164 (43r); sermo 351 (47r); epist. 98, 102, 187, 156, 157, 93, 194 (54r); in Gal. (93r); in Rom. imperf. (103r); divers. quaest. (110v); de mend. (143v); c. Adim. (157r); c. Fort. (174r); fid. et symb. (180v); gen. ad litt. imperf. (185v); de serm. dom. (198r); on the flyleaf before fol. 1 Niccoli noted: *in hoc volumine continentur multa opera agustini* (sic).

Rome, Biblioteca Apostolica Vaticana, Vaticanus Lat. 262,[105]   G
from the first half of the 15th century. VocGen (59r – 104v) which is attributed to Prosper in the title and is called *De vocatione omnium gentium*, follows Thaps., c. Arian. and the *Versus Sibyllae Erythraeae de iudicio* (Aug., civ. dei 18, 23; 57r); after VocGen there come two other works often attributed to Prosper: Ps.-Prosp., conf. (104v) and Ps.-Leo M., humil. (109r). The text is carefully written; initially it ended at 2, 57, 36 with *felicius pu-*

---

[104] Index manuscriptorum bibliothecae ΓF. Ordinis Praedicatorum Florentiae ad sanctum Marcum (1768); Oberleitner (see n. 96), 106 – 107. Georges-Pichot (see n. 96), passim (further literature: 343 n. 3).
[105] Codices Vaticani Latini (see n. 100), 189.

with approximately one empty page following, and was completed by what might be the same hand, but in a denser script. Codex G was used in the Ballerini edition ("Vaticanus 3").

Ma   Mantova, Biblioteca comunale, ms. D.III.1,[106] written in Mantova in the 15th century; this manuscript transmits VocGen on 272rb–298vb among works of Augustine: immort. (1r); anim. (6v); epist. 166 (40r); duab. anim. (46v); quant. anim. (67r); lib. arb. (89v); soliloqu. (135r); epist. 98 (152r); bapt. (154v); nat. et grat. (216v); perf. iust. (234v); grat. (245r); corrept. (259r); ps.-spec. (299r); mus. lib. 6 (312v). The title of VocGen is: *Eiusdem liber de libero arbitrio et gratia*; the text ends in 2, 57, 36 at *felicius pug-*; half of the last column is empty.

X   Rome, Biblioteca Apostolica Vaticana, Urbinas Lat. 69,[107] from the 15th century, presents VocGen on 176v–208v under the title *Liber beati Augustini Hipponensis episcopi de libero arbitrio* (the Explicit of book one, however, reads: *Augustini... de libero arbitrio et gratia*). The text breaks off at 2, 57, 36 (*felicius pug-*), where the scribe added in the margin: *Hic deficit. In vetustissimo codice dicitur esse beati Augustini opus et sic titulus est in exemplari. aliqui vero dubitant non esse opus beati Augustini.* The manuscript contains a corpus of works (sometimes erroneously) ascribed to Augustine: cons. evang. (1r); quaest. test. 122 (110v); mus. (115r); epist. 101 (175r); VocGen. (176v–208v); de duab. anim. (209v); serm. 351 (221r); 393 (228v); epist. 187 (229v); in Gal. (236v); in Rom. imperf. (248r); mend. (258r); c. Adim. (273v); c. Fort. (296v); fid. symb. (305v); gen. ad litt. imperf. (313r); Paulin. Aquil., lib. exhort. (327r). The text of VocGen and the content of the manuscript are close to Q.

μ   consensus codicum Q G Ma X

---

[106] Oberleitner (see n. 96), 132–133.
[107] Codices Urbinates Latini, recensuit Cosimus Stornajolo, tom. I: Codices 1–500, accedit appendix ad descriptionem picturarum (Roma: Typ. Vaticana 1902), 87–88. Oberleitner (see n. 96), 349.

Family λ is largely attested, but has no value for constituting the text (see p. 68). With the exception of *M*, which is closer to κ than the other members (see p. 66), all manuscripts attribute VocGen to Ambrose, something for which codex *V* written in Milan seems to have been the starting point. Because of their almost identical texts some later manuscripts (*U Y Z* resp. *Br B E*) represent sub-families of λ and have therefore been assigned the sigla λ^1 resp. λ^2.

Munich, Bayerische Staatsbibliothek, Clm 17732,[108] arranged in   **M**
two columns and written in a uniform script in the mid of the 12th century in the Abbey of Saint Mang; this codex comprises a corpus of works on grace: Aug., epist. 214, 215 (1r–3r); grat. (3r–15r); corrept. (15r–27v); Ps.-Aug., praed. et grat. (27v–34v); Aug., epist. 216 (34v–36r); VocGen (37ra–60vb); Ps.-Leo M., humil. (60v); Possid., vita Aug. (68r–80v). The title of De vocatione is: *Liber beati Prosperi episcopi de vocatione gentium et de gratia dei et libero arbitrio.*

Rome, Biblioteca Apostolica Vaticana, Vaticanus Lat. 268,[109]   **V**
written between 1135 and 1152 in Milan. This manuscript is part of one volume of the huge edition of (Pseudo-)Ambrosian works that was undertaken by Martino Corbo. Today it contains only the following texts: VocGen (1ra–27rb); Ps.-Leo M., humil. (27r); Damiani epistula ad Constantinum (PL 87, 1261–1265; 36r); Expositio fidei patrum Mediolanensis synodi (PL 87, 1265–1267; 37r); frg. Ambr., epist. 56 (40r).[110] VocGen has the title:

---

[108] Catalogus codicum Latinorum bibliothecae Regiae Monacensis, secundum A. Schmelleri indices composuerunt C. Halm, F. Keinz, G. Meyer, G. Thomas, tom. II pars III, codices num. 15121–21313 complectens (München: Palm 1878; Reprint Wiesbaden: Harrassowitz 1969), 118–119; R. Kurz, Die handschriftliche Überlieferung der Werke des Heiligen Augustinus, Band V/2· Bundesrepublik Deutschland und Westberlin. Bibliotheksverzeichnis (Wien: VÖAW 19/9), 378.

[109] Codices Vaticani Latini (see n. 100), 195–196.

[110] See G. Billanovich - M. Ferrari, La tradizione milanese delle opere di sant'Ambrogio, in: Ambrosius Episcopus, Atti del Congresso internaziona-

Liber de vocatione omnium gentium sancti Ambrosii Mediolansis (sic) *episcopi*. The text has corrections by a scribe from the 12th century. – Since Corbo used also some German manuscripts for his edition, he might have copied the text of VocGen from a German manuscript that was closely related with *M* and is now lost.[111] In the Ballerini edition codex *V* is listed as "Vaticanus 3."

H   Rome, Biblioteca Apostolica Vaticana, Vaticanus Lat. 281,[112] written in Milan by Andrea Serazoni in 1374 (cf. 78v *completa per manum fratris Andree de serazonibus de mediolano ordinis fratrum heremitarum sancti augustini die quinto mensis octobris anno domini 1374*); it was copied from *V*[113] and some other manuscript; it contains: Ps.-Leo M., humil., several genuine works of Ambrose, and some pseudepigrapha; VocGen on 81ra – 103vb has as title: *Liber de vocatione omnium gentium sancti Ambrosii mediolanensis episcopi*. Marginal notes from the 14th century either correct the text or comment it, e.g., *iam dixisti* or *inspice*.

N   Paris, Bibliothèque nationale, Lat. 1757,[114] from the middle of the 14th century, copied from *V* in Milan for Petrarch;[115] it came via Padova, Pavia, and Blois finally into the bibliothèque nationale.[116] VocGen on 1r – 23r, along with an introductory chapter

le di studi ambrosiani nel XVI centenario della elevazione di sant'Ambrogio alla cattedra episcopale, Milano 2 – 7 dicembre 1974 (Milano: Vita e pensiero 1976), 1 – 102 (18 – 19; 47 – 49).

[111] Petrarch himself used codex *V*; see the analysis by F. Santirosi, Le postille del Petrarca ad Ambrogio (Codice Parigino Lat. 1757). Materiali per l'edizione nazionale delle opere di Francesco Petrarca 2 (Firenze: Le Lettere 2004), 28 – 31.

[112] Vattasso - Franchi de'Cavalieri (see n. 100), 202 – 204.

[113] See Billanovich (see n. 110), 22.

[114] Bibliothèque Nationale, tome II (see n. 93), 158.

[115] See Billanovich (see n. 110), 23 for traces of VocGen in Petrarch's works; Santirosi (see n. 111), mainly 15 – 20.

[116] See Santirosi (see n. 111), 17 – 22.

and marginal notes of Petrarch,[117] precedes Ps.-Leo M., humil.
and some writings of Ambrose, and has as title *Sancti Ambrosii Mediolanensis episcopi de vocatione omnium gentium*, to which Petrarch added: *Tractat hic liber difficillimam quaestionem a multis, ab Augustino praecipue integro volumine agitatam, quod inscribitur de gratia et libero arbitrio. Quarum ni fallor disputationum omnium haec summa est: et gratiam dei esse et arbitrii libertatem, nec unam per aliam tolli. Hac inconcussa pietate standum, de reliquo sapiencius in quaestionibus quae humani vires ingenii excedunt* ... (two [?] illegible words) *omnibus abstinendum stupendumque cum apostolo super altitudinem divini consilii et reverenter audiendum illud apostolicum suspirium. Nam ait: O altitudo diviiiarum sapientiae et scientiae dei, quam incomprehensibilia sunt iudicia eius et investigabiles viae eius! Interea sit vivendum deo in timore et exsultandum ei cum tremore. Similiter conandum et pro viribus est enitendum ut esse electorum in parte mereamus etc.* The manuscript also has some corrections by Petrarch.

Madrid, San Lorenzo del Escorial, Cod. Lat. Q.III.15,[118]   S
written in Milan in the second half of the 15th century for the Escorial basilica;[119] VocGen (60r – 111r) is preceded by writings of Leo the Great and Ambrose, and followed by various historical and hagiographical texts. The title reads: *Sancti Ambrosi Mediolanensis ecclesiae archiepiscopi De vocatione omnium gentium*.

Rome, Biblioteca Apostolica Vaticana, Urbinas Lat. 39,[120] 15th   U
century; the script is small and uniform, the text has countless transpositions and omissions; VocGen is on 239ra – 256vb at the end of several works of Ambrose. It bears the title: *De vocatione omnium gentium sancti Ambrosii episcopi Mediolanensis*.

---

[117] From this manuscript, Santirosi (see n. 111) edited Petrarch's marginal notes to VocGen (77 – 131).

[118] *Catálogo de los códices Latinos de la real biblioteca del Escorial*, por P. G. Antolín, vol. III (L.I.2.–R.III.23.) (Madrid: Helénica 1913), 433 – 435.

[119] See Billanovich (see n. 110), 24 – 25.

[120] *Codices Urbinates Latini* (see n. 107), 43 – 44.

Y   Florence, Biblioteca Medicea Laurenziana, Laur. Lat. XIV, 9,[121] also from the 15th century; VocGen follows three works of Ambrose (in psalm. 118; virginit.; vid.) on 246r–281r; the title reads: *De vocatione omnium gentium beati Ambrosii episcopi*; on 281r there is a subscription: *qui diu perditus credebatur de vocatione omnium gentium sacratissimi doctoris Ambrosii libellum clarissimus vir Cosma Iohannis de Medicis transcribendi curam adhibuit.*

Z   Florence, Biblioteca Medicea Laurenziana, Leopoldinus Laur. Lat. 23,[122] a manuscript from the 15th century containing a corpus of (Ps.-)Ambrose's works (hex.; parad.; Cain et Ab.; paenit.; off.; Iac.; in Luc. exc.; Isaac; serm. 46; bon. mort.; fug. saec.; sacr.; myst.; virg.; apol. Dav.; Nab.; Hel.; laps. virg. exc.; Ioseph; patr.; [Ambrosiast.] in Rom.; trin.); VocGen on 178vb–197va is called in the title: *De vocatione omnium gentium ... beati Ambrosii episcopi.*

λ¹   consensus codicum *U Y Z*

Br   Bremen, Universitätsbibl.-Staatsbibliothek, msb. 0010,[123] written in 1528; VocGen on 207v–254r is transmitted amidst various texts on grace and free will and bears as title: *Sancti Ambrosii episcopi de vocatione omnium gentium.* The title is preceded by a note: *Non sunt Ambrosii hi libri de vocatione gentium ut dicit philippus melanchthon, sunt tamen utilissimi.*

---

[121] Catalogvs codicvm latinorvm bibliothecae Mediceae Lavrentianae ... Ang(elus) Mar(ia) Bandinivs recensvit (etc.) (Florentiae: Typ. Caesareis 1774), tom. 1, col. 101–102.

[122] Bibliotheca Leopoldina Lavrentiana sev catalogvs manvscriptorvm qui ivssv Petri Leopoldi ... Angelvs Maria Bandinivs recensvit (Florentiae: Typ. Caesareis 1792), tom. 2, col. 656–657.

[123] A. Hetzer - Th. Elsmann, Handschriften der Staats- und Universitätsbibliothek Bremen: Die neuzeitlichen Handschriften der Ms.-Aufstellung. Handschriften der Staats- und Universitätsbibliothek Bremen 2 (Wiesbaden: Harrassowitz 2008), 83.

Brussels, Bibliothèque Royale, Lat. 965 (242-65),[124] written **B**
near Brussels in the middle of the 16th century, has VocGen on
94rb-113vb as part of a corpus of (Pseudo-)Ambrose's works;
the title (*De vocatione omnium gentium*) attributes it to Ambrose.
Brussels, Bibliothèque Royale, Lat. 966,[125] from the 16th cen- **E**
tury as well, transmits VocGen on 56r-103v, after some works
of Ambrose and before various neo-latin texts; it is ascribed to
Ambrose: *de vocatione omnium gentium sancti Ambrosii episcopi.*
λ^2 consensus codicum Br B E
λ consensus codicum $M\,V\,H\,N\,S\,\lambda^1\,\lambda^2$

2.3 Manuscript Families

Each of the three families is characterized by principal errors
("Leitfehler") that cannot have come about by mere chance in
several mss. independently from each other.

Family κ shares the following principal errors ("Leitfehler"):
1, 15, 9-17 *non ignorantes nec aliquid aliquatenus ambigentes
omne principium et omne profectum boni meriti unicuique homini
ex dei donatione conferri nec posse fieri, ut qui omnes vult salvari
nullis causis existentibus plerosque non salvet, sed has causas nostrae
scientiae non patere. Quae utique non fuissent occultae, si debuissent
esse manifestae, ut exerceatur per omnia fides earum rerum quae non
videntur et pie semper de iustitia dei, etiam cum eam non intellegimus, sentiamus* – om. κ. These words, though not indispensable
from the viewpoint of context, resemble the author's style so
closely that it is hardly probable that another author or a medieval scribe added them. The author of VocGen has a predilection
for *ambigere*, which he uses as often as *dubitare*; the phrase *nec
aliquid aliquatenus ambigentes* has a parallel in Augustine (epist.
147, 16 *... nec de his omnino ... aliquid ambigis*), as has the expres-

[124] Catalogue des manuscrits de la Bibliothèque Royale de Belgique, par J.
Van den Gheyn, S.J., tom. X: Patrologie (Bruxelles: Lamertin 1902), 40-42.
[125] Ibid., 42-43.

sion *fides rerum quae non videntur* which is even the title of a
work of Augustine, but does not seem to be otherwise richly
attested. The combination of *principium et profectum* reoccurs in
1, 56, 18; besides, the lines twice have a cursus velox, which is at
the same time a metrical clausula (cretic dichoree). This is well
attested in VocGen.[126]

1, 16, 4 – 6 *et nullo segnitiae tepore torpescunt, quoniam a dei
dilectione non excidunt* – om. κ. Again, these words fit well,
though they are not indispensable; there are, however, some
parallels in VocGen which make it highly probable that this
passage was not added by μ, but omitted by κ (λ leaves out even
more): cf. *non otio torpeant* (1, 48, 12); *nullo possit tepore languere*
(2, 19, 6); *de promissionis veritate nihil excidit* (2, 49, 3sq.; closer,
though, is Aug., grat. lib. arb. 13, 25, which is cited by Prosper in
sent. 317 ... *eis qui volentes in lege iustificari, a gratia exciderunt*).

2, 29, 3 *quae ad se corda converterit* – om. κ. There is no reason
why these words should be thought to be an interpolation; for a
similar expression cf. 1, 52, 18sq. (*quod ad deum conversio cordis ex
deo sit*).

2, 43, 2 *atque experimur potentem* μ λ – *benignam* κ. In this
paragraph (the relevant sentence is: *hanc ... abundantiorem gratiam ita credimus atque experimur potentem, ut nullo modo arbitremur esse violentam, quod si quid in salvandis hominibus agitur, ex
sola dei voluntate peragatur, cum etiam ipsis parvulis per alienae
voluntatis subveniatur obsequium*), the two types of grace are set
in contrast to each other: the *gratia generalis* directs all human
beings toward what they should do, but needs the cooperation of
human will in order to bring it to perfection, whereas the *gratia
specialis*, which is here said to be *abundantior*, calls human beings
to salvation even against their will or if they do not have a will,
which is the case with infants. Hence, that God's special grace is
good (*benigna*), is not in question here, but rather its power at

---

[126] For parallels see Young (see n. 63), 85.

work (*potentem*), which is the differentia specifica; besides, the author might have had in mind 2 Cor. 9, 8 (*p o t e n s est autem Deus omnem g r a t i a m a b u n d a r e facere in vobis* ...). Perhaps the words *atque experimur potentem* were first omitted in κ and then, after a lacuna was noticed, *benignam* was somehow ineptly supplied.

Apart from these omissions the mss. of κ share some other significant errors:

1, 4, 9 *impos* μ λ – *impotens* κ. The reading *impos* is preferable because it is lectio difficilior.

1, 10, 17 *interfectum* μ λ – *ereptum* κ. Within the metaphor of a struggle between the devil and man over the *iudicium voluntatis* (*a quo* [scil. *diabolo*] *iudicium voluntatis depravatum est, non ablatum. Quod ergo non interfectum / ereptum est per vulnerantem, non tollitur per medentem; vulnus sanatur, non natura removetur* ...) the verb *interficere*, which can be used as a synonym of *eripere* (cf. Plaut., Merc. 833),[127] is more appropriate. The conjecture proposed in PL 51, *infectum*, does not correspond well with the metaphor.

1, 15, 24 The sentence reads as follows: *Nam cum scriptum sit: 'Omnis qui invocaverit nomen domini salvus erit'* (Rom. 10, 13), *de quibusdam tamen dominus ait: 'Non omnis qui dicit mihi: domine, domine, introibit in regnum caelorum'* (Matth. 7, 21), *et: 'Multi mihi dicent in illa die: domine, domine, nonne in nomine tuo prophetavimus et in nomine tuo daemonia eiecimus et in nomine tuo virtutes multas fecimus? Et tunc dicam illis: numquam vos cognovi; discedite a me, operarii iniquitatis!'* (Matth. 7, 22sq.) *Tales non invocant nomen domini, quia non habent 'spiritum adoptionis filiorum, in quo clamamus: abba, pater'* (Rom. 8, 15). – κ adds after *introibit in regnum caelorum* the words that follow in Matth. 7, 21, *sed qui facit voluntatem patris mei qui in caelis est ipse intrabit in regnum caelorum.* Not only does the positive part of the

---

127 Cf. ThlL VII 2192, 10 – 29.

quote not fit into the context, but its wording is, unlike the first part transmitted in all mss., taken from the Vulgate (*intrabit* instead of *introibit*); thus, a scribe completed the quote by adding the words in exactly that form which he was familiar with, i.e., the Vulgate text.

1, 47, 11 *consensionem* μ λ – *confessionem* κ. The words *unitatem rectae fidei et consensionem in honorem dei* introduce the quote of Rom. 15, 5sq. (*deus autem patientiae et consolationis det vobis idipsum sapere in alterutrum secundum Iesum Christum, ut uno animo, uno ore honorificetis deum et patrem domini nostri Iesu Christi*); the biblical words *uno animo uno ore* correspond with *unitas* and *consensio* much better than *unitas* and *confessio* would do; the paleographic difference however is so small that *consensio* might even have been conjectured by a scribe if his copy had *confessio*.

1, 52, 23sq. *item idem praedicans* μ λ – *Baruch quoque praedicat* κ. Most authors from the patristic age regarded the biblical book Baruch from which the quote is taken, as part of the book of Jeremiah or as written by Jeremiah,[128] for example Augustine (civ. dei 18, 33; c. Faust. 12, 43; in the list of canonical books in doctr. christ. 2, 28 Baruch is not mentioned), Cassian (c. Nest. 4, 9, 1), and Quodvultdeus (prom. 2, 9, 16; 33, 71; 3, 3, 4). Thus, *idem* (referring to Jeremiah quoted before) resembles this older, patristic view, whereas the reading of κ, though it attributes the quote correctly, is apparently a correction that was made later.

1, 57, 12 *bonum nolle* μ λ – *bonum velle et nolle* κ. The sentence reads: ... *quia licet insit homini bonum* (*velle et* κ) *nolle, tamen nisi donatum non habet bonum velle, et illud contraxit natura per culpam, hoc recipit natura per gratiam.* Apart from doctrinal aspects,

---

[128] See R. Feuerstein, Das Buch Baruch: Studien zur Textgestalt und Auslegungsgeschichte. Europäische Hochschulschriften Reihe 23, Theologie 614 (Frankfurt a. Main, etc.: Lang 1997), 177–194. P.-M. Bogaert, Le livre de Baruch dans les manuscrits de la bible latine: disparition et réintégration, RBen 115 (2005), 286–342.

the text of μ and λ is correct, because the author uses *illud* to signify *bonum nolle* (only this is, of course, contracted by sin), not *bonum velle et nolle* (which describes the innocent status of man).

2, 11, 5 *aequaliter* μ λ – *aliter* κ. This seems to be a simple scribal error which happened in κ and has been followed by all members of this family.

Subdivisions of κ: *W P L C*, κ^1, κ^2

Within κ, *W P* and *L*, which is often followed by *C*,[129] are not a very homogenous group, therefore they were not assigned a siglum of their own. Sometimes only *W* shares readings with μ (and λ), but at the same time differs from variants of the other three manuscripts (1, 12, 4 *cor suum*; 15, 5 *de non omnium*; 28, 23 *salvandi*). At other times, though less often, only *P* has what is transmitted by μ and eventually λ (1, 34, 7 *adfuerit*; 2, 37, 11 *quantum ad proprias pertinet voluntates*); *L* (and *C*) are even less closely related to μ, but they share a subarchetype with *P*.[130] Apart from biblical quotes, which are left out from the stemma argumentation, there is no single piece of evidence that *L* (and *C*) alone, eventually together with κ^1 und κ^2, presents what must be con-

---

[129] Common errors are countless, see, for example, 1, 29, 2 *effectus*] *affectus L C (ac.)*; 34, 1 *probari possit L C (ac.)* κ^2; 36, 4 *ea*] *eo L C*; 1, 54, 25 *tribuat*] *tribuatur L (ac.) F J (ac.) I R (ac.)*; *tribuantur L (pc.)* κ^1 *(exc. F I; pc. J)* κ^2 *(pc. R) ba mip*; 56, 11 *excellentissimus*] *excellentissimae L C K*; 58, 6 *probabuntur*] *probabunt L C* etc. Sequential errors make clear that *C* stems from a codex similar to the corrected form of *L*, cf. 1, 18, 6 *incredulitas*] *tamen* add. *L (sl.) C*; 54, 25 *tribuat*] *tribuatur L (ac.)*; *tribuantur L (pc.) C*; since *L* has some readings of its own (1, 16, 26 *qua*] *quia L*; 2, 5, 17 *illis*] *his L*; 42, 7 *deum verum* tr. *L*), *C* was not copied from *L* itself. In its corrected form, *C* bears similarities with κ^1: 1, 13, 4 *formavit*; 34, 1 *probari posset*, etc. This can easily be explained by the fact that all of these codices were written in French monasteries which probably had close contacts to one another.

[130] Cf. 1, 12, 4; 15, 5 (see above), 24, 2 *qua*] *quia*; 27, 8sq. *impossibile erat*] *impossibile erant* (which led the corrector of *L* to change *impossibile* to *impossibilia*); 31, 4 *nulla* om.; 2, 12, 15 *quibus*] *qui*; 15, 12; 21, 7 *eandem nequitiam*] *eadem nequitia*.

sidered the correct reading; on the contrary, there are many
instances of evident errors in *L* (and *C*).[131] Thus, when two variants are transmitted, one in μ (λ) and in *W* and / or *P*, the other in
L C (κ^1 and κ^2), where a decision has to rely only on stemmatic
grounds, we decided for the variant of *W P μ* (λ).

κ^1 and κ^2 can easily be identified as sub-families:

κ^1, which consists of five French mss. from the 12th century
and three later ones, has many common errors: 1, 3, 3 *appetit,
declinat*; 4, 6 *odiunt*; 6, 22 *facti* om.; 8, 15 *sit vere*; 9, 20 *extrudi*;
11, 17 *temporalibus] corporalibus*; 13, 7 *moratur*; 15, 1 *humiliter-
que*; 4 *quod* om.; 17, 13 *terra] tota*; 24, 13 *nunc* om. etc. All members of this group mark 1, 1–2 as the prologue of the two books.
The fact that most of the codices of this sub-family were written
in French monasteries situated near one another explains why a
hierarchical order within them cannot be determined; though *F*,
before undergoing correction, has some striking similarities with
P and, above all, with *L*,[132] which could prove this manuscript to
be the ancestor of the rest of *κ^1*, the contamination within this
group makes it impossible to reconstruct the exact lines of their
relationship, though it is evident that *A D T* are rather closely
related to one another[133] and that *O* often follows *T*.[134]

---

[131] See n. 129.

[132] See 1, 39, 2 where the reading of *κ^1*, which is clearly an error (cf.
1, 33, 6sq.), is not transmitted by *F* (*ac.*). Similar to this are, for example,
2, 31, 5 *quandoquidem] quando κ^1* (*exc. F*); 39, 19 *longaeva] longaevam κ^1* (*exc.
F I*). In 2, 12, 1 (*datur ergo unicuique sine merito unde tendat ad meritum, et
datur ante ullum laborem unde quisque mercedem accipiat secundum suum
laborem*) *A* and *F* omit the words *datur…ullum laborem* which might have
caused the rest of this group also to omit the following words *unde…suum
laborem* due to a lapsus oculorum. 2, 12, 24 has an interesting problem: The
correct text, *quo*, is preserved in *μ* and *λ*, whereas *W P L C κ^2* have *quoque*; *F*
seems to have misread this and has *quo quam*; this could have led the rest of
κ^1 to conjecture the correct text, *quo*.

[133] Cf. 1, 19, 31 *munere dei*; 44, 24 *inquit agimus*; 53, 1 *bonum* om.; 57,
12sq. *bonum velle habet*; 2, 9, 23sq. *auctor incrementi*.

From some sequential errors it follows that κ^1 depends on WPL;[135] the closest similarities occur with L.[136] This is supported by at least two further sequential errors: 2, 23, 10 *esu suffocatorum et sanguinis interdicto*] *suffocatorum et sanguinis interdicto L C → suffocato et sanguine interdicto* κ^1; 2, 48, 5sq. *ut vir martyrii avidissimus adepturus quidem denuntiaretur victoriam passionis*] *ut vir martyrii avidissimus adepturus quidem denuntiaretur victoria passionis L → ut viro martyrii avidissimo adepturus quidem denuntiaretur victoria passionis* κ^1. There is, however, some evidence that κ^1 is slightly contaminated with or was corrected with the help of μ: For example, in 2, 1, 20 *enim* is erroneously omitted by $WPLC$, but appears in most of the more recent members of κ, and in 2, 12, 24 κ^1 (*in subsequenti parabola sermo quo apertissime declaratur futuri forma iudicii*) has a text which is in between the oldest manuscripts of κ (*in subsequenti parabola sermo quoque apertissime declaratur futuri forma iudicii*) and μ (*in subsequenti parabolae sermone quo apertissime declaratur futuri forma iudicii*).[137]

---

[134] Cf. 1, 12, 24sq. *scribebat digito*; 30, 9 *manifestantur*; 32, 5 *usum* om.; 51, 6 *dei sint*; 2, 5, 17 *populi*; 7, 7 *vivere* om.; 8, 28 *eis* om., etc. For the combination $A\,D\,T\,O$ see, for example, 1, 35, 4 *responsum*] *dictum*; 42, 6 *omnibus naturaliter* tr.; 56, 4 *scribens ait Philippensibus* tr.; 2, 22, 20 *ambiguus*; 26, 22 *vocatum*, etc.

[135] 1, 6, 11 *dicant*] *dicebant W P L C → dixerint A D F T*; *dixerunt J O I*; 9, 3 *indatur*] *datur W P L R → detur C* κ^1; 2, 7, 22 *quidque*] *quisque W P L → quaeque* κ^1.

[136] For example, 1, 7, 3 *sustentandis*; 25, 5 *suscipimus*; 42, 12 *doceatur*; 51, 19 *scribentis*.

[137] It is sometimes hard to tell whether κ^1 was influenced by μ or conjectured the correct text on its own, e.g., in 1, 7, 13 *avidior* (the rest of κ has *avidique* resp. *avida*); 26, 6 *in apostolum* (*W P L* have *in apostolo*); 2, 5, 16 *ire in Bithyniam* (*ire Bithyniam W P L C K*); 43, 6 *praeeminet* (*praemonet W P L*). Further examples for influence from μ are 2, 5, 16sq. *non utique negata illis populis gratia, sed quantum apparuit retardata* (*negat illis* [*his L*; *aliis* κ^2] *populis gratiam … retardata* [*retardatam* κ^2] *W P L* κ^2); 8, 3 *roravit*

κ^2 is represented only by two manuscripts, R and K; significant common errors are, for example: 1, 2, 9 *cepimus*; 5, 25 *dei
om.*; 6, 4 *et cum scriptum sit*; 8, 10 *amet*] *habet*; 17, 11 *omnes*; 18, 3
dissolvatur; 21 *promisit credituros*; 20, 2 *appellat*; 26, 1 *universalis
ecclesia*; 12 *renatis*; 21 *obligati*; 32, 3 *genus humanum*; 32, 10sq.
transposition, etc. Within the κ family, κ^2 has many connective
errors ("Bindefehler") with L (and C), as for example in 1, 4, 7 *et*;
26, 4 *esse dubium*; 56, 11 *excellentissimae*; 2, 23, 10 *solo suffocatorum
et sanguinis*; 38, 9 *adiciatur*, etc. Sequential errors prove that this
subfamily stems from $W\,P\,L$ (and C);[138] in fact, it seems to have
been copied from a manuscript which had close similarities to
L (*ac.*): In 1, 5, 9 *exornent* was misread by W(*ac.*) and L as *exhor-
rent*; since a subjunctive is needed, κ^2 changed it to *exhorreant*
(*exhorneant K*); in 1, 36, 10 the incorrect text of L (*ac.*), *per aqua et
spiritu renasci*, was emended in κ^2 to the result of *per aquam
spiritu renasci*, whereas L (*pc.*) and C conjectured *aqua et spiritu renasci*. Some places show that R followed the old codices of κ, W
$P\,L$,[139] especially L,[140] more strictly than did K, which in some
instances changed the text found in R and which seems to be
contaminated with C and κ^1.[141]

(*erogavit W P L C* κ^2); 45, 9 *quae* (*quo W P L C* κ^2); 48, 5 *obluctatio* (*oblectatio
W P L* κ^2).

[138] Cf. 1, 6, 11 *dicant*] *dicebant W P L C* κ^2 ; 2, 38, 5sq. *numquam corruptio ita incorruptionis*] *corruptio numquam ita incorruptionis* tr. *W P L C* κ^1 →
tam corruptionum quam incorruptionum κ^2.

[139] Cf., e.g., 1, 9, 3 *indatur*] *datur W P L R* → *detur C* κ^1 *K*; 2, 7, 22 *quisque W P L R* → *quaeque* κ^1 *K*; 25, 6 *laudabili*] *laudabilis W P L R* (*ac.*); 43, 5
quidem dei illa quidem P (*ac.*) *L* (*ac.*) *R* (*ac.*).

[140] See 1, 54, 25 *tribuat*] *tribuatur L* (*ac.*) *F J* (*ac.*) *I R* (*ac.*); *tribuantur L* (*pc.*)
C κ^1 (*exc. F I*; *pc. J*) κ^2 (*pc. R*); 2, 8, 5 *praesidebat*] *praesidebant L* (*ac.*) *R* (*ac.*);
21, 8 *conspiravitur L* (*ac.*), *conspirabitur R*; 40, 1 *donorum*] *dolorum L* (*ac.*) *R*.

[141] See the sequential errors in 1, 9, 3 (see above n. 139); 32, 10sq. *in …
donum post non dubium est* (1, 34, 14) tr. *R* (*ac.*) *K* (*pc.*); 2, 41, 4 *ut tales*]
vitales R; *vitali K*; 56, 10 *quae ut R*; *quae K*; for contamination with κ^1 see
2, 7, 22 *quaeque*.

Family μ which, as shown above, preserves many correct, genuine readings one of which is even attested as early as the late 5th century (see below, p. 70), goes back to a subarchetype, the age of which remains unclear: it might stem from the 9th century, thus being of the same age as WPL, as well as from pre-Carolingian times. Within μ, despite a few sequential errors (2, 3, 20sq. and 2, 43, 5sq., see below; cf. also p. 51 on the attribution of VocGen in this family) codex Q was not directly copied neither by Ma and X, which have some similarities in common,[142] nor by G which has many individual errors, but is close to Q.[143] From all this we can infer that there existed three or more manuscripts of μ that are now lost.

Contrary to the κ family, μ does not have significant omissions. Principal errors ("Leitfehler") of μ are:

1, 9, 29sq. *nec aliud ab eo aufertur nisi quod natura non habuit* κ – *nec aliud ab eo aufertur nisi vitium quod natura non habuit* μ λ. *vitium* seems to have been inserted for the sake of smoothing the text, thus the reading of μ λ is lectio facilior.

1, 19, 15 *extorrem* κ – *exsortem* μ λ. Again, κ has the lectio difficilior.

1, 30, 8 *non subtraherentur* κ – *cognoscibilia essent* μ λ. Since this sentence (*quae utique opera dei humanae intelligentiae non subtraherentur, si innotescere debuissent*...) has a dative object, it is highly plausible that *subtraherentur*, which needs a dative object, is the right text; whereas *cognoscibilia essent* might have resulted of a lacuna that the scribe of μ tried to fill by inserting words that fit the context, but do not necessarily have a dative object.

2, 3, 19 – 21 ... *non hoc ut nihil patiamini, sed quod multo maius est praestiturus, ut nulla saevientium crudelitate superemini* κ – *non ad hoc ut nihil patiamini, sed quod multo maius est* (*et X; atque G*) *praestantius, ut nulla saevientium crudelitate superemini* μ. The

---

[142] Cf., e.g., 1, 9, 3 *indatur*] *videatur*; 2, 43, 6 *iustificationibus*.
[143] E.g., 1, 9, 29 *eadem*] *ea*; 11, 12 *hanc ullo* tr.; 2, 9, 11 *agricultura*] *cultura agri*; 19, 13 *huius*] *istius*.

construction with the main clause being followed by a bulky phrase unfolding from a participle (*praestiturus*) is so common in VocGen (see above, p. 34) and is at the same time lectio difficilior, so that μ can be assumed to be wrong. The fact that the oldest manuscript of μ, Q, does not insert a copula (*et* or *atque*), indicates a sequential error within μ. The scribes of the later μ manuscripts realized that something was wrong, so that they tried to heal the corruption by departing even further from the correct wording.

2, 24, 13 *coaptatura* κ – *vocatura* μ λ. Two arguments are in favor of *coaptatura*: First, the verb is not as common as *vocare* is, thus it is the lectio difficilior; secondly, there is a parallel in Prosper (in psalm. 111, lin. 5 ... *spiritaliter figurabatur fabrica istius templi, cuius Christus est fundamentum, in quo etiam angulari lapide, vivis lapidibus coaptatis, caelestis aedificii structura consurgit, ut ex ruina vetere, quae facta est in Adam, novum dei templum cum reparatione omnium gentium reformetur*).

2, 43, 5sq. *gratia dei illa quidem in omni iustificatione* κ – *gratia dei quidem in omnibus iustificatione* Q; *gratia dei quidem in omnium iustificationem* G; *gratia dei quidem in omnibus iustificationibus* Ma X; clearly the text of κ is better than that of Q, because what follows is true of the universal grace; that this grace is meant, can only be understood, if the text reads *illa*, which differentiates it from the other form of grace mentioned in line 1 (*hanc... gratiam*). μ left out *illa*, and perhaps for some other reason misread *omni* as *omnibus*; this caused a sequential error, so that Q misled the rest of μ.

Family λ: Significant errors that prove λ to be a family of its own are, for example, 1, 5, 6 *etiam ingenia si*; 8, 9 *malae voluntatis fuerit*; 16, 21sq. *et iterum* om.; 24, 10 *praedicarentur haec*; 25, 1 *legerint haec*; 10 *magister gentium* om.; 30, 2 *devenire in*; 32, 14 *incognitae*; 36, 1 *gentis et* om.; above all, λ has a huge lacuna (1, 10, 20 – 16, 10).

Within λ the codex M has an exceptional position because it shares a few readings with κ where the others agree with μ (1, 17,

13/16 *ut/benedicant et laudent*; 49,4 *praecedentibus meritis*; 2, 20,10 *irruit/incidit*). It was probably a manuscript not too closely related with *M*, which was copied by *V* and thus became the ancestor of λ.[144] This manuscript, however, is no longer extant. – λ has two sub-families, λ[1] (*U Y Z*, 15th century)[145] and λ[2] (*Br B E*, 16th century),[146] containing only late manuscripts; thus, variants found in only one member of λ[2] have not been noted in the apparatus. λ[2] would have been left aside completely, if it did not present what can be called a late medieval koiné text of VocGen which was used by the earlier editions.[147]

2.4 Stemma Codicum

a) Two main families: κ and μ

Considering textual variants that cannot have come about in different manuscripts independently (by aberratio oculorum, haplography, dittography, etc.), one can clearly distinguish two major groups, i.e., on the one hand manuscripts pertaining to κ, on the other hand those pertaining to μ (and for the most part λ), for example:

1, 6, 15sq. *secundum ipsam tamen credimus* μ λ – *credimus tamen* κ
1, 7, 13 *conscientiae* μ λ – *scientiae* κ

---

[144] Subsecutive errors are: 1,30,2 *definire*] *devenire* M; *devenire in* λ (*exc.* M); 2,5,16 *spiritu Iesu*] *spiritu sancto* M N; *spiritu sancto vel Iesu* V (*sl.*) H λ[1]; 39,4 *ne*] *nec* M (*ac.*); *nec ut* M (*pc.*); *non ut* λ (*exc. M*).

[145] Common errors are countless, e.g., 1,1,9 *suspicionum*; 2,4 *advertunt*; 6sq. *nisi…nisi*] *ubi…non*; 8 *ipso*; 3,2 *vis*; 7,5 *dilectionis* etc.

[146] 1,5,5 *sui*; 10,6 *sic*; 19,21 *autem*] *enim*; 24,16 *agebat* om.; 17 *sit*; 26,3 *quid in*, etc.; the three manuscripts equally divide the text in chapters to which they attribute the same titles. The titles are in *Br* at the beginning of each chapter, in *B* and *E* only in indexes at the beginning of each book. With the exception of chapter VIII of book one (1, 44 in this edition) which is marked as chapter only in *E*, the chapter divisions are identical with those found in PL 17.

[147] 1,35,12 *bonitas miserantis* tr.; 54,2 *dominus donaverit* tr.; 56,3sq. *scribens Paulus apostolus Philippensibus* tr.; 2,29,4 *quoniam*, etc.

1, 14, 17 *illuminati* μ – *correcti* κ
1, 17, 12 *erudiantur* μ – *custodiantur* κ λ
1, 34, 8 *regeneratio* μ λ – *miseratio* κ
1, 34, 22 *exaequati* μ λ – *aggregati(s)* κ
1, 51, 7 *donaverit* μ λ – *voluerit* κ
2, 17, 7 *seminis* μ λ – *generis* κ
2, 20, 6sq. *eorum, quorum* μ λ – *eius, cuius* κ

As can be seen from the above mentioned variants *erudiantur* – *custodiantur*, family λ, though most of the time closely connected to μ, sometimes sides with κ. Since there are other evident signs of contamination with κ (for examples see below), argumentation regarding the stemma will primarily rely only on κ and μ. These two groups are best distinguished from each other, i.e., where the oldest members of κ differ from μ, neither κ^1 nor κ^2 follows μ.

With respect to the quality of the text, an editor cannot rely on κ only, or on μ only, because there are evident errors in κ, where μ (and λ) have the correct reading, and vice versa. Evident errors in κ, where μ has the correct reading, include some passages where κ has omissions.

b) Position and value of family λ

Though λ often shares incorrect readings with μ (for examples see above, p. 65), it is posterior to μ as can be seen from sequential errors:

2, 37, 6 *nihil inde*] *nihil de ea* μ; *nihil sit quod de ea* λ
2, 38, 10sq. *ab initio sui*] *ab initii sui* X; *ab initii sui die* λ
2, 43, 5sq. *in omni iustificatione*] *in omnibus iustificatione* Q; *in omnium iustificationem* G; *in omnibus iustificationibus* Ma X λ

Furthermore, λ has some evident traces of contamination with members of κ: 1, 4, 7 *autem est* tr. CF λ ; 9, 3 *detur* C κ^1 K λ; 22, 1 *promittit* κ λ (exc. λ^2), etc. Since there are some parallels only with W (1, 22, 1 *hac regula*; 39, 6 *factus est* [*est* not added to the following *factus* as well]; 2, 6, 9 *multi*] add. *in*; 44, 3 *occurrit*) and others only with P (apart from many instances in the Bible quotes, 2, 39, 19 *in*), neither manuscript was directly copied by λ.

There are also instances in which the variants of κ and μ are mingled together:

1, 30, 5 *originalibus*] *naturalibus originalibus* μ (*naturalibus* seems to have originally been a gloss in μ); *naturalibus* λ

2, 29, 12 *dominicae segetis*] *dominici agri* μ; *dominici agri segetis* λ (*exc. B*)

2, 39, 4 *ne* $W P \mu$; *nec* κ (*exc.* $W P$) M (*ac.*) V (*ac.*); *nec ut* M (*pc.*); *non ut* λ (*exc.* $M \lambda^2$; *pc.* V); om. λ^2

The only place where λ seems to have preserved the correct text alone or independently from other manuscripts (2, 1, 10 *non omnes*: *non omnes homines* κ; *omnes non* μ), might easily be the result of conjecture.

Thus, the relations between the mss. up to the 12th century lead to this stemma (dotted lines indicate contamination):

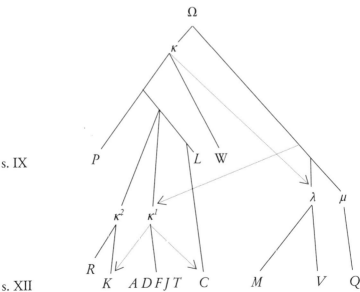

2.5 Indirect Text Tradition: Testimonies in Late Antiquity and Early Middle Ages

The earliest known quote from VocGen is found in the late 5th century in Pope Gelasius (Adversus Pelagianam haeresim = Coll. Avell., epist. 97, 47, CSEL 35, 419): *Ad magnam enim utilitatem fidelium materia est servata certaminum, ut non superbiat sanctitas, dum pulsatur infirmitas* (1, 13, 12 – 14). It is of particular importance for textual criticism, because it bears witness to a variant found only in μ (*servata*; κ has *reservata*, λ omits the passage) and thus confirms that μ goes back to an old, valuable subarchetype.

Ratramnus of Corbie, De praedestinatione Dei 1 (PL 121, 27C) quotes VocGen 1, 29 – 30 in extenso; since there is no critical edition of Ratramnus, it is hard to tell whether the agreements between his text and lectiones variantes in VocGen (1, 29, 1sq. *divinorum operum*; 17 *exordio*; 30, 18 *dei iudicia*; 29 *perdet*) attest that the respective variants go back to Ratramnus' time, i.e., to the 9th century.

Hincmar of Reims in his De praedestinatione Dei et libero arbitrio (PL 125, 117 – 475) has 21 quotations from VocGen. It is clear that he is quoting from a ms. that belongs to the κ family because he omits those words which are absent from κ (for example, 1, 16, 4 – 6). – On a more general discussion of the passages quoted by Ratramnus and Hincmar, see above p. 42.

3 EDITING DE VOCATIONE OMNIUM GENTIUM

3.1 Earlier Editions[148]

The first printed edition of VocGen by Georgius Cribellus, which Leonhard Pachel printed in Milan,[149] included a corpus of works ascribed – partly incorrectly – to Ambrose: Epistolae, De vocatione omnium gentium, Sermones, Orationes dicendae ante missam, De sacramentis et mysteriis, De virginibus, De viduis, De cohortatione virginum et de dedicatione templi a Iuliana structi, De institutione virginis ad Eusebium, De Helia et ieiunio. The ascription to Ambrose gives rise to the suspicion that this edition used a manuscript of the family λ. The same holds true for the immediately following edition, which was printed in Milan by Antonius Zarotus in 1491,[150] and for the three-volume Ambrose edition of Johannes Amerbach (Basel 1492).[151] Publishing VocGen among the works of Ambrose was abandoned in the

[148] Cf. Schoenemanni Notitia historico-litteraria in S. Prosperum, reprinted in PL 51, 43–64; later works, such as L. Couture, Saint Prosper d'Aquitaine, BLE 1900, 269–282, and Saint Prosper d'Aquitaine II, BLE 1901, 33–49, contain nothing that goes beyond that. Extremely helpful is the virtually complete list of printings in Elberti, Prospero d'Aquitania (see n. 19), 279–290.

[149] Gesamtkatalog der Wiegendrucke (GW), vol. 1–7 edited by the Kommission für den Gesamtkatalog der Wiegendrucke, vol. 8–9 edited by the Deutsche Staatsbibliothek zu Berlin; vol. 2: Alfarabius – Arznei (Stuttgart: Hiersemann 1926, Nachdruck 1968), Nr. 1600.

[150] Containing: Epistolae, De Isaac et anima, De fuga saeculi, VocGen, De aedificatione urbis Mediolani; GW 1601.

[151] GW 1599. VocGen is listed as the first Pseudo-Ambrosian writing after De officiis ministrorum, Hexameron, De Paradiso, De Cain et Abel, De Noe et arca, De Abraham, De Isaac vel de anima, De bono mortis, De fuga saeculi, De Iacob et vita beata, De Ioseph patriarcha, De patriarchis, De Nabuthae, De Helia et ieiunio, De Tobia, De interpellatione Iob et David, De apologia David, De mysteriis, De sacramentis, and before De dignitate humanae conditionis, De Salomone (Gregorius Illiberitanus), De dignitate sacerdotali, Oratio praeparativa ad missae celebrationem (Johannes Fiscamensis), Orationes (Ambrosius Autpertus).

middle of the 16th century.[152] Johannes Sotellus (Leuven 1565) brought out VocGen under Prosper's name with the use of three codices no longer extant ("antiquissima manuscripta") from Belgian libraries, all of which stem from the Cistercian tradition and seem to have belonged to family κ: "codex S. Martini Lovaniensis," "Boneffiensis" (from the Abbey in Boneffe), "Camberonensis" (from the Abbey Cambron in Cambron-Casteau). Since some variants of the last mentioned manuscript are noted in the margin in the edition that Jacobus Olivarius brought out (Douai 1577) in close dependence on that of Sotellus,[153] a more accurate classification of this old manuscript ("vetustissimum volumen") within the family κ is possible.[154] Errors in Olivarius' edition were corrected by reprints, e.g., the Cologne edition of 1630.[155] The next new edition of VocGen is of special interest with

---

[152] Before that also, for example, Johannes Oecolampadius (Basileae: Volffius 1524).

[153] Divi Prosperi Aquitanici episc. Rhegiensis Opera…a mendis repurgata (Duaci: Bogardus 1577).

[154] Cod. Camb(e)ronensis does not belong to λ (it does not have the omission of 1, 10, 20 – 16, 10 with it) or μ (1, 17, 12 *custodiantur*), but manifests such clear characteristics of κ that the few variants it has in common with μ+λ (1, 24, 14 *in ignorantia sua* om.; 1, 31, 21 *laudemus*) must have come about by chance: As is the case with several other members of κ[1], this manuscript contains, besides VocGen, also (Pomerius) De vita contemplativa; errors in common with κ are, for example: 1, 23, 19 *voluntaria* om.; 1, 24, 19 *generis*; 1, 28, 31 *conditione*; 1, 51, 7 *voluerit*; 1, 54, 17 *abundantem facere*; 2, 8, 26 *quia viis*; 2, 13, 7 *et…fecunda* om.; 2, 23, 10 *esu* om.; 2, 37, 13 *in Adae praevaricatione*; within family κ, the manuscript has some similarities with *W P J O* (1, 37, 30 *etiam] autem*; 2, 9, 4 *directos*), but at other times with *C* (1, 27, 8sq. *impossibilia erant narrari*; 1, 58, 6 *probabunt*; 2, 8, 2sq. *quam … erogavit*; 2, 51, 4sq. *multimoda diversaque mensura*). Few readings might have resulted from conjecture (2, 7, 22 *quid quibus temporibus*).

[155] Divi Prosperi Aquitanici, Episcopi Rhegiensis, Viri eruditissimi, Opera, Accurata Exemplarium Vetustorum Collatione A Mendis penè innumeris repurgata. Quid Vero in Hac Editione Praeter ditißimum indicem, tam scripturarum quam rerum accesserit, pagina septima demonstrat (Coloniae Agripinae: Sumptibus Haeredum Ioannis Crithii Sub Signo Galli 1630).

respect to the history of the humanities; it was published by Paschasius Quesnellius in 1675 in the context of his edition of the works of Leo and was ascribed to Leo.[156] Because of the suspicion of Jansenism this edition was placed on the Index already in 1676. Besides the Cambronensis manuscript, whose variants Quesnel presumably took from earlier editions, he used the "codex Thuaneus" (C in the present edition). Its marginal glosses are found now and then also printed by Quesnel in the margin.[157] The edition by Johannes Lebrun de Marette and Lucas Mangeant (Paris 1711,[158] often reprinted) brought a clear improvement in quality; it rested upon the collation of three codices: codex Thuaneus, Camberonensis, and Joliensis (codex J of the present edition), and took the previous editions into account: the editio Lovaniensis (1565), Duacensis (1577), Coloniensis (1630, this edition was an emended reprint of the editio Duacensis), and that provided by Quesnel. The reprint of the edition of Lebrun de Marette and Mangeant which appeared in Paris in 1782,[159] contains the text that is normative up to today, since it

---

[156] Sancti Leonis Magni Papae primi Opera omnia, nunc primum Epistolis XXX. tribúsque de Gratia Christi Opusculis auctiora: secundum ... annorum seriem ... ordinata; a Supposititiis ... expurgata; Appendicibus, Dissertationibus, Notis ... illustrata; Accedunt S. Hilarii Arelatensis Episcopi Opuscula ... Una prodit è tenebris genuinus Codex Canonum et constitutionum Sedis Apostolica / ... Cum dedicatione Paschasii Quesnelli ... (Lutetiae Parisiorum 1675).

[157] For example, 2, 39, 2 eis] s. iugo add. C (mg.); idest iugo Quesnel (mg.).

[158] Sancti Prosperi Aquitani, S. Augustini Discipuli, S. Leonis Papae Primi Notarii Opera omnia: Ad manuscriptos Codices, nec non ad editiones temporum disposita, Et Chronico Integro eiusdem, Ab Ortu rerum, usque ad obitum Valentini tertii, & Romam a Vandalis captam pertinente locupletata. Quibus praefigitur eiusdem S. Prosperi Aquitani Vita ... (Parisiis: Desprez Et Desessartz 1711).

[159] Prosperi Aquitani Opera omnia: ad mss. codd. nec non ad editiones antiquiores et castigatiores emendata, nunc primum secundum ordinem temporum disposita et chronico integro ejusdem ab ortu rerum usque ad obitum Valentiniani tertii ... locupletata; quibus praefigitur Prosperi Aqui-

was included in Patrologia Latina 51,[160] although Migne had at
his disposition an edition that rested upon an essentially broader
base of manuscripts. For their edition (Venice 1756),[161] Petrus
and Hieronymus Ballerini had – apart from the codices Thuanen-
sis, Camberonensis, and Joliensis – examined a series of Vatican
manuscripts, of which they used three for the constitution of the
text: "Vaticanus 1" (Vat. Reg. 293 [codex *R* of our edition]), "Vaticanus 2" (Vat. Lat. 268 [codex *V*]), and "Vaticanus 3" (Vat. Lat.
262 [codex *G*]).[162] Thus, representatives of all three manuscript
families were available to them. Hence, their text comes closest
to the requirements of the modern technique of editing.

3.2 Principles of this Edition, List of Text Changes

For this edition, all extant manuscripts have been collated.
The variant readings of the manuscripts from the 9th to the 12th
century are completely documented in the critical apparatus.
Variants from the later ones were skipped when they occur only
in a single manuscript and are evident errors. Isolated errors in
one of the three manuscripts from the 16th century, *Br*, *B*, and *E*,
have been omitted. Though, as shown above (see p. 44), one can
rely only on the old manuscripts of *κ* and on *μ* for constituting
the text, we did not eliminate any codex from the apparatus,

---

tani … vita / additis nunc primum S. Asterii episc. homiliis. Ed. 2 Veneta
juxta Parisiensem anni 1711 (Venetiis: Remondini 1782).

[160] Cf. PL 218, 1168 (*Index Bibliographicus*, exhibens Patrum et Scriptorum ecclesiasticorum varias editiones quae inde ab inventa arte typographica
lucem viderunt, et in *Patrologiae Latinae Cursu* constituendo sunt adhibitae,
s. v. Prosper): … Venetiis, 1782, in-4. Migne had printed an edition of
VocGen in Patrologia Latina 17, 1073 – 1132 from an unknown source.

[161] S. Leonis Magni, Romani Pontificis, Opera post Paschasii Quesnelli
recensionem … emendata et inedita aucta curantibus Petro & Hieronymo
fratribus Balleriniis … (Venetiis: Occhi 1753 – 1757), tomus secundus (1756).

[162] Palatinus 236 (codex *P* of the present edition), Vaticanus Lat. 558
(codex *F*), 559 (codex *I*), and 281 (codex *H*) were only examined, but not
used systematically.

because the more recent ones are often important for the textual tradition and for the former editions. Since biblical quotations could have been normalized by each scribe individually, in these cases the stemma is not applicable. – We re-numbered the chapters, adding the numbers used in Patrologia Latina 51 in brackets.

Places where the text differs from Patrologia Latina 51

Book 1: 2,3 (*aestimantium*); 4,7 (*est autem*); 7,15 (*facilitatem*); 9,3 (*indatur*). 20 (*retrudi*). 27 (*revertens*). 28 (*illo*). 29 (*labefacta*). 30 (*nisi quod*); 10,1 (*sine*). 9 (*hostem non*). 10sq. (*fidat viribus*); 11,13 (*accepit de*). 15 (*non potest captivo corde*). 18 (*intellegenda*); 12,1 (*indocti nec*). 2 (*ad deum ratione*). 10 (*arbitrio usus*). 25 (*terra*); 13,4 (*format; dulcescit animae*). 10 (*carnis autem*); 14,17 (*illuminati*); 15,9 – 17. 18 (*veniunt*). 21 (*sunt et*). 24 (*introibit; caelorum et*). 27 (*vos cognovi*); 16,4 – 6. 14 (*neglexi eos*). 21 (*et iterum*). 26 (*dominus de gratia sua*). 27 (*facit creaturam*); 17,16 (*inundati*); 18,16 (*omnibus*); 19,15 (*extorrem*). 18 (*hereditatem*). 24 (*omnia*); 20,3 (*generalitate*). 11 (*sunt*); 21,10 (*ipsis Christus*). 12 (*iisdem*); 22,1 (*hanc regulam; promit*); 23,15 (*genu ante*). 16 (*per*). 17 (*salvae*). 21 (*et¹*); 25,10 (*magister gentium*); 26,7 (*et*). 21 (*malae*). 24 (*dominus et iustus*); 27,3 (*est*). 4 (*est*). 8 (*his*). 13 (*eruet; avertet*); 28,3 (*ad*). 11 (*gratiae causa*). 17 (*gentibus*). 20 (*facta*). 25 (*tanta*); 29,1sq. (*operum divinorum*). 6 (*creetur*); 30,12 (*fecundam*). 13 (*dixit deus*). 27 (*hos*). 34 (*faciet*); 31,2 (*velimus*). 12 (*populus; misertus est*). 16 (*et horum misertus sit*); 32,1 (*universalem*); 34,1 (*posset probari*). 8 (*cessarit*). 21 (*denarii pactione ubi*); 35,2 (*exaequentur*). 10 (*dispensationis revelata*). 12 (*est miserantis bonitas*). 14 (*sic fecisti*); 36,16 (*quae*); 37,5 (*dicens cum*). 8 (*filiis*). 11 (*qui*); 38,7 (*confiteor*). 18 (*et¹*). 21 (*in mundum*). 30 (*eam*); 40,2 (*dederit*). 5 (*consequentibus*). 7 (*sibi populum*). 12 (*his*); 41,16sq. (*quos finis*); 42,3sq. (*enim vocati*). 12 (*afferre*). 17 (*ullorum; fortuitu*). 23 (*ergo de*). 31 (*omnibus tractatur*); 43,6 (*omittantur*). 7 (*omne*); 44,20 (*deo placentes*). 21 (*omni*). 25 (*memoriam facientes*); 45,5 (*nosmetipsi*). 11 (*vestra conversatione*); 46,6 (*nos audit*). 8sq. (*fidem per dominum nostrum Iesum Christum*); 47,14 (*uno animo*); 48,11 (*sunt dei*); 49,4 (*praecedentibus meritis*). 6 (*conferantur*); 50,4 (*item*). 8 (*fortitudinem meam*). 15 (*recte possit*). 17 (*intellegit*); 51,1 (*dicitur*). 5 (*parcet*). 7 (*voluerit*). 20 (*autem*); 52,3 (*de; omnia superposuit*). 4 (*dei*). 23sq. (*item idem praedicans*); 53,10 (*alii sermo*). 12 (*prophetia*); 54,2 (*donaverit deus*). 5 (*omnes et*). 12 (*nostra*). 13 (*nos fecit*). 15 (*docens; affectum*). 25 (*tribuat*); 55,6 (*voluntarie genuit*). 8 (*salvabit*). 20 (*inquit*); 56,3sq. (*Paulus apostulus Philippensibus scribens*). 17 (*operari*). 21 (*caritate*). 23 (*Iesu cum*). 30 (*confirmavit*). 34 (*aliud est*). 37 (*aestimati*). 40 (*peccatum virtus*). 43 (*et*). 55 (*vero*). 57 (*aeternam gloriam modicum*). 69 (*rapiuntur*). 72 (*dabo*). 76 (*venerit*). 78 (*me misit*).

Book 2: 1,6 (*agnitionem*). 10 (*omnes salvet qui omnes vult*). 20 (*enim*); 3,3 (*potestas omnis*). 6 (*ego*). 8 (*et*). 19 (*relinquam*); 5,7 (*vellet salvos*). 13 (*consede-ret*); 7,15 (*et¹*); 8,14 (*eis*). 17 (*ac potestate*). 23 (*terra et mare*). 28 (*eis*); 9,14 (*autem*); 10,11 (*prophetia*); 11,7 (*ipsum*). 11 (*et*); 12,13 (*sanatus*). 15 (*sana-tum*). 24 (*parabolae*). 28 (*obicietur*); 13,1 (*ideo*); 14,10 (*testimonio*). 12 (*mira-bilium*). 16 (*eum*). 27 (*aestimet*). 28 (*silendo*); 15,12 (*impertiit*); 17,7 (*generis*); 18,9 (*domine*); 19,14 (*gustarunt*); 22,20 (*ad medendi*); 25,12 (*accepit*). 16 (*Christo regenerati*); 26,5 (*sit tam*). 7 (*sunt*). 13 (*suffecit*). 15sq. (*superabundaret gratia*). 16 (*humanum genus*). 19 (*animos*); 27,4 (*peccata*); 28,15sq. (*de tenebris et potestate tenebrarum*); 29,4 (*quando*). 21 (*fidei*). 29 (*aestimati*); 30,4sq. (*est nemo*). 6 (*impius dicente*). 11 (*in*); 31,12 (*habitant; et²*); 32,6 (*audiant atque suscipiant*). 10 (*spontanea valeat*). 13 (*et apostolus Paulus*); 33,4 (*hoc*). 7 (*quarum*). 8 (*irritatus*). 16 (*te et*). 18 (*et*). 27 (*nostro*). 28 (*per me ad te*); 34,1 (*hi*). 24 (*dimitte*). 25 (*secundum*). 26 (*in*); 36,13 (*inciderent neque*). 18 (*de*); 37,11sq. (*bonum aliquid neque malum*). 13sq. (*praevaricatione primi paren-tis*); 39,3 (*defecturos*). 5 (*omnes omnia*). 19 (*ad*); 40,17 (*habuerint*). 23 (*his*). 29 (*simili*); 41,1 (*in*). 3 (*mortalitate*); 42,4 (*his; eaque; quam*). 6 (*eiusmodi dona ista*). 6sq. (*per ipsorum testimonia*); 43,3 (*si quid*). 5 (*dei illa quidem*). 7 (*mo-nendo*); 45,5 (*fecit*). 9 (*gratia*); 46,30 (*expostulavit*). 32 (*roga*). 34 (*ea*). 39 (*eius; commoriturum spoponderat*); 47,9 (*insidianti*); 48,8 (*provectis*). 9 (*inferas*). 11 (*superentur ipsamque victoriam*); 49,11 (*his*). 14 (*adiuta*). 20 (*proventu*). 21 (*pro*); 53,1 (*his*). 4 (*quoniam iustus*). 10 (*gente ex*); 54,4 (*subito*). 10 (*iustifica-tione*); 55,15 (*in ipso*). 18 (*dei semper*). 25 (*numeratus*); 57,7 (*propriis*). 10 (*de-structionem; his*).

3.3 Abbreviations

ac.	ante correctionem	*om.*	omisit / omiserunt
add.	addidit / addiderunt	*p(p).*	pagina(e)
cap.	caput / capita	*par.*	loci paralleli
cett.	ceteri	*pc.*	post correctionem
cf.	confer	*praef.*	praefatio(nem)
cod(d).	codex / codices	*praem.*	praemisit / praemiserunt
corr.	correxit / correxerunt	*praes.*	praesertim
del.	delevit / deleverunt	*ras.*	rasura
ed(d).	editio(nes)	*saec.*	saeculo
exc.	excepto / exceptis	*scil.*	scilicet
exp.	expunxit / expunxerunt	*sec.*	secundum
fol.	folium	*sequ.*	sequitur / sequuntur
inc.	incipit / incipiunt	*sl.*	supra lineam
iter.	iteravit / iteraverunt	*sq(q).*	sequens / sequentes
lib.	liber	*suppl.*	supplevit / suppleverunt
lin.	linea(e)	*tr.*	transposuit / transposue-
litt.	littera(e)		runt
lnp.	legi non potest	*v.*	vide
LXX	Septuaginta	*VL*	Vetus Latina
mg.	in margine	*Vulg.*	Vulgata

* in apparatu lectionem fortasse praeferendam designat

ba Sancti Leonis Magni ... Opera post Paschasii Quesnelli recensionem ... emendata ... curantibus Petro & Hieronymo fratribus Balleriniis ..., Venetiis (Occhi) 1753 – 1757, tomus secundus (1756)

mia editio ab ignoto quodam parata et a J.-P. Migne in Patrologiae Latinae vol. 17 (Parisiis, annis 1857/60) iterata, in qua opus Ambrosio tribuitur

mip editio a J. Lebrun de Marette et L. Mangeant Parisiis 1782 publici iuris facta et a J.-P. Migne vol. 51 iterata, in qua opus Prospero attribuitur

78

Conspectus siglorum

ω   consensus omnium codicum
κ   consensus codicum $W P L C κ^1 κ^2$
    $κ^1$ consensus codicum $A D F J T O I (Do)$
    $κ^2$ consensus codicum $R K$
λ   consensus codicum $M V H N S λ^1 λ^2$
    $λ^1$ consensus codicum $U Y Z$
    $λ^2$ consensus codicum $Br B E$
μ   consensus codicum $Q G Ma X$
A   Paris, Bibl. de l'Arsenal, ms. 586, saec. 12 (cf. p. 47)
B   Bruxelles, Bibl. Royale, Lat. 965 (242–65), saec. 16 (cf. p. 57)
Br Bremen, Universitätsbibl.-Staatsbibl., msb. 0010, an. 1528 (cf. p. 56)
C   Paris, Bibl. nationale, Lat. 2156 (Colbertinus), saec. 12 (cf. p. 46)
D   Dijon, Bibl. municipale, ms. 140, saec. 12 (cf. p. 47)
Do Douai, Bibl. municipale, ms. 533, saec. 13 (excerpta, cf. p. 50)
E   Bruxelles, Bibl. Royale, Lat. 966, saec. 16 (cf. p. 57)
F   Roma, Bibl. Apostolica Vaticana, Vat. Lat. 558, saec. 12 (cf. p. 48)
G   Roma, Bibl. Apostolica Vaticana, Vat. Lat. 262, saec. 15 (cf. p. 51)
H   Roma, Bibl. Apostolica Vaticana, Vat. Lat. 281, an. 1374 (cf. p. 54)
I   Roma, Bibl. Apostolica Vaticana, Vat. Lat. 559, an. 1447 (cf. p. 49)
J   Paris, Bibl. nationale, Lat. 17413 (Joliensis), saec. 12 (cf. p. 48)
K   Charleville-Mézières, Bibl. municipale, ms. 202/13, saec. 12ex. (cf. p. 50)
L   Laon, Bibl. municipale, ms. 122, saec. 9 (cf. p. 46)
M   München, Bayerische Staatsbibl., Clm 17732, saec. 12 (cf. p. 53)
Ma Mantova, Bibl. comunale, ms. D.III.1, saec. 15 (cf. p. 52)
N   Paris, Bibl. nationale, Lat. 1757, saec. 14 (cf. p. 54)
O   Lisboa, Bibl. nacional, cod. Alcobacensis 67, saec. 13 (cf. p. 49)
P   Roma, Bibl. Apostolica Vaticana, Pal. Lat. 236, saec. 9 (cf. p. 45)
Q   Firenze, Bibl. San Marco, ms. 637, saec. 12in. (cf. p. 51)
R   Roma, Bibl. Apostolica Vaticana, Reg. Lat. 293, saec. 11/12 (cf. p. 50)
S   Madrid, San Lorenzo del Escorial, Cod. Lat. Q.III.15, saec. 15 (cf. p. 55)
T   Troyes, Bibl. municipale, ms. 5, saec. 12 (cf. p. 49)
U   Roma, Bibl. Apostolica Vaticana, Urb. Lat. 39, saec. 15 (cf. p. 55)
V   Roma, Bibl. Apostolica Vaticana, Vat. Lat. 268, saec. 12 (cf. p. 53)
W Wolfenbüttel, Herzog-August-Bibl., Cod. Guelf. 179 Gud. Lat. 4°, saec. 9med. (cf. p. 45)
X   Roma, Bibl. Apostolica Vaticana, Urb. Lat. 69, saec. 15 (cf. p. 52)
Y   Firenze, Bibl. Medic. Laurenz., Laur. Lat. XIV, 9, saec. 15 (cf. p. 56)
Z   Firenze, Bibl. Medic. Laurenz., Leop. Laur. Lat. 23, saec. 15 (cf. p. 56)
edd consensus editionum ba, mia et mip (cf. p. 77)

LIBER PRIMUS

mia 1073
mip 648/9

mia 1074

mia 1075

(I.) 1. Inter defensores liberi arbitrii et praedicatores gratiae dei magna et difficilis dudum vertitur quaestio: Quaeritur enim, utrum velit deus omnes homines salvos fieri, et quia negari hoc non potest, cur voluntas omnipotentis non impleatur inquiritur, cumque hoc secundum voluntatem hominum fieri dicitur, gratia 5 videtur excludi; quae si meritis redditur, constat eam non donum esse, sed debitum. Unde iterum quaeritur, cur hoc donum, sine quo nemo salvus est, ab eo qui omnes salvari vult non omnibus conferatur, atque ita contrariarum disputationum nullus terminus reperitur, dum non discernitur, quid manifestum, quid sit oc- 10 cultum. De hac igitur compugnantia opinionum qua mensura et temperantia sentiendum sit, quantum dominus adiuverit, annitar inquirere exercens atque discutiens modulum facultatis meae in his quae cordi meo sobrie, quantum arbitror, inhaeserunt, ut si in eas regulas processerit stilus quae nihil offensionis, nihil habeant 15 pravitatis, non solum nobis, sed et aliis utile sit ad aliquem nos limitem pervenisse, quem non debeamus excedere.

2. Primitus itaque de voluntatis humanae motibus et gradibus disputandum est; inter quam et gratiam dei quorundam non

---

1,3 velit ... fieri] *cf.* 1 Tim. 2, 4

κ (*WPLC*+ κ*¹*[*ADFJTOI*]+κ*²*[*RK*]) μ (*QGMaX*) λ (*MVHNS*λ*¹*λ*²*)

1 Prosperi de vocatione omnium gentium *W*κ*²G*; Prosperi de vocatione gentium *C* (*ac.*) κ*¹*; de libero arbitrio et gratia *Q*; de libero arbitrio et gratia Augustini *Ma*; Augustini ... de libero arbitrio *X*; Prosperi de gratia (dei *add.* *M*) et libero arbitrio *C* (*pc.*) *M*; Ambrosii ... de vocatione omnium gentium λ (*exc. M*); *deest in* *PL* (*v. p. 45sq.*)
1,3 homines *om.* *U* | hoc negari non *tr.* *C*κ*²* (*om.* hoc *K*) *NU*; negari non hoc *tr.* *Br* (*ac.*) *B* (*ac.*) 4 non² *om.* *V* (*ac.*) 5 voluntes *GMaX*λ *mia* | dicitur] indicitur *H*; videatur λ (*exc. H*) *mia* 9 contrarii *H*; contrarium *X* | suspitionum λ*¹* 10 manifestum] sit *add.* *G* | quid²] vel *add.* *R* 12 senti endum] sciendum *Ma* | in quantum *GMaX* | iuverit *G* | nitar *Ma* 13 modum *BrB* 14 inhaesere *I*
2,2 quam] s. voluntatem *add.* *C* (*sl.*) | non *om.* *H*

sana discretio est aestimantium, quod praedicatione gratiae liberum negetur arbitrium, nec advertentium eadem regula sibi posse
5 obici, quod gratiam negent, cum eam humanae voluntatis non
ducem volunt esse, sed comitem. Si enim tollitur voluntas nisi
ipsa est verarum origo virtutum, tollitur gratia nisi ipsa est bonorum causa meritorum. Sed iam auxiliante Christo quod tractandum concepimus inchoemus.

(II.) **3.** Omni animae humanae, quantum intellegere atque
experiri datur, naturaliter qualiscumque inest voluntas, qua aut   *mip 650*
appetitur quod placet aut declinatur quod displicet. Huius voluntatis, quantum ad naturalem pertinet motum ex vitio primae
5 praevaricationis infirmum, genera sunt duo, secundum quae
voluntas hominis aut sensualis aut animalis est. Sed cum adest
gratia dei, accedit ei per donum spiritus tertium genus, ut possit
fieri spiritalis et per hunc excellentiorem motum omnes affectus
undecumque nascentes supernae rationis lege diiudicet.

(III.) **4.** Sensualis igitur voluntas, quam et carnalem possumus dicere, non erigitur supra eum motum qui de corporis
sensibus nascitur, qualis est in animis parvulorum, qui licet nullo
iudicio rationis utantur, ostendunt tamen aliquid se velle, aliquid

---

2, 5sq. non ... comitem] *cf.* Sen., vit. b. 8, 1 (... rectae ac bonae voluntatis
non dux, sed comes sit voluptas)

κ ($W P L \, C + \kappa^1$ [$A \, D F J T O I$] $+ \kappa^2$ [$R \, K$]) μ ($Q \, G \, Ma \, X$) λ ($M \, V \, H \, N \, S \, \lambda^1 \, \lambda^2$)
3, 1 omni *inc.* Do

---

3 existimantium O (*ac.*) $Y Z \lambda^2$ *edd*; extimantium O (*pc.*) I   **4** negeretur (*sic*)
L | advertunt λ^1 **6** sed *om.* Z | si] sic *Camb., Thuan.* | nisi ... 7 nisi] ubi ...
ubi $G \, Ma \, X \lambda^2 \, mia$; ubi ... non λ^1 **7** ipsa1 *om.* S | virtutum] si *add.* $G X \lambda^2$
mia | est2 *om.* Z   **8** Christo] domino W; ipso λ^1 | tractando λ (*exc. H N*)
9 cepimus κ^2 | inchoemus] explicit prologus incipit liber primus *add.* κ^1
3, 1 humanae animae *tr.* A (*ac.*) | humanae *om.* L C   **2** naturalis O | inest]
vis λ^1 | voluntas] est *add.* Y | aut *om.* Z   **3** appetit κ^1 Do | declinat κ^1 U;
declinet Do   **4** quantum *iter.* X | motum pertinet *tr.* M (*ac.*)   **5** quae *om.*
H (*ac.*); quod P   **7** dei] et *add.* E | spiritus] sancti *add.* C (*sl.*)   **8** fieri] spiri-
talis *add.* V (*sl.*)
4, 3 qui] s. parvuli *add.* C (*sl.*) | ullo O   **4** ostenduntur Y

nolle, cum videndo, audiendo, odorando, gustando, tangendo et   5
ea quibus delectantur amant et ea quibus offenduntur oderunt.
Quid est autem amare nisi velle, aut quid est odisse nisi nolle?
Habent ergo etiam ipsi voluntatem suam, quae etsi providendi et
consulendi impos atque ignara sit, in his tamen amat agere quae
carnis sensibus blandiuntur, donec vigor rationalis ingenii per   10
maturiora ministeria corporis excitetur et ad famulantium sibi
membrorum usum non alieno nutu, sed sua lege moveatur.
    (IV.) **5.** Ab hoc ergo sensuali appetitu, in quo remanent hi
quos etiam in annis maioribus excordes videmus et fatuos, ad ani-
malem surgitur voluntatem, quae priusquam spiritu dei agatur,
etiamsi supra sensualem motum sese attollere potest, tamen sine
summi amoris participatione in terrenis occiduisque versatur. In   5

mip 651
mia 1076   hac humana ingenia, etiamsi corporeae voluptati non turpiter
serviant et cupiditates suas iustitiae atque honestatis legibus tem-
perent, nihil supra mercedem gloriae temporalis acquirunt, et
cum praesentem vitam decenter exornent, aeternae tamen beati-
tudinis praemium non habent, quia rectas actiones et bona studia   10
sua non ad eius laudem atque honorem referunt, a quo acceperunt ut sublimius saperent et excellentius ceteris enitescerent.
Cum enim quidam non solum ad instituta utilissimarum artium
et doctrinas liberalium disciplinarum, sed etiam ad inquisitionem

κ (W P L C + κ¹[A D F J T O I]+ κ²[R K]) Do μ (Q G Ma X) λ (M V H N S λ¹ λ²)
4, 6 oderunt *des. Do* **5, 1** ab] *inc. Do* **5** versatur *des. Do*

5 nolle] se *praem. U* | odorando *om. U* **6** oderunt *om. H (ac.)*; odiunt
κ¹ *(exc. T) Do*; oderint *W G* **7** autem est *tr. C F λ edd*; *Inp. Q* | aut] et κ *(exc.*
W P O) ba | est² *om. U*; et Z **8** etiam *om. Y (ac.)* | ipsi] s. parvuli *add.*
C (sl.) | quia *U* | etsi] et *C* **9** consolendi *P (ac.)* | impotens κ *(v. p. 59)* | sit]
est *W C D J O κ² G X M H N S U Y* | amat] s. voluntas parvulorum *add. C (sl.)*
10 rationabilis *L κ²* **12** usu *U* | nutu] motu *G Ma X λ (exc. M; moto B)*
5, 1 adhuc *X* **5** summi] sui *λ²* | terrenis] s. rebus *add. C (sl.)* **6** etiam
ingenia si *tr. λ mia* | non *iter. S (ac.)* **8** acquirent *Ma* **9** praesentem diem
decenter vitam *X (ac.)* | exhorrent *W (ac.) L*; exhorreant *R*; exhorneant *K (v.*
p. 64) | tamen *om. M (ac.)* **10** qui *W* **12** ut] in ipsa animali discretione
add. G Ma X λ mia | excelsius *W* **13** ad] ab *U* | utilissimarum] utilis vel
praem. U **14** quisitionem *V (ac.)*; inquisitiones *S*

15 summi boni aciem mentis intenderint et *invisibilia* dei *per ea quae
facta sunt intellecta* conspexerint, non agentes tamen gratias deo
nec confitentes illum sibi esse huius facultatis auctorem, sed *dicentes se esse sapientes,* hoc est non in deo, sed in semetipsis glori-
antes, quasi ad veritatis inspectionem suis studiis atque rationibus
20 propinquassent, *evanuerunt in cogitationibus suis,* et quod illu-
minante dei gratia invenerant, obcaecante superbia perdiderunt
relapsi a superna luce in tenebras suas, hoc est ab incommutabili
atque aeterno bono ad mutabilem corruptibilemque naturam.
Cum ergo tales in amorem sui recidunt et ita sibimet placent, ut
25 totum, quod in se laudabile iudicant, non ad dona dei referant,
sed sibi vindicent et studio propriae voluntatis ascribant, procul
ab illa spiritali exulant voluntate et nihil in se habent, quo ad
vitam provehantur aeternam, incipientes in semetipsis etiam illa
temporalia dei dona corrumpere et a bono eorum usu in consue-
30 tudinem innumerabilium transire vitiorum.

(V.) **6.** Quamvis enim scriptum sit, quod *cum dispertiret ex-
celsus gentes quemadmodum dispersit filios Adam, statuit terminos
gentium secundum numerum angelorum dei et facta est portio domini populus eius Iacob, funiculus hereditatis eius Israel,* et scriptum
5 sit dominum dicere ad Israel: *Eritis mihi sancti, quia ego sanctus
sum dominus deus vester, qui segregavi vos ab omnibus gentibus esse
mihi,* et quamvis scriptum sit in libro Esther dicente Mardo-
chaeo: *Gratias tibi, domine, quoniam fecisti nova signa et prodigia,*

5, 15sq. Rom. 1, 20   **17sq.** Rom. 1, 22   **20** Rom. 1, 21
6, 1-4 Deut. 32, 8-9 (*LXX*)   **5-7** Lev. 20, 26   **8-10** Est. 10, 9-10 (3f-g;
LXX)

κ (*WPLC*+ κ^{1}[*ADFJTOI*]+ κ^{2}[*RK*]) μ (*QGMaX*) λ (*MVHNS* $\lambda^{1}\lambda^{2}$)

---

17 sibi esse *post* facultatis *tr.* P   **19** sui K (*ac.*) | rationibus] orationibus P
20 suis *om.* P (*ac.*)   **22** in] ad λ mia | hoc est *om.* W | ab *om.* N   **23** mirabi-
lem X   **25** non ... 26 vindicent *om.* Y (*ac.*) | dona] bona NBrB | dei *om.* κ^{2}
27 ipsa Ma | exultant IS (*ac.*) | habeant W   **28** aeternam] ad *praem.* N (*ac.*) S
6, 1 dispartiret λ^{1}; dispersit C   **3** dei *om.* QMa | domini] dei κ^{2} **4** populus
eius] plura enim λ^{1} | funiculum W | eius²] enim Y | et] cum *add.* κ^{2} | et ... 5
Israel *om.* TS (*ac.*)   **5** sanctus *om.* V (*ac.*)   **8** gratia U

qualia non sunt facta in gentibus; dividens omne saeculum in sortes
duas elegisti unam tibi populi tui, relinquens aliam gentibus, et   10
  mip 652   Paulus et Barnabas dicant: *Et nos mortales sumus similes vobis*
homines, annuntiantes vobis converti ad deum vivum, qui fecit cae-
lum et terram et mare et omnia quae in eis sunt, qui in praeteritis
generationibus dimisit omnes gentes ingredi vias suas; quamvis ergo
haec et multa similia veritatis scriptura pronuntiet, secundum   15
ipsam tamen credimus et piissime confitemur, quod numquam
universitati hominum divinae providentiae cura defuerit. Quae
licet exceptum sibi populum specialibus ad pietatem direxerit in-
stitutis, nulli tamen nationi hominum bonitatis suae dona sub-
traxit, ut propheticas voces et praecepta legalia convincerentur in   20
elementorum obsequiis ac testimoniis accepisse; unde et inexcu-
  mia 1077   sabiles facti sunt, quia deos sibi dei dona fecerunt, et quae creata
erant ad utendum, venerati sunt ad colendum.

     (VI.) **7.** In quam impietatem etiam illa gens quam sibi ab
omnibus gentibus dominus segregavit tota transisset, nisi misericordiae suae propositum sustentandis electorum lapsibus praeten-
disset. Nam plenae sunt paginae veteris testamenti de Israeliticae
defectionis relatu, ut aperte appareat divinae semper fuisse gra-   5
tiae, quod non omnis ille populus discessit a domino. Ita humana
natura in primi hominis praevaricatione vitiata etiam inter beneficia, inter praecepta et auxilia dei semper in deteriorem est pro-

---

11–14 Act. 14, 14–15   **15–7, 9** secundum ... dimitti] Hincm., praed. lib.
arb. (PL 125, 256B)   **21–23** unde ... colendum] *cf.* Rom. 1, 20. 25

κ (*W P L C* + κ¹[*A D F J T O I*] + κ²[*R K*]) μ (*Q G Ma X*) λ (*M V H N S* λ¹ λ²)
7, 6 humana *inc. Do*

10 tibi unam *tr.* κ²   **11** dicebant *W P L C* κ²; dixerint *A D F T*; dixerunt *J O I*;
dicunt *U* | et² *om. U* | homines similes vobis *tr. O*   **12** homines] omnes
H | deum] dominum *P*   **13** et² *om. A D T K* μ | in² *om.* κ (*exc.* κ²)   **14** in-
gredi] in *add. Ma* | ergo *om. Ma* (*ac.*)   **15** et] etiam *Z* | secundum ... 16
credimus] credimus tamen κ   **16** pie *U*   **17** qui *P*   **19** ulli *O* | suae] et *add.*
P   **22** facti *om.* κ¹ (*exc. T I*) | quia] qui *G* | dei *om. L* (*ac.*) λ¹
7, 1 pietatem *O* | etiam] et *I*   **3** suae *om. U* | sustentantis κ (*exc. C K; ac. W*)
5 defensionis *X* (*ac.*); dilectionis λ¹ | elatu *U* | ut] et *U*   **6** quod] qui *S*
8 est] esse *U* | proclivior] partem *add. X* (*ac.*)

clivior voluntatem, cui committi non est aliud quam dimitti.
10 Haec itaque voluntas vaga, incerta, instabilis, imperita, infirma ad
efficiendum, facilis ad audendum, in cupiditatibus caeca, in hono-
ribus tumida, curis anxia, suspicionibus inquieta, gloriae quam
virtutum avidior, famae quam conscientiae diligentior et per
omnem sui experientiam miserior fruendo his quae concupiverit
15 quam carendo, nihil in suis viribus habet nisi periculi facilitatem,
quoniam voluntas mutabilis, quae non ab incommutabili voluntate regitur, tanto citius propinquat iniquitati, quanto acrius in-
tenditur actioni.

    8. Quamdiu ergo homini ea placent quae deo displicent, vo-
luntas eius animalis est, quia etiamsi in bonis moribus agat, male
adhuc vivit si non in dei gloria vivit. Hoc est enim proprium et
praecipuum piorum, ut in domino glorientur nec se nisi in deo
5 diligant. Bene enim se amant, qui in se opera dei amant; nam et
deus hoc amat in nobis quod ipse fecit, et hoc odit quod ipse non   *mip 653*
fecit. Si ergo opus dei amamus in nobis, bonam voluntatem recte
amamus in nobis, quae utique si opus dei non esset, amanda non
esset. Quis autem homo nisi malae voluntatis bonam in se non
10 amet voluntatem, quae superni agricolae prima plantatio est? Dicente enim veritate: *Omnis plantatio quam non plantavit pater*

8, 4 in domino glorientur] *cf.* 2 Cor. 10, 17   **11sq.** Matth. 15, 13

κ (*W P L C* + κ¹[*A D F J T O I*] + κ²[*R K*]) *Do* μ (*Q G Ma X*) λ (*M V H N S* λ¹ λ²)
8, 3 vivit² *des. Do*

9 voluntate *O* | aliud *om. Y (ac.)*   **10** haec *om. U* | voluntas] s. est *add.*
C (sl.) | ad ... 11 audendum *om. Do* **11** deficiendum λ¹ | audiendum *P T O*
K G (pc.) Ma X S λ¹   **12** curas *P (ac.)* | gloria *X* | quam] plus *praem. R*
13 avidique *P L (ac.)*; avida *W L (pc.) C (ac.)* κ² | scientiae κ *(exc. O;* scientia *P)*
Do **14** concupierit *Do* **15** nihil ... facilitatem *om. C* | viribus *om. G Ma*
X | habet viribus *tr.* Q λ¹ λ² | habet *om. S (ac.)*; habens *Ma* | periculis *P*
facultatem κ *(exc. C I) Do edd* **17** carius *P*
8, 1 ea homini *tr. X* **2** eius] enim *Y Z* | moribus] operibus *U* **3** dei glo-
riam *P* μ λ; gloria dei *tr.* κ¹ *(exc. F I)* κ²; gloriam dei *Do* | enim] autem *P*
5 se² *om. G (ac.)* | dei opera *tr. G* **7** recte *om. C* **8** amanda non esset *om.*
S (ac.) **9** nisi] si *Ma (ac.)* | malae voluntas *G (ac.)*; malus *U*; fuerit *add.* λ
mia | in se *om.* μ **10** amet] habet κ² **11** plantaverit *Y Z*

meus eradicabitur, quidquid non est eradicandum, manifestum est
a patre esse plantatum. Bona autem voluntas omnium virtutum
germen est primum; quae innixa origini suae in illa aeterna et incommutabili voluntate requiescit, ut vere sit spiritalis quoniam   15
qui adhaeret deo unus spiritus est, dum per communionem illumi-
nantis et illuminati, iustificantis et iustificati, regentis et subditi
omnis actio ad unum refertur et quod ad unum refertur utrius-
que est, quia nec a deo alienari potest quod dedit nec ab homine
quod accepit.   20

(VII.) **9.** Hic tractandum videtur utrum cum bonae voluntatis esse homo incipit, eadem quae in ipso erat corrigatur voluntas, an alia ei quam non habebat et quae priori repugnet indatur.

mia 1078 Quod ut evidentius appareat, altius id non pigeat inquirere:
Omnes homines in primo homine sine vitio conditi sumus et   5
omnes naturae nostrae incolumitatem eiusdem hominis praevaricatione perdidimus; inde tracta mortalitas, inde multiplex corporis animique corruptio, inde ignorantia et difficultas, curae
inutiles, illicitae cupiditates, sacrilegi errores, timor vanus, amor
noxius, iniusta gaudia, paenitenda consilia et non minor miseria-   10
rum multitudo quam criminum. His ergo atque aliis malis in
naturam humanam irruentibus, fide perdita, spe relicta, intelligentia obcaecata, voluntate captiva nemo in se unde repararetur

---

16 1 Cor. 6, 17

κ (*W P L C* + κ¹[*A D F J T O I*] + κ²[*R K*]) μ (*Q G Ma X*) λ (*M V H N S* λ¹ λ²)
13 bona *inc. Do*   **16** est *des. Do*   **9, 5** in *inc. Do*   **11** criminum *des. Do*

---

12 meus *om. U*; *caelestis *add.* κ²μλ | quidquid] enim *add.* λ¹   **13** patre]
non *add. X (ac.)*   **14** quae primum *tr. I* | originis *X* | in illa] nulla *X S*
15 ut *om. S* | sit vere *tr.* κ¹   **16** domino *Q G Ma*   **18** unum¹] virum *Z*
et ... refertur² *om. N (ac.)*
9, 2 eadem] in specie *add. V (mg.)* λ¹   **3** datur *W P L R*; detur *C* κ¹ *K* λ *mia*
mip; videatur *Ma X (ac)*   **4** quod ... inquirere *om. X* | ut *om. P (ac.)*   **5** in]
quia enim *praem. Do* | et *om. Do*   **7** tractata *T*; est *add. Ma* | inde²] unde *P*
8 animaeque *Q G* | ignorantia et] ignorantiae μ | curae] causae *O*   **9** sacri-
legi errores *om. Do*   **10** obnoxius *V*   **12** humanam] malam *X (ac.)* | perdita
fide *tr. N*   **13** pareretur *P (ac.)*; repareretur *L (ac.) J (ac.)* κ² *Q (ac.) V (ac.)*; repa-
reret *N*

invenit, quia etsi fuit qui naturali intellectu conatus sit vitiis
15 reluctari, huius tantum temporis vitam steriliter ornavit, ad veras
autem virtutes aeternamque beatitudinem non profecit. Sine
cultu enim veri dei etiam quod virtus videtur esse peccatum est,
nec placere ullus deo sine deo potest; qui vero deo non placet, cui
nisi sibi et diabolo placet? A quo cum homo spoliaretur, non   *mip 654*
20 voluntate, sed voluntatis sanitate privatus est, quia nec retrudi ab
innocentiae statu posset, nisi voluntate peccaret. Quae ergo
natura erat bona, qualitate facta est mala, et ille animi motus qui
numquam potest sine aliquo esse amore, hoc est sine aliqua
voluntate, non perdidit appetitum, sed mutavit affectum id reci-
25 piens desiderio, quod debuit refutare iudicio. Cum igitur homo
ad pietatem redit, de quo ideo dictum est: *Spiritus vadens et non*
revertens, quia nisi illum deus converteret, non rediret, cum fit
novum figmentum novaque creatura: non alia in illo creatur
substantia, sed eadem quae fuerat labefacta reparatur, nec aliud ab
30 eo aufertur nisi quod natura non habuit.

    (VIII.) **10.** Fuit enim in Adam natura sine vitio, qui per
voluntatis inoboedientiam mala multa contraxit et in posteros
magis magisque multiplicanda transfudit; quae ut vincantur atque
in nihilum deducantur, non efficit nisi gratia salvatoris, qui opus

---

9, 26sq. Ps. 77, 39

κ (*W P L C* + κ^1 [*A D F J T O I*] + κ^2 [*R K*]) μ (*Q G Ma X*) λ (*M V H N S* $\lambda^1 \lambda^2$)
16 sine *inc. Do*   **29** reparatur *des. Do*

---

14 invenit *om. V* (*ac.*)   **15** vitam] optime *add.* λ^1 **16** autem] tamen *Y Z*
aeternam *X*   **18** deo ullus *tr. A* (*ac.*) | deo²] fide *Do* | cui ... **19** placet *om.*
H (*ac.*)   **19** quo] s. diabolo *add. C* (*sl.*) *Do*   **20** voluntatem *P* (*ac.*) | nec *om.*
P | *detrudi $\mu \lambda$ edd*; extrudi κ^1 (eo trudi *F*) *Do*   **21** statu] non *add. P*
22 mala facta est *tr.* λ^1 **23** potest *om. W* (*ac.*); potuit *Do* | aliqua *om. U*
24 perdit *K* (*ac.*)   **25** refutari *W*   **27** rediens *P Do* κ^2 *H* λ^2 *edd* | deus illum *tr.*
Do | cum *om. E*   **28** illo] eo *C Do* κ^2 *edd* | creatur] creata est *Do*   **29** eadem]
ea *Q G* | labefactata *R Q H Br E edd*   **30** nisi] vitium *add.* $\mu \lambda$ *edd* (*v. p. 65*)
quod *om. J R* | natura] s. malum *add. C* (*sl.*) | non *om. R* (*ac.*)
10, 1 sine] sive *mip*   **3** multiplicando κ | quae] s. mala *add. C* (*sl.*)   **4** in] ad
S | qui ... **5** reparat *om.* μ

suum opere suo reparat. Sicut enim dicit Iohannes apostolus: *In* 5
hoc apparuit filius dei ut solvat opera diaboli, et sic rumpit vincula
captivi, sic vestit nuditatem spoliati, sic sanat vulnera sauciati, ut
quod in ipso agit, etiam per ipsum geratur, cui utique contra
hostem non expedit sine protectore confligere; cum illo enim
habet certamen a quo aliquando superatus est. Non ergo fidat 10
viribus suis, quae etiam cum essent integrae non steterunt, sed
per illum quaerat victoriam, qui solus non est victus et omnibus
vicit, et si quaerit, non dubitet quaerendi affectum ab illo se accepisse quem quaerit, nec quia spiritu dei agitur, ideo se putet
liberum arbitrium non habere, quod ne tunc quidem perdidit 15
quando diabolo voluntate se dedit; a quo iudicium voluntatis depravatum est, non ablatum. Quod ergo non interfectum est per
vulnerantem, non tollitur per medentem; vulnus sanatur, non
natura removetur, sed quod in natura periit, non restituitur nisi
mia 1079 ab auctore naturae, apud quem quod perdidit natura non periit. 20

    11. Aeterna est enim sapientia, aeterna veritas, aeterna
bonitas, aeterna iustitia, omnium denique virtutum lumen aeter-
mip 655 num est, totumque quod virtus est deus est; qui si non operatur in
nobis, nullius possumus participes esse virtutis. Sine hoc quippe

---

10, 5sq. 1 Ioh. 3, 8   **8 – 17** cui … ablatum] Hincm., praed. lib. arb. (PL 125, 336A)   **14** spiritu dei agitur] *cf.* Rom. 8, 14

κ ($W P L C + \kappa^1 [A D F J T O I] + \kappa^2 [R K]$) μ ($Q G Ma X$) λ ($M V H N S \lambda^1 \lambda^2$)
10, 10 non *inc. Do*   **19** removetur *des. Do*   **20** naturae] *des.* λ

---

5 sic *N*   **6** apparet *P* | opus *U* | sicut λ^2 *mia* | rupit *WP*; opus *add. U*
7 nuditatem] necessitatem *Ma* (*ac.*) | sic² … sauciati *om. J* (*ac.*)   **8** ipso]
Christo *Z* | cui] cuique *Z*   **9** hostem] *suum *add.* $\mu \lambda$ *edd* | protectione *I*
habet enim *tr. L C*   **10** certamina *P* | a *om. P* (*ac.*) *M* (*ac.*) | est] sum *Br B*
fidat] de *add. I N* λ^2 *mia mip*; homo *add. Do*   **11** viribus] operibus *U*   **12** qui
om. S (*ac.*)   **13** si] a. victoriam *add. C* (*sl.*) | effectum *W* (*ac.*) | se ab illo *tr. C*
Do κ^2 | illo] eo μ **14** quem] quae *W* | queritur λ^1; haec *add. Y* | dei spiritu
tr. W | putet se *tr. U*   **15** ne] nec κ^1 *Do* | tunc] qui *add. S* (*ac.*); etiam *X*
16 dedidit *Q*   **17** interfectum] ereptum κ *ba* (*v. p. 59*)   **19** renovatur
P (*pc.*) | periit] s. sanitas *add. C* (*sl.*)   **20** apud … 16, 10 veniunt *om.* λ
11, 1 enim est *tr. K* (*ac.*)   **3** qui] quod *K*   **4** possimus *P* (*ac.*)

5   bono nihil est bonum, sine hac luce nihil est lucidum, sine hac
    sapientia nihil sanum, sine hac iustitia nihil rectum. Dicit enim
    per Isaiam dominus: *Ego sum, ego sum deus, et non est praeter me
    qui salvet*, et Ieremias: *Scio*, inquit, *domine, quia non est in homine
    via sua, nec viri est ut dirigat iter suum*. Homo namque mortalis
10 damnata in Adam origine carnaliter natus ad spiritalem novi
    generis dignitatem nisi spiritu sancto regente non pervenit, sed
    nec ullo hanc desiderio appetit qui calorem ipsius desiderii non
    accepit, de quo dicit dominus: *Ignem veni mittere in terram, et
    quid volo nisi ut ardeat?* Ignis autem iste dilectio est dei, quam
15 amator mundi non potest captivo corde concipere; plenus est
    enim amore vanitatum, quas etiamsi potuerit ex aliqua parte
    vitare et transcensis temporalibus ac visibilibus ad aeterna et invi-
    sibilia intellegenda profecerit, si a colendis quoque simulacris re-
    cesserit et venerari caelum ac terram omniaque mundi huius
20 elementa destiterit, fidem tamen dilectionemque Christi contur-
    batus de ipsa eius humilitate non capiet et scandalum dominicae
    nativitatis ac mortis proprio iudicio non evincet. Propter sapien-
    tiam enim mundi resistentem sapientiae dei, ut superbia de se
    praesumentium caecaretur, *placuit deo per stultitiam praedicationis*
25 *salvos facere credentes*. Unde qui doctrinis saecularibus tument, ri-
    dendam magis quam adorandam crucem Christi existimant, et
    quanto sublimius quisque ad humanarum disciplinarum instituta

---

11, 7sq. Is. 43, 11   **8sq.** Hier. 10, 23   **13sq.** Luc. 12, 49   **23sq.** superbia …
praesumentium] *cf.* Iud. 6, 15   **24sq.** 1 Cor. 1, 21

κ (*WPLC*+ κ^1[*ADFJTOI*]+ κ^2[*RK*]) μ (*QGMaX*)

5 nihil[1]] etiam *add. X* (*ac.*) | est[2] *om. WPATQm* ia   **7** ego sum[1] *om. PQG*
X | dominus $\kappa^2 \mu$ *ba*   **9** sua] *eius *QGX* | nec] neque *QG* | dirigat] diriga-
tur *K*   **11** nisi] in *add. P*   **12** hanc ullo *tr. Q* (*ac.*) *G* | quia κ^2 | qui … 13
accepit *om. Ma*   **13** accepit] a deo *add. WLCDF* (*ac.*) *I* κ^2 *Ma ba mip* | *do-
minus dicit *tr. μ*   **15** corde captivo non potest *tr. mip* | corde captivo *tr. P*
ba | enim est *tr. QGX*   **16** quam *X* (*ac.*); s. vanitatis *add. C* (*sl.*) | etiamsi] si
F (*ac.*); etsi *T*   **17** temporalibus] corporalibus κ^1 *mia*   **18** intellegendo *ba*
mip   **21** eius ipsa *tr. κ* (*sed cf. lib. 2, 47, 15; 51, 17*)   **26** *existimant crucem
Christi *tr. μ*   **27** instituta] iustitiam *K*

conscendit, tanto magis praedicationis nostrae humilia et infirma
fastidit; nec mirum, si evangelio crucis Christi philosophia genti-
lis obnititur, cui etiam Iudaica eruditio reluctatur.   30
 12. Nec docti igitur nec indocti nec cuiuslibet stirpis aut
ordinis humana ad deum ratione ducuntur, sed omnis homo qui
ad deum convertitur, dei primum gratia commovetur; non enim
ipse sibi lumen est nec cor suum radio propriae lucis accendit. Si
enim beatus Iohannes, quo nemo hominum maior natus est, *non*   5
erat lumen, quia non suo splendore lucebat, sed de illo vero
lumine, *quod illuminat omnem hominem venientem in hunc mun-*
dum, ut lux esset acceperat, quis ille erit, qui tot opinionum
colluctationes, tot vincula consuetudinis, tot praeiudicia vetusta-
tis suo tantum arbitrio usus abrumpat et sola voce extrinsecus   10
mip 656 sonante doctoris hoc tantum de gratia habeat quod audivit, et
totum de voluntate quod credidit? Quod si ita esset, nihil inter
gratiam legemque distaret, nec indulgentiae quemquam spiritus
vivificaret, si occidens littera permaneret. Lex enim quod fieri aut
non fieri iubet, non praestat ut aut fiat aut non fiat, quoniam   15
mia 1080 severitati eius non libertate, sed timore servitur. Dominus autem
ut legem non solveret sed impleret, per gratiae auxilium efficax
fecit legis imperium et multiplicando clementiam sustulit poenam, ut peccatum non ulciscendo plecteret, sed remittendo dele-
ret. Unde adulteram ex legis constitutione lapidandam et veritate   20

12,5 quo ... est] *cf.* Matth. 11, 11   **5–8** Ioh. 1, 8–9   **13sq.** spiritus ... littera]
cf. 2 Cor. 3, 6   **17** legem ... impleret] *cf.* Matth. 5, 17   **20sq.** unde ... gratia]
cf. Ioh. 8, 1–11

κ (*W P L C* + κ¹[*A D F J T O I*] + κ²[*R K*]) μ (*Q G Ma X*)   **12,1** nec¹] *inc. Do*
3 commovetur *des. Do*

---

29 si *om.* P | crucis Christi *om.* μ
12, 1 nec³ *om. ba mip*   **2** ratione ad deum *tr. ba mip* | ratione *om.* R (*ac.*)
4 cor suum] cursum κ (*exc. W K*; vel cor suum *sl.* C; cursu *I*) *mia* | radio *om.*
W (*ac.*); *post* lucis *tr. W* (*pc.*)   **7** quod] quo *D*   **9** praeiudicia] pro iustitia *P*
10 arbitrio] iudicio κ *edd*   **11** hoc ... gratia] de gratia solum (hoc solum *X*)
μ | habebat *Q Ma* (*ac.*)   **13** distaret] differret μ   **16** severitati] ei *W*   **19** re-
mittendo] redimendo *P*

liberavit et gratia, cum executores praecepti de conscientiis territi
trementem ream sub illius iudicio reliquissent, qui venerat quaerere et salvum facere quod perierat; et ideo inclinatus, id est ad
humana demissus et in opus nostrae reformationis inflexus digito
25 scribebat in terra, ut legem mandatorum per gratiae decreta
vacuaret et ostenderet se esse qui dixerat: *Dabo leges meas in sensu
ipsorum et in corde ipsorum scribam eas.* Quod utique cotidie facit,
dum cordibus vocatorum suam inserit voluntatem et stilo spiritus sancti, quidquid in animae paginis diabolus invidendo falsavit,
30 veritas miserando rescribit.

   13. Cum igitur verbum dei per ministerium praedicantium
auribus carnis infertur, miscetur operatio potentiae divinae cum
sono vocis humanae, et qui incitavit evangelizantis officium,
audientis quoque format affectum: dulcescit animae cibus verbi,
5 veteres tenebrae nova luce pelluntur et obtutus interior caligine
antiqui erroris exuitur. Transit animus de voluntate in voluntatem: etsi illa quae pellitur aliqua cunctatione remoratur, ea tamen
quae gignitur electiora quaeque sibi vindicat, ut lex peccati et lex
dei diversas atque discretas in eodem homine habeant mansiones,
10 et concupiscente carne adversus spiritum, carnis autem concupiscentiis spiritu repugnante per exteriora quidem insidiari tempta-
tor audeat, sed mens auxilio dei munita praevaleat. Ad magnam

---

22sq. venerat ... perierat] *cf.* Luc. 19, 10   23–25 inclinatus ... terra] *cf.* Ioh.
8, 6   26sq. Hier. 31, 33
13, 10sq. et ... repugnante] *cf.* Gal. 5, 17   12–14 ad ... infirmitas] Gelas.,
adv. Pelag. (coll. Avell., epist. 97) 47

κ (*W P L C* + κ¹[*A D F J T O I*] + κ²[*R K*]) μ (*Q G M a X*)   13, 4 dulcescit *inc.* Do

22 qui] nec *add. A* (*ac.*)   24 dimissus *L* | digitis *P* | scribebat digito *tr. T O*
25 scribat *L* (*ac.*) | terram *mip*   26 sensum *P*   27 eas] eos *P* (*ac.*)   29 diabo-
lus *om. R* (*ac.*) | videndo *G*
13, 4 format μ; *firmavit *W P L C* (*ac.*) κ² *ba mip*; formavit *C* (*pc.*) κ¹ *mia*
dulcescit] enim *add.* κ (*exc. P C*) *mia mip*   5 et ... 6 exuitur *om.* Do   7 ali-
qua] absque *Do* | moratur κ¹ *mia*   8 lectiora μ | quaeque] quae *P* (*ac.*)
9 habebant *A* (*ac.*)   10 adversum μ | carnis etiam *L A D O I mip*; carnisque μ
12 munita] munda *W*; multa *P*; mutata *I*

enim utilitatem fidelium materia est servata certaminum, ut non superbiat sanctitas, dum pulsatur infirmitas; unde et apostolus dicit: *In magnitudine revelationum ne extollar, datus est mihi ange-* 15 *lus Satanae qui me colaphizet. Propter quod ter dominum rogavi ut discederet a me, sed dixit mihi: Sufficit tibi gratia mea. Nam virtus in infirmitate perficitur.*

14. Quaerat ergo dominus imaginem suam et errantem *mip 657* ovem bonus pastor inveniat nec dedignetur aegram diuque in invio fatigatam umeris suis ferre et non revocando tantum, sed etiam portando salvare! Quaerat dominus imaginem suam et omnium quae in eam inciderunt sordium concretione detersa 5 speculum humani cordis enubilet! Scriptum est enim: *Quis potest facere mundum de immundo conceptum semine? Nonne tu qui solus es?* Quaerat dominus imaginem suam, ut in renovatione ac iustificatione eius gratia reformantis appareat, sicut in se factum Paulus apostolus protestatur et dicit: *Eram autem ignotus facie ecclesiis* 10 *Iudaeae quae erant in Christo. Tantum auditum habebant, quod is, qui persequebatur nos aliquando, nunc evangelizat fidem quam* *mia 1081* *expugnabat, et in me clarificabant deum.* Sic ergo tunc Christianus populus didicerat et illi primitivi ecclesiae, quorum erat unum cor et una anima, sic credebant, ut cum viderent quempiam ad 15 agnitionem veritatis ab errore conversum, glorificarent deum et fidem illuminati confiterentur muneris esse divini. Ipse quoque

---

15-18 2 Cor. 12, 7-9
14, 1 imaginem suam] *cf.* Gen. 1, 27   1-4 errantem ... salvare] *cf.* Luc. 15, 4-5   6-8 Iob 14, 4   10-13 Gal. 1, 22-24   14sq. erat ... anima] *cf.* Act. 4, 32

κ (W P L C + κ¹[A D F J T O I] + κ²[R K]) Do μ (Q G Ma X)   18 perficitur *des.* Do

---

13 servata μ *et codd. Gelasii*; reservata κ   14 dumne *Ma* (*ac.*)   15 magnitudinem *P* (*ac.*) | extollatur *I*   17 dicit *R* | gratia mea tibi *tr. P*
14, 2 nec] ne *P*   3 fatigatam] ovem *add. Q* (*sl.*) | non *om. Ma* (*ac.*)   5 ea *P*   7 qui *om. Ma* (*ac.*)   8 revocatione *K*   12 nos] vos *W* (*ac.*) *P* (*ac.*) *L C* (*ac.*) | aliquando nos *tr. A D T O*   13 sic] si *W P L* (*ac.*) *C A D T O R* (*ac.*) *mia* | populus Christianus *tr. X* (*ac.*)   14 quorum *om. G* (*ac.*); quibus *add. G* (*mg.*)   15 anima una *tr. A T κ² mia* | ut] et *T O*   17 illuminati] correcti *W P* (*quam recti*) *L C F J I κ² edd*; correpti *A D T O* (*sed cf. cap. 16, 6*)

dominus discipulos suos, magistros omnium gentium, sic docebat
dicens: *Sic luceat lumen vestrum coram hominibus, ut videntes*
20 *opera vestra bona magnificent patrem vestrum qui in caelis est.*
(IX.) **15.** Fixa ergo hac fide in cordibus nostris immobiliter-
que fundata, qua saluberrime credimus omnia bona ac maxime ea
quae ad vitam aeternam provehunt dei munere haberi, dei munere augeri, dei munere custodiri, puto quod pius sensus non
5 debeat in ea quaestione turbari, quae de omnium et de non omnium hominum conversione generatur, si ea quae clara sunt non
de his quae occulta sunt obscuremus, et dum procaciter insis-
timus clausis, excludamur ab apertis, cum sufficere debeat, ut in
eo in quod pervenimus ambulemus non ignorantes nec aliquid
10 aliquatenus ambigentes omne principium et omne profectum
boni meriti unicuique homini ex dei donatione conferri nec
posse fieri, ut qui omnes vult salvari nullis causis existentibus
plerosque non salvet, sed has causas nostrae scientiae non patere.
Quae utique non fuissent occultae, si debuissent esse manifestae,
15 ut exerceatur per omnia fides earum rerum quae non videntur et
pie semper de iustitia dei, etiam cum eam non intellegimus,
sentiamus. Quid enim mirum si quidam ad vitae sacramenta non
veniunt, cum plerique qui videbantur venisse discedant? De
quibus dicitur: *Ex nobis exierunt, sed non erant ex nobis. Si enim*
20 *fuissent ex nobis, mansissent utique nobiscum.* Quorum similes
sunt et illi qui profitentur *se deum scire, factis autem negant.* Nam   *mip* 658

19sq. Matth. 5, 16
15, 8sq. in ... ambulemus] *cf.* Phil. 3, 16   **17–19** quid ... nobis[2]] Hincm.,
praed. lib. arb. (PL 125, 256C)   **19sq.** 1 Ioh. 2, 19   **21** Tit. 1, 16

κ (*W P L C*+ κ¹[*A D F J T O I*]+ κ²[*R K*]) μ (*Q G Ma X*)

19 videntes] videant *O*   **20** est in caelis *tr.* μ
15, 1 nostris] vestris *D Ma* | humiliterque κ¹ *mia*   **2** ea *om. I*   **3** munere1]
munera *L* | munere2] munera *L; om. Ma*   **4** quod *om.* κ¹ *mia*   **5** in ea] mea
Ma | non de *tr.* κ *mia*   **6** non *post* si *tr. K*   **8** ab *om. P* | in eo] adeo μ   **9** in
quo *W P K ba*; quo *C* | non ... 17 sentiamus *om.* κ *mia mip* (*v. p. 57sq.*)
10 aliquatenus] aliter *Ma* | profectum] perfectum *Ma*   **18** perveniunt *mip*
cum ... discedant *om. C*   **20** fuerunt *X* | permansissent κ²   **21** et *om. mip*

cum scriptum sit: *Omnis qui invocaverit nomen domini salvus
erit*, de quibusdam tamen dominus ait: *Non omnis qui dicit mihi:
Domine, domine, introibit in regnum caelorum*, et: *Multi mihi
dicent in illa die: Domine, domine, nonne in nomine tuo propheta-* 25
*vimus et in nomine tuo daemonia eiecimus et in nomine tuo vir-
tutes multas fecimus? Et tunc dicam illis: Numquam vos cognovi;
discedite a me, operarii iniquitatis!* Tales non invocant nomen
domini, quia non habent *spiritum adoptionis filiorum, in quo
clamamus: Abba, pater.* 30

16. *Nemo* autem *potest dicere dominum Iesum nisi in spiritu
sancto*, et *quicumque spiritu dei aguntur, hi filii sunt dei*, qui ad
deum per deum veniunt et salvari volentes omnino salvantur,
quia ipsum desiderium salutis ex dei inspiratione concipiunt et
nullo segnitiae tepore torpescunt, quoniam a dei dilectione non 5
excidunt, et per illuminationem vocantis in agnitionem veniunt
veritatis. Sunt enim filii promissionis, merces fidei, spiritale
semen Abrahae, genus electum, regale sacerdotium, praescitum et
praeordinatum in vitam aeternam, sicut testatur spiritus sanctus
per Ieremiam prophetam dicens: *Ecce dies veniunt, dicit dominus,* 10
et disponam domui Israel et domui Iuda testamentum novum, non

---

22sq. Rom. 10, 13   **23sq.** Matth. 7, 21   **24–28** Matth. 7, 22–23   **28–16, 7**
tales … veritatis] Hincm., praed. lib. arb. (PL 125, 256C)   **29sq.** Rom. 8, 15
16, 1sq. 1 Cor. 12, 3   **2** Rom. 8, 14   **8** genus … sacerdotium] *cf.* 1 Petr. 2, 9
10–21 Hier. 31, 31–34

κ (*WPLC*+ κ^1[*ADFJTOI*]+ κ^2[*RK*]) μ (*QGMaX*)   **16, 10** dicit] *inc.* λ
(*MVHNS* $\lambda^1 \lambda^2$)

---

22 domini *om.* G (*ac.*)   **23** tamen *om.* P *mia* | ait] *dicit μ | non *om.* C
24 intrabit *PO edd* | caelorum] sed qui facit voluntatem patris mei qui in
caelis est ipse intrabit in regnum caelorum (*Vulg.*) *add.* κ *edd* (*v. p. 59sq.*)
mihı *om.* μ | dicent mihı *tr.* O   **25** dicunt *WL*   **26** tuo[2] *sl.* Ma   **27** vos
novi C; novi vos *ba mip*   **29** qua L   **30** clamant μ (clamavit X)
16, 1 Iesum *om.* Ma   **2** quaecumque X | dei sunt *tr.* μ **4** desiderium salutis
iter. L (*ac.*) | et … 6 excidunt *om.* κ *edd* (*v. p. 58*)   **5** tepore] tempore Ma (*ac.*)
X   **7** mercedes P   **8** praescium *W* (*ac.*) *PL*; et praescitum *add.* O   **10** veni-
ent R   **11** novum] esse *add.* K (*ac.*) | non *om.* P (*ac.*)

secundum testamentum quod disposui patribus eorum in die qua
apprehendi manum eorum, ut educerem illos de terra Aegypti, quia
ipsi non perseveraverunt in testamento meo et ego neglexi eos, dicit
15 *dominus. Quia hoc est testamentum quod disponam domui Israel*   mia 1082
post dies illos, dicit dominus. Dabo leges meas in sensu ipsorum et in
corde ipsorum scribam eas et ero illis in deum et ipsi erunt mihi in
populum. Et non docebit unusquisque proximum suum et unus-
quisque fratrem suum dicens: Cognosce dominum, quia omnes
20 *cognoscent me a pusillo eorum usque ad magnum, quia propitius ero*
iniquitatibus eorum et peccatorum eorum memor non ero. Et iterum: *Et dabo illis viam alteram et cor aliud, ut me timeant omnes*
dies in bonum ipsis et filiis eorum post eos, et constituam illis testa-
mentum aeternum, quod non avertam post eos, et timorem meum
25 *dabo in cor eorum ne discedant a me et visitabo eos ut bonos eos*
faciam. Per Isaiam quoque dominus de gratia sua, qua ex omnibus hominibus novam facit creaturam, eadem praenuntiat dicens: mip 659
Ecce faciam nova quae nunc orientur et cognoscetis ea et faciam in
deserto viam et in sicca terra flumina. Benedicent me bestiae agri,
30 *sirenae et filiae struthionum, quod dederim in deserto aquam et*
flumina in sicca terra ad potandum genus meum electum, populum

---

22-26 Hier. 32,39-41 *(LXX)*   **27-32** Is. 43, 19-21 *(LXX)*

κ (*WPLC*+ κ¹[*ADFJTOI*]+ κ²[*RK*]) μ (*QGMaX*)λ (*MVHNS*λ¹λ²)

12 in ... **13** eorum *om.* P   **13** illos] eos *DTOM*   **14** eos neglexi *tr.* λ² *edd*
15 quia ... **16** dominus *om. H(ac.)* | est *om.* μ *VH(pc.)NSU* | disposui *UY*
16 illos dies *tr.* Y | dixit *WLCRMVNSYZ* | eorum *BrB*   **17** eas] eis Y
Z | ipsi] ipsa *VNS* | mihi erunt *tr.* μ   **18** non *om. M(ac.)* U; ideo Z | unus-
quisque¹] quisque unus *tr.* H | proximum ... unusquisque² *om.* P | fratrem
suum unusquisque *tr.* S   **19** deum *UY*   **21** peccatum *W(ac.)A* | non me-
mor *tr. WFBr* | et iterum *om.* λ *mia mip*   **23** ipsis] ipsius H | filiis] in
praem. μ | ipsorum *AJ(pc.)TO* | et² ... **24** eos *om.* R *(ac.)* μ   **26** Isaiam]
prophetam S | *de gratia sua dominus *tr.* κ λ *edd* | de] docens *Ma (ac.)* | qua]
quia L   **27** *creaturam facit *tr.* κ (fecit *PLCJ*)λ *edd*; de libero arbitrio *add.*
λ¹ | pronuntiat S | dicens] docens *J(pc.)*   **28** faciam¹] facio P | nunc *om.* H;
non S | oriuntur κ *(exc. W)* | cognosces *H(ac.)*   **29** via L | agri] et *add.* κ²
30 sirenaeque A   **31** in sicca terra flumina *tr.* μ | siccam terram P | meum
genus *tr.* λ¹

meum quem mihi acquisivi, ut enarrent virtutes meas. Et iterum:
*Per memetipsum iuro, nisi exiet de ore meo iustitia, et verba mea
non avertentur, quia mihi flectetur omne genu et confitebitur omnis
lingua deo.* 35

17. Si ergo impossibile est ista non fieri, quia nec incerta
praescientia dei est nec mutabile consilium nec inefficax voluntas
nec falsa promissio, omnes isti de quibus haec praedicta sunt sine
cuiusquam exceptione salvantur. Dat enim leges suas in sensum
ipsorum easque in cordibus eorum digito suo scribit, ut agni- 5
tionem dei non doctrinae humanae opere, sed magisterio summi
eruditoris accipiant, quia *neque qui plantat neque qui rigat est
aliquid, sed qui incrementum dat deus.* Omnes hi a pusillo usque
ad magnum cognoscunt deum, quia ut venirent ad Christum, a
patre audierunt atque didicerunt; omnes educti ab errore dirigun- 10
tur in viam vitae, omnibus corde mutato recta sapere et recta
velle donatur, omnibus timor, quo in mandatis dei erudiantur,
inseritur. Fit in deserto via et terra arida fluminibus irrigatur, ut
qui prius ad confitendum deum os non aperiebant et velut muta
atque irrationabilia animalia in feritatem transierant bestiarum, 15
divinorum eloquiorum fontibus inundati benedicant et laudent
deum enarrantes virtutes et mirabilia misericordiae eius, qui elegit eos et in filios adoptavit ac novi testamenti fecit heredes.

33–35 Is. 45, 23
17, 4sq. dat … scribit] *cf.* Hier. 31, 33   7sq. 1 Cor. 3, 7

κ (*WPLC*+κ^1[*ADFJTOI*]+κ^2[*RK*]) μ (*QGMaX*) λ (*MVHNS*$\lambda^1\lambda^2$)

33 me ipsum *DFJI*κ^2 μ *Br B mia*; ipsum me λ (*exc. BE*; *pc. Br*) | nisi] ubi
Ma | exibit λ^2 *mia* | mea *om. R* (*ac.*)
17, 1 si] sic *R* | non *om. U* (*ac.*)   4 exceptio *X* (*ac.*); expectatione *O* | sensu
κ *ba*   6 dei *om.* κ^2 9 cognoscunt μ *E edd*; cognoscent *cett.*   11 omnes κ^2
12 donantur *K* | quo] qui *P* | erudiantur] custodiantur κ (custodiatur *pc. P*)
λ *ba* (*sed cf. lib. 2, 45, 8*)   13 viae *P* (*ac.*) | et *om. P* | terra] tota κ^1 | ut] *et μ
14 deum *om. WI* | aperiebant *L* (*ac.*) | muti *Y*   15 transierat *L* (*ac.*)   16 in-
undati] mundati *DSUZ Br E mia mip* | *benedicunt et laudant μ λ (*exc. M*)

18. Si autem, ut apostolus loquitur, *hominis confirmatum*
testamentum nemo spernit aut superordinat, quomodo fieri potest,
ut ex ulla parte divina promissio resolvatur? Manet prorsus et
cotidie impletur quod Abrahae dominus sine condicione pro-
5 misit, sine lege donavit, quia etsi quidam quibus haec praedicata
sunt, non crediderunt, incredulitas eorum fidem dei non evacua-
vit; *est enim deus verax, omnis autem homo mendax.* Et illi quidem   *mia 1083*
qui audito evangelio credere noluerunt, inexcusabiliores facti
sunt, quam si nullum praeconium veritatis audissent; sed certum
10 est eos apud praescientiam dei Abrahae filios non fuisse nec in
illorum sorte numeratos, de quibus dictum est: *Benedicentur in se-*
mine tuo omnes tribus terrae. Credituros enim promisit qui dixit:
Et non docebit unusquisque proximum suum et unusquisque fratrem   *mip 660*
suum dicens: Cognosce dominum, quia omnes cognoscent me a pu-
15 *sillo eorum usque ad magnum*; reconciliandos promisit, qui dixit:
Propitius ero omnibus iniquitatibus eorum et peccatorum eorum
memor non ero; oboedituros promisit qui dixit: *Dabo illis viam*
alteram et cor aliud, ut timeant me omnes dies; perseveraturos
promisit qui dixit: *Timorem meum dabo in cor eorum, ne disce-*
20 *dant a me, et visitabo eos ut bonos eos faciam*; postremo omnes sine
cuiusquam exceptione promisit qui dixit: *Per memetipsum iuro,*
nisi exiet de ore meo iustitia, et verba mea non avertentur, quia
mihi flectetur omne genu et confitebitur omnis lingua deo.

18, 1sq. Gal. 3, 15   **7** Rom. 3, 4   **11sq.** Gen. 28, 14   **13–15** Hier. 31, 34
16sq. Hier. 31, 34   **17sq.** Hier. 32, 39   **19sq.** Hier. 32, 40–41 (*LXX*)
21–23 Is. 45, 23

κ (*W P L C* + κ*¹*[*A D F J T O I*] + κ²[*R K*]) μ (*Q G Ma X*) λ (*M V H N S* λ*¹* λ²)

18, 1 confirmatum] est *add. U*   **3** nulla *Ma* (*ac.*) | dissolvatur κ²   **5** quibus
iter. S (*ac.*) | praedicta *Ma Y Z*   **6** incredulitas] tamen *add. L* (*sl.*) *C* | dei
fidem *tr. P*   **7** quidem] autem *K*   **8** evangelio audito *tr. Ma* | inexcusabiles
K   **9** audissent veritatis *tr. Y* | audivissent *Ma* | certe *P*   **10** eos *om. μ*
apud eos *tr. K* (*ac.*) | praescientiam] presentiam *Y*   **13** et] nec *μ*   **16** omni-
bus *om. X* λ *edd* | eorum² *om. W L* κ*¹* (*exc. F*)   **17** non ero memor *tr. X*
illis *W P*; eis *C μ*; *om. cett.*   **18** omnes] per *praem. μ* | omnibus diebus *K*
21 promisit] credituros *add.* κ² *ba* | qui dixit] dicens *U*   **22** exibit λ² *mia*
advertentur *G*   **23** confitetur *J* (*ac.*); confiteatur *U*

19. Hic si dicamus non fieri quod deus iuravit esse faciendum, falsitatem deo – quod absit – et mendacium ascribimus veritati. Si autem, ut pietas fidesque persuadent, dei verba non excidunt et fit omnino quod statuit, quomodo nobis veracis promissionis firmitas apparebit, cum multa adhuc hominum 5 milia daemoniis serviant et idolis genuflectant, nisi huiusmodi denuntiationes dei secundum illam incommutabilem scientiam editas noverimus, in qua apud illum iam universitas humana discreta est, et sive de bonis sive de malis loquatur, ita unius partis meminit, quasi neminem hominum praetermittat? Nam 10 cum dicit apostolus: *Vetera transierunt, ecce facta sunt omnia nova*, numquid non omnes homines videtur dixisse renovatos? Aut cum dicit: *Quia in ipso complacuit omnem plenitudinem habitare et per ipsum reconciliari omnia in ipso*, numquid non ita loquitur, quasi neminem velit extorrem huius reconciliationis 15 intellegi? Aut cum ait: *Novissimis istis diebus locutus est nobis in filio, quem constituit heredem universorum*, numquid aliud sonat forma sententiae quam omnes homines in Christi hereditatem a patre esse transcriptos secundum prophetiam David dicentis: *Postula a me, et dabo tibi gentes hereditatem tuam et possessionem* 20 *tuam terminos terrae?* Dicente autem domino: *Si exaltatus fuero a terra, omnia traham ad me*, nonne universorum videtur promissa conversio? Aut cum de ecclesia prophetatur et dicitur: *Omnis*

19, 3sq. dei ... excidunt] *cf.* Rom. 9, 6   **11sq.** 2 Cor. 5, 17   **13sq.** Col. 1, 19– 20   **16sq.** Hebr. 1, 2   **20sq.** Ps. 2, 8   **21sq.** Ioh. 12, 32   **23 – 25** Is. 40, 4

$κ (WPLC + κ^1[ADFJTOI] + κ^2[RK]) μ (QGMaX) λ (MVHNSλ^1λ^2)$

19, 1 dicamus] per haec *add. H* | non *om. W*   **2** quod absit *om. U* | adscribamus *Ma*   **3** fides pietasque *WUY* | persuadet *κ (exc. W)*   **4** et] ut *U*   **5** hominum milia adhuc *tr. κ (exc. W)*   **7** scientiam] dei *praem. Ma*   **9** ut *μ*   **10** meminit] neminem *O* | hominem *P (ac.)* | praetermittatur *H*   **11** transierunt] et *add. κ^2*   **12** non *om. X* | homines omnes *tr. K (ac.)*   **14** ipsum] eum *CJκ^2* | numquid non] non *W (ac.) P*; nonne *W (pc.) LC*   **15** velit neminem *tr. G (ac. om.* neminem) | exsortem *μλ edd (v. p. 65)*   **16** agit *L*; dicit *S*   **17** filio] suo *add. I*   **18** hereditate *Pλ mia mip*   **21** autem] enim *λ^2 mia*   **22** ad me traham *tr. λ (exc. Uλ^2)* | me] ipsum *add. Oκ^2* | nonne] in me *X*

vallis replebitur et omnis mons et collis humiliabitur et erunt omnia
25 *prava in directa et aspera in vias planas,* numquid ullus hominum
videtur omissus, qui non significatus sit Christo esse subdendus?
Quid cum dicitur: *Et veniet omnis caro in conspectu meo ut ad-*
orent in Ierusalem, dicit dominus? aut illud: *Et erit in diebus illis,*   *mip 661*
effundam de spiritu meo super omnem carnem? aut illud: *Allevat*   *mia 1084*
30 *dominus omnes qui corruunt et erigit omnes elisos?* Numquid non
ita pronuntiatum est, quasi ab hoc dei munere nemo discretus
sit?

    20. Habet ergo populus dei plenitudinem suam, et quamvis
magna pars hominum salvantis gratiam aut repellat aut negligat,
in electis tamen et praescitis atque ab omnium generalitate discre-
tis specialis quaedam censetur universitas, ut de toto mundo totus
5 mundus liberatus et de omnibus hominibus omnes homines videantur assumpti, sicut etiam cum de impiis sermo est, ita locu-
tionem suam divinus stilus ordinat, ut ea quae de quadam parte
dicuntur, ad omnes homines pertinere videantur, veluti est illud
quod ait Iohannes baptista: *Qui de caelo venit, super omnes est.*
10 *Quod vidit et audivit testificatur, et testimonium eius nemo accipit,*
aut illud apostoli: *Omnes quae sua sunt quaerunt, non quae Iesu*
Christi, aut illud quod psalmus Davidicus canit: *Dominus de caelo*
prospexit super filios hominum, ut videat si est intellegens aut requi-

27sq. Is. 66, 23 (*LXX*)   28sq. Ioel 2, 28   29sq. Ps. 144, 14
20, 9sq. Ioh. 3, 31. 32   11sq. Phil. 2, 21   12–15 Ps. 13, 2–3

κ (*W P L C* + κ*¹*[*A D F J T O I*] + κ²[*R K*]) μ (*Q G Ma X*) λ (*M V H N S* λ*¹* λ²)

24 adimplebitur κ (*exc.* κ²; adimpletur *P*); implebitur κ² *M* λ*¹ Br B* | et¹ ... hu-
miliabitur *om.* κ | omnia *om.* λ² *mia mip*   26 emissus *L*   27 qui *D T O*
28 aut ... 29 carnem *post* elisos (*lin. 30*) *tr.* λ (*exc. Z* λ²)   29 illud] aliud λ*¹*
30 non *om. U*   31 ab] ad *Ma X* | munere dei *tr. A D T* | nemo *om. O*
20, 2 appellat κ²   3 in electis] intellectis μ | ab] ad *X* | generaliter *V Y Z B E*
mip   4 specialiter *U*   6 de *om. R* (*ac.*)   8 videatur *P L F* (*ac.*) *R* (*ac.*) | velut μ
9 quod ait] quando ut *P* | est] et *add. O* μ   10 quod] qui *H* | audivit] hoc
add. κ² (*pc. R*) *U*; te *add. S* | testatur *T O* | eius] enim λ*¹* | accepit *R*   11 sunt
om. Z mip   12 quod] qui *S*   13 aut *om. P* (*ac.*)

rens deum. Omnes declinaverunt, simul inutiles facti sunt. Non est qui faciat bonum, non est usque ad unum.   15

21. His igitur et aliis documentis, quae possunt ab inquirentibus numerosiora proferri, non dubie demonstratur interdum et pro parte terrae omnem terram et pro parte mundi totum mundum et pro parte hominum omnes homines nominari; quorum tamen discretionem plerumque scriptura cito aperit, ut sensus   5 legentis ab universitatis appellatione ad partem quae intellegenda est transferatur, sicut est illud apostoli dicentis: *Praedicamus Iesum Christum crucifixum, Iudaeis quidem scandalum, gentibus autem stultitiam, ipsis vero vocatis Iudaeis atque Graecis Christum dei virtutem et dei sapientiam.* Numquid ipsis Christus virtus qui-   10 bus scandalum aut ipsis sapientia quibus stultitia? Sed quoniam quidam ex iisdem iustificabantur fide, quidam autem sua impietate obdurabantur, unum credentium et non credentium genus sub vocatorum appellatione discrevit, ut quos a fide significabat alienos, eos, quamvis audissent evangelium, ostenderet vocationis   15 extraneos.

mip 662   (X.) 22. Hanc regulam per Isaiam promit sermo divinus dicens: *Ducam caecos in viam quam non noverunt, et semitas quas nesciunt calcabunt, et faciam illis tenebras in lucem et prava in*

21, 7–10 1 Cor. 1, 23–24
22, 2–4 Is. 42, 16

$\kappa\,(WPLC+\kappa^1[ADFJTOI]+\kappa^2[RK])\,\mu\,(QGMaX)\,\lambda\,(MVHNS\lambda^1\lambda^2)$

21, 1 igitur] ergo *O*   2 numerosi *L* (*ac.*) | demonstrantur *UY*; monstratur *D* (*ac.*)   3 et ... mundum *om. H* (*ac.*) | totum] omnem *WADTOKX* (*ac.*) *U*   4 et ... hominum *om. Y*   5 cito *om.* κ^1 6 legentis *om. R* (*ac.*) | universitate *S*   7 est²] et *Q* | dicentes *S*   8 Christum Iesum *tr. KX* | Christum] et hunc *add. ADTO*   9 atque Graecis *om.* κ^2 10 ipsis] est *add. C ba mip* | *virtus Christus *tr.* κ 11 sapientiam *UY*   12 iisdem] iis *P* κ^2; ipsis *FB ba mip* iustificantur *N* | quidam² ..   13 credentium¹ *om. R* (*ac.*), *post* suam (*cap. 22, 14*) *tr. R* (*pc.*)   13 odorabuntur *L* (*ac.*); obdurantibus *X* (*uc.*) | unum] unde *K* | non] erit *add. H* (*ac.*) | credentium² *om. I*
22, 1 hac regula *W* λ (*exc.* λ^1) *mia mip*; haec regula *P* (*ac.*) *L* (*ac.*) | promittit κ (promittitur *P*) λ (*exc.* λ^2) *edd*   2 educam λ 3 eis *AD* | in lucem] illucescere λ^2 | luce *Y*

directum. Haec verba faciam, et non derelinquam eos. Sed quod
5 sequitur: *Ipsi autem conversi sunt retro,* ad partem quandam generis ipsorum referendum est, non ad eos de quibus ait: *Non derelinquam eos.* Iterum dicit dominus ad Iacob: *Noli metuere quia
tecum sum. Ab oriente adducam semen tuum et ab occasu colligam
te. Dicam Aquiloni: Adduc, et Africo: Noli vetare, adduc filios meos*
10 *de terra longinqua et filias meas a summo terrae, omnes in quibus
vocatum est nomen meum. In gloriam enim meam paravi illum et
finxi et feci illum;* quod autem sequitur: *Et produxi plebem caecam,*   *mia 1085*
et oculi eorum sunt caeci et surdas aures habent, non potest eis ulla
ratione congruere, quos in gloriam suam parasse se dicit. In his
15 quippe omnibus verbis, quae de uno hominum genere dicuntur,
aliis personis priora, aliis posteriora conveniunt.

　　23. Apud apostolum quoque quod in parte populi agitur,
sub totius populi nuncupatione narratur et in reliquiis plenitudo
censetur. Cum enim de Iudaeorum obcaecatione dissereret et
quosdam ex ipsis gratia salvos fieri demonstraret, *Dico ergo,* in-
5 quit, *numquid repulit deus populum suum? Absit. Nam et ego Israe-
lita sum, ex semine Abraham, de tribu Beniamin; non repulit deus
plebem suam quam praescivit.* Plebs ergo praescita, plebs non
repulsa hi sunt qui in Christo iustificati sunt, et quod de omni

---

5 Is. 42, 17　　6sq. Is. 42, 16　　7–12 Is. 43, 5–7　　12sq. Is. 43, 8
23, 4–7 Rom. 11, 1–2

$\kappa\,(WPLC + \kappa^1[ADFJTOI] + \kappa^2[RK])\,\mu\,(QGMaX)\,\lambda\,(MVHNS\lambda^1\lambda^2)$

4 et] ut *K*　　6 eas *P (ac.)*　|　de *om. VN*λ^1E　　7 *ad Iacob dominus tr. μ*　|　me-
tuere] timere (*Vulg.*) *K*λ^1　　8 ducam *Ma U*　|　occidente (*Vulg.*) *κ ba*　　9 ad-
duc¹] educ *P*; adhuc *Ma XNU*　|　adduc²] educ *P*; adhuc *Ma (ac.) N*; aduc
Ma (pc.)　　11 in] ad *μ*　|　enim] nam *X*　　12 quod] quid *U*　|　sequitur] requiri-
tur *W (ac.)*　　13 eorum … surdas] ei (eis *R*) sunt surdam et κ^2　|　ulla] nulla *U*
14 suam] fide quidam autem sua impietate obdurabuntur animus creden-
tium (*cap. 21, 12–13*) *add. R*　　15 de *om. P*　|　uno] omni *S*
23, 3 et … 4 demonstraret *om. Z*　　4 salvos fieri gratia *tr. U*　　5 numquid … 6
Beniamin *iter. K (ac.)*　|　repellit *LJ*　|　deus] dominus *OK*　|　Israelita sum]
Israhelitarum *P (ac.)*　　6 de *om. L*　|　non] numquid κ^2　|　dominus *ADO*
7 praesciit *W*; praescit *L*　　8 qui … sunt² *om. I*　|　quod] quid *S*

Israele dici videtur, in his tantum quos sibi gratiae electio reliquos fecit ostenditur, sicut sequentia apostolici sermonis enarrant; adiungit enim et dicit: *An nescitis in Elia quid dicit scriptura, quemadmodum interpellat deum adversus Israel? Domine, prophetas tuos occiderunt, altaria tua suffoderunt, et ego relictus sum solus, et quaerunt animam meam! Sed quid dicit illi responsum divinum? Reliqui mihi septem milia virorum, qui non curvaverunt genu ante Baal.* Sic ergo, inquit, *et in hoc tempore reliquiae per electionem gratiae salvae factae sunt. Si autem gratia, iam non ex operibus; alioquin gratia iam non est gratia.* Non ergo omnis Israel reprobatus nec omnis electus est, sed partem caecitas voluntaria avertit, partem sibi illuminatio gratuita reservavit, et tamen ita de eis sermo habetur, ut et in his qui pereunt et in his qui salvi fiunt nulla totius generis videatur facta discretio. Nam cum legitur: *Secundum evangelium quidem inimici propter vos, secundum electionem autem dilecti propter patres,* ita locutio sonat, tamquam eosdem dicat dilectos quos dixit inimicos; sed hanc caliginem apostolus ipse detersit dicendo: *Quia caecitas ex parte in Israel contigit,* ut unum genus in duas species intellegeremus esse divisum et omnem hominem, omnem plenitudinem, omnem Israelem non semper ad universitatem, sed plerumque ad partem esse referendum.

mip 663 (margin)

Margin line numbers: 10, 15, 20, 25

11–18 Rom. 11, 2–6　　**22–24** Rom. 11, 28　　**26** Rom. 11, 25

κ (*W P L C* + κ¹[*A D F J T O I*] + κ²[*R K*]) μ (*Q G Ma X*) λ (*M V H N S* λ¹ λ²)

9 Israel *L F* | dici] electi *U*　　**11** an … scriptura *om. Y* (*ac.*) | Eliam *L* κ¹ (*exc. J I*) *K* μ; Elys *Br B*　　**12** interpellat deum *om. U*　　**13** altario tuo *O*　　**14** illis *N U Y*; ille *S* | divinum responsum *tr. F* (*ac.*) *K*　　**15** genua κ (*exc. W*) *mip*; sua *add. O* | ante *om. Q* (*ac.*) *Ma* λ (*exc. E*) *mia mip*　　**16** sic] si *P* (*ac.*) | inquit *om.* κ *ba* | in *om. P* | per] secundum κ *Y Z ba mip*　　**17** gratiae *om. O* | salvae *om. P* (*ac.*) *L D F J I mip* | non *om. G* (*ac.*)　　**18** iam *om. U* | ergo *om. J*　　**19** est *om.* κ¹ | voluntaria *om.* κ (*exc. T*)　　**20** ita *om. R* (*ac.*) | eis] his *O*　　**21** habeatur *P* | et¹ *om. Ma mip* | in¹] et *add. W*　　**22** nam cum] numquam *P* (*ac.*); nam quod *P* (*pc.*)　　**23** vos] nos *O S*　　**24** autem] dei *add.* κ | propter *om. F* (*ac.*)　　**25** dilectos] electos μ　　**26** ipse] idem *Br B* | in *om. Ma* (*ac.*) *M* (*ac.*)　　**28** hominem] non *add. K*

(XI.) **24.** Inter has autem formulas locutionum etiam illam
in scripturis dictionem debemus advertere, qua id quod ad diver-
sorum temporum homines pertinet ita promitur, quasi de una et
eiusdem aetatis generatione dicatur, sicut est quod sanctus Petrus
5 apostolus scribens sui et futuri temporis gentibus ait: *Vos autem
genus electum, regale sacerdotium, gens sancta, populus acquisitionis,
ut virtutes annuntietis eius qui de tenebris vos vocavit in admirabile
lumen suum. Qui aliquando non populus, nunc autem populus dei;
qui non consecuti misericordiam, nunc autem misericordiam conse-*
10 *cuti.* Numquid cum haec praedicarentur, adhuc illi homines per-
manebant quos omnes deus in praeteritis generationibus dimise-
rat ingredi vias suas, et idem ipsi qui prius traditi fuerant volun-   *mia 1086*
tatibus suis nunc de tenebris in lumen admirabile vocabantur?
Nonne illi iam defecerant in ignorantia sua, iam in hoc mundo
15 non erant, nec ab errore ad veritatem reditus olim mortuis suppe-
tebat? Et tamen quod post multa saecula agebat gratia in posteris
impiorum sic loquendi consuetudo perstrinxit, ut ipsi videantur
nunc eligi qui prius fuerant derelicti. Pertinent autem haec non
ad eosdem homines, sed ad eiusdem generis homines, et vocatio
20 quae illuxit prope mundi finem, ad praeteritam non recurrit
aetatem. Ita modo quodam et ipsi et non ipsi sunt de quibus et

---

24, 5–10 1 Petr. 2, 9–10   **11sq.** quos … suas] *cf.* Act. 14, 15

κ (*WPLC*+ κ*¹*[*ADFJTOI*]+ κ²[*RK*]) μ (*QGMaX*) λ (*MVHNS*λ¹λ²)

24, 2 dictionum *P* (*ac.*) | qua] quia κ (*exc. WK*); quae *BrB*   **3** promittitur *P*
*T*λ*mia* | et *om. QMSY*   **5** sui … futuri *post* gentibus *tr. U* | temporis *om.*
UY | autem] estis *add. BrB*   **7** ut] et *V* (*ac.*) *U* | annuntietis *om. V* (*ac.*) | ei
λ¹ | nos *S*   **8** populus¹] dei *add.* C κ*¹* (*exc. O*) | nunc autem populus *om. W*
LF (*ac.*) | dei *post* misericordiam *tr. W*   **9** consecuti¹] secuti *V* (*ac.*) | nunc
om. S   **10** praedicarentur haec *tr.* λ *ba mia*   **12** ipsi idem *tr. Br mia* | volup-
tatibus *K*   **13** nunc *om.* κ*¹* | vocantur C; vocabuntur *ba*   **14** illi iam] illu-
mina *H* (*ac.*); illuminaria *H* (*pc.*) | defecerant iam *tr. SBr* | in ignorantia sua
om. μ λ (*exc. Y*) *mia* | ignominia κ*¹ Y*   **16** agebat *om.* λ² *mia* | gratia *om. I*
17 sic] sit λ² *mia* | loquendo *P* (*ac.*) *Ma*   **18** elegi *X* (*ac.*) *YZ*   **19** eosdem] eos
quidem μ | gentis μ λ *mia*   **20** quae] qua *P*; quam *L* | non *om. J* (*ac.*)   **21** et
ipsi *om. K* | ipsi non *tr. R*

quibus ista dicuntur, dum in aliquo specialia a generalibus non
dividuntur, in aliquo vero a communibus separantur.

mip 664   (XII.) **25.** Sed cum haec legerint vel audierint qui amant
calumniosa certamina, dicent nos per huiusmodi disputationes
apostolo contradicere definienti, quod *deus omnes homines* velit
salvos fieri et in agnitionem veritatis venire. Quam particulam
verborum apostoli ita nos integre pleneque suscipimus, ut nihil ei   5
de praecedentibus sive subiectis quae ad ipsam pertinent subtra-
hamus, quoniam ut cetera divinorum eloquiorum testimonia
sequestremus, hic locus sufficit ad evacuandum quod calumniose
obiciunt et ad defendendum quod impie diffitentur. Scribens
itaque ad Timotheum magister gentium Paulus apostolus ait: 10
*Obsecro igitur primo omnium fieri obsecrationes, postulationes,
gratiarum actiones pro omnibus hominibus, pro regibus et omnibus
qui in sublimitate sunt, ut quietam et tranquillam vitam agamus in
omni pietate et castitate. Hoc enim bonum est et acceptum coram
salvatore nostro deo, qui omnes homines vult salvos fieri et in agni-*   15
*tionem veritatis venire. Unus enim deus et unus mediator dei et
hominum, homo Christus Iesus, qui dedit redemptionem semetipsum
pro omnibus.*

      26. De hac ergo doctrinae apostolicae regula, qua ecclesia
universalis imbuitur, ne in diversum intellectum nostro evage-

---

25, 1–27, 9 sed ... succubuit] Hincm., praed. lib. arb. (PL 125, 256D–258A)
3sq. 1 Tim. 2, 4   11–18 1 Tim. 2, 1–6

$\kappa\,(WPLC+\kappa^1[ADFJTOI]+\kappa^2[RK])\,\mu\,(QGMaX)\,\lambda\,(MVHNS\lambda^1\lambda^2)$

22 dicuntur] in aliquo a communibus non separantur *add.* U | speciali *WQ*
MaXλ mia; speciales *R* | non *om. M (ac.)*   23 vero *om.* λ^1 | communibus]
non *add.* λ^1
25, 1 sed] et *Ma* | haec] hoc *Ma* | legerint haec *tr.* $\lambda\,ba\,mia$ 2 nos *om. F (ac.)*
3 vult *I*   4 veritatis *iter. J*   5 pleneque] vereque μ | suscepimus *PL* κ^1
6 ipsa *R*   7 ut *om.* κ^2 | testimonia eloquiorum *tr.* U   8 *sufficit locus *tr.*
μ | vacuandum *Y* | calumniose ... 9 quod *om. II (ac.) Br*   10 magister gen-
tium *om.* $\lambda\,mia\,mip$ | apostolus Paulus *tr. PV*   11 primum *K*   15 salvato-
re] salutari *PLFJIQMaλ mia*; salvatori *CD* | deo nostro *tr. I* | in] ad μ
26, 1 ergo] a *add. P (ac.)* | quae *P (ac.)*; quod *S* | universalis ecclesia *tr.* κ^2
2 imbuitur ... 3 ecclesia *om. S* | intellectu *PMV*λ^1 | evagemur *VY*$\lambda^2\,ba\,mia$

mus arbitrio, quid ipsa universalis ecclesia sentiat requiramus,
quia nihil dubium esse poterit in praecepto, si oboedientia con-
5 cordet in studio. Praecepit itaque apostolus, immo per apostolum
dominus qui loquebatur in apostolo, *fieri obsecrationes, postu-*
lationes, gratiarum actiones pro omnibus hominibus et pro regibus
ac pro his qui in sublimitate sunt. Quam legem supplicationis ita
omnium sacerdotum et omnium fidelium devotio concorditer
10 tenet, ut nulla pars mundi sit, in qua huiusmodi orationes non
celebrentur a populis Christianis. Supplicat ergo ubique ecclesia
deo non solum pro sanctis et in Christo iam regeneratis, sed
etiam pro omnibus infidelibus et inimicis crucis Christi, pro   *mia 1087*
omnibus idolorum cultoribus, pro omnibus qui Christum in
15 membris ipsius persequuntur, pro Iudaeis quorum caecitati
lumen evangelii non refulget, pro haereticis et schismaticis qui ab
unitate fidei et caritatis alieni sunt. Quid autem pro istis petit nisi
ut relictis erroribus suis convertantur ad deum, accipiant fidem,
accipiant caritatem et de ignorantiae tenebris liberati in agnitio-
20 nem veniant veritatis? Quod quia ipsi praestare sibi nequeunt
malae consuetudinis pondere oppressi et diaboli vinculis alligati,   *mip 665*
neque deceptiones suas evincere valent quibus tam pertinaciter
inhaeserunt, ut quantum amanda est veritas, tantum diligant
falsitatem, misericors dominus et iustus pro omnibus sibi vult
25 hominibus supplicari, ut cum videmus de tam profundis malis
innumeros erui, non ambigamus deum praestitisse quod ut

26, 19sq. in ... veritatis] *cf.* 1 Tim. 2, 4   24 misericors ... iustus] *cf.* Ps. 114, 5

κ (*WPLC*+ κ¹[*ADFJTOI*]+ κ²[*RK*]) μ (*QGMaX*) λ (*MVHNS*λ¹λ²)

3 quid] in *add.* λ² *mia*   4 esse dubium *tr.* L *CFJI*κ² | concordat *PCAJOR*
5 in *om.* κ   6 deus *Ma* | apostolum *WPL* | obsecrationes] et *add.* λ *ba mia*
postulationes] et *add. M*   7 et *om.* λ² *mia mip* | pro² *om.* μ   8 eis μ   9 devo-
tio fidelium *tr.* μ | devotio] de novo *UY*   10 tenent *Ma* | pars *om.* F(*ac.*)
11 a populis] apostolis P(*ac.*)   12 renatis κ²   16 evangelium P | refulget] et
add. X | ab] omni *add. Ma*   17 unitate] bonitate R | caritate S   18 fidem]
autem *add. S*   19 cognitionem κ²   21 male *edd* | pressi κ¹ | obligati κ²
22 valeant J(*ac.*)   24 *et iustus dominus *tr.* μ λ *edd*   25 hominibus] omnibus P(*ac.*)   26 quod] pro *add. Ma*

praestaret oratus est, et gratias agentes pro his qui salvi facti sunt,
speremus etiam eos qui necdum illuminati sunt, eodem divinae
gratiae opere eximendos de potestate tenebrarum et in regnum
dei, priusquam de hac vita exeant, transferendos.   30

(XIII.) **27.** Quodsi aliquos, sicut videmus accidere, salvantis
gratia praeterierit et pro eis oratio ecclesiae recepta non fuerit, ad
occulta divinae iustitiae iudicia referendum est et agnoscendum
est secreti huius profunditatem nobis in hac vita patere non
posse; *ex parte enim scimus et ex parte prophetamus* et *videmus* 5
nunc per speculum in aenigmate nec sapientiores aut scientiores
beatissimo apostolo sumus, qui cum de gratiae potentia dispu-
taret, magnorum mysteriorum ingressus arcanum his quae impossibile erat enarrare succubuit. Cum enim dixisset: *Nolo enim
vos ignorare, fratres, mysterium hoc, ut non sitis vobis ipsis sapien-* 10
*tes, quia caecitas ex parte in Israel contigit, donec plenitudo gentium
intraret et sic omnis Israel salvus fieret, sicut scriptum est: Veniet ex
Sion qui eruet et avertet impietates ab Iacob, et hoc illis a me testamentum, cum abstulero peccata eorum. Secundum evangelium
quidem inimici propter vos, secundum electionem vero dilecti* 15
*propter patres; sine poenitentia enim sunt dona et vocatio dei. Sicut
enim aliquando et vos non credidistis deo, nunc autem misericordiam consecuti estis propter illorum incredulitatem, ita et isti nunc*

27,5 1 Cor. 13, 9   **5sq.** 1 Cor. 13, 12   **9–21** Rom. 11, 25–32

κ (*WPLC*+ κ*¹*[*ADFJTOI*]+ κ²[*RK*]) μ (*QGMaX*) λ (*MVHNS*λ*¹*λ²)

27 iis *Ma*   28 necdum] nondum *Ma*λ (nundum *N*) *mia*   29 opera *W* (*ac.*)
et ... 30 transferendos] ut ... transferantur μ λ *mia* (*sed cf. cap. 33, 4*)
27, 2 ecclesiae oratio *tr. K*   3 est *om.* λ *mia mip*   4 est *om.* κ (*exc. WP*) *ba
mip* | nobis *om. Ma* (*ac.*)   5 posse] et *J* (*ac.*)   6 aut scientiores *om. O*
7 sumus beatissimo apostolo *tr. K* | cum *om. Ma* (*ac.*)   8 his] iis *E ba mip*
quae] qui *S* | impossibilia *L* (*pc.*) *C*; *sibi praem.* μ   9 erant *PLCR* | narrare
*V*λ*¹* | enim² *om. MVNBrB mia*   10 non *om. V* (*ac.*)   11 in *om. Ma* (*ac.*)
13 eruat κ*¹* *S*λ² *edd* | avertat κ²λ (*exc. MVY*) *edd* | impietatem κ² | ab *om. P*
illis hoc *tr. K* (*ac. om.* hoc) | testamentum a me *tr. M*   **15** vos] nos *S* | elec-
tiones *S* | electionem vero] autem electionem κ² (electionem autem *K* [*pc.*])
16 enim *om. K* | dei *om. TO*   **17** aliquanto *H* | creditis *D*   **18** illarum *H*
nunc] nec *S*

non crediderunt in vestra misericordia, ut et ipsi misericordiam con-
20 *sequantur. Conclusit enim deus omnia in incredulitate, ut omnium*
misereatur. – **28.** Cum ergo haec divinorum operum mysteria supra mensuras humanae intelligentiae excellentia quodam mentis suae
profudisset excessu, totam expositionis rationem transtulit ad
stuporem et admirator eorum quae protulerat exclamavit et dixit:
5 *O altitudo divitiarum sapientiae et scientiae dei! Quam incom-*
prehensibilia sunt iudicia eius et investigabiles viae eius! Quis enim
cognovit sensum domini aut quis consiliarius eius fuit aut quis prior   mip 666
dedit illi et retribuetur ei, quoniam ex ipso et per ipsum et in ipso   mia 1088
sunt omnia? Ipsi gloria in saecula. Amen. Praemissa enim docentis
10 assertio locum dabat multimodae quaestioni, ut variatae per tot
populos ac tempora gratiae causa quaereretur, cur scilicet anterioribus saeculis dimissae essent omnes gentes ingredi vias suas uno
tantum Israele, qui divinis eloquiis erudiretur, excepto et ad
cognitionem veritatis electo, cuius infidelitas locum tandem
15 salvandis gentibus fecerit, tamquam si unus populus in fide sui
generis permaneret, misericordia dei ceteris se nationibus praestare non posset; cur denique ipsi quorum diminutio salus gentibus est, ab obcaecatione sua non liberentur priusquam ingredia-
tur gentium plenitudo, quasi illuminari cum omnibus nequeant,
20 qui omnes facta omnium gentium adoptione salvandi sunt, aut

28, 5–9 Rom. 11, 33–36   **9–29, 6** praemissa … refutetur] Hincm., praed.
lib. arb. (PL 125, 258A–C)   **11sq.** anterioribus … suas] *cf.* Act. 14, 15
17sq. ipsi … est] *cf.* Rom. 11, 12   **18sq.** ab … plenitudo] *cf.* Rom. 11, 25

κ(WPLC+ κ¹[ADFJTOI]+ κ²[RK])μ(QGMaX)λ(MVHNSλ¹λ²)

19 non *om. M (ac.)* | vestram misericordiam *P*   **20** incredulitatem κ¹
28, 1 divinarum *H* | super *L K; om.* κ¹   **2** excellentiae *W*; excellentiaeque *C*;
excellenti μ | quadam *Ma E*   **3** ad] in κ *ba mip (sed cf. supra cap. 21, 6–7)*
6 vestigabiles *L (ac.)*   **8** ei *om. R (ac.)* | in *om. R (ac.)*   **9** gloria *om. Ma (ac.)*
saecula saeculorum μ λ² mia   **10** multimodae] multitudo de *S (ac.)* | quaesti-
onis *K* | varietate *O S (pc.)*   **11** gratiae] *dei add. μ λ mia mip* | causa *om. U*
12 omnes gentes *om. K* (gentes *suppl.*)   **14** electio *P (ac.) B* | tandem locum
tr. K   **16** nationibus se *tr.* κ *H*   **17** deminutio *WP (ac.) Q (ac.)* | *gentium κ
ba mip*   **19** plenitudo] multitudo *Ma (ac.)*   **20** acta *mip*

quomodo omnis Israel sublata obcaecatione salvandus sit, cuius innumerabilis multitudo in sua infidelitate deficiens ad tempora salvandis promissa non pervenit, vel quomodo ipsarum gentium, quarum prius non est facta vocatio, dicatur nunc ingredi plenitudo, cum tanta promiscuae aetatis et condicionis hominum 25 milia in omnibus nationibus quae sunt sub caelo sine Christi iustificatione moriantur? Sed horum mysteriorum iudiciorumque causas pius et doctus magister maluit ad altitudinem divitiarum sapientiae dei scientiaeque suspendere quam iustissimae veritatis et misericordissimae bonitatis subtractum ab humana 30 cognitione secretum temeraria inquisitione discutere, nihil omittens de his quae non oportet ignorari, nihil contrectans de his quae non licet sciri.

(XIV.) **29.** Multa enim sunt in dispensatione operum divinorum, quorum causis latentibus soli monstrantur effectus, ut cum pateat quod geritur, non pateat cur geratur negotio in medium deducto et in occultum ratione subducta, ut in eadem re et de inscrutabilibus praesumptio comprimatur et de manifestis fal- 5 sitas refutetur. Neque enim si nescio cur ille Graecus creetur, hic barbarus, iste in divitiis, ille in egestate nascatur, hunc valida proceri corporis pulchritudo sublimet, illum debilium membro-
mip 667   rum exilitas contracta deformet, iste a catholicis editus in verita- tis cunabulis nutriatur, ille haereticorum progenies cum ipso 10

29, 1–30, 34 multa ... faciet] Ratramnus, De divina dispositione 1 (PL 121, 27C–28D)

$\kappa\,(WPLC + \kappa^1[A\,DFJTOI] + \kappa^2[RK])\,\mu\,(QGMaX)\,\lambda\,(MVHNS\lambda^1\lambda^2)$

---

22 tempora] ipsa λ^1 **23** salvantis $WPLC\kappa^2$ **24** quarum *om.* $V\,(ac.)$ | prior $AFJO$ | non est prius *tr.* R | dicitur K **25** tanta] tot *mip* | promiscua PY **27** iudiciorum mysteriorumque W **28** doctus] et *add.* L | divitiarum *om.* μ **31** conditione κ | discutere] et *add.* YZ **32** his[1] iis Ma **33** non licet *om.* Y; non oportet Z
29, 1 in *om.* $Ma\,(ac.)$ | divinorum operum *tr.* $CYba\,mip$ **2** monstratur $C\,(ac.)$ | affectus $LC\,(ac.)$ **3** negotium λ^1 **4** educto Ma | occulto K **6** enim *om.* $J\,(ac.)$ | creatur $KHB\,mip$; crearetur P **7** in divitiis iste *tr.* $K\,(ac.)$ **9** a *om.* $P\,(ac.)$

lacte matris hauriat virus erroris, si denique mille alias differen-
tias in habitu corporum, in qualitatibus animorum, in condicione
temporum, in more regionum diiudicare non possum, ideo quod
omnium horum deus sit conditor atque ordinator ignoro? Qui
15 utique singulorum hominum ita et corpora creavit et spiritus, ut
praeter illam secuturam ex uniuscuiusque studio voluntariam
diversitatem ipsa conditionis exordia dissimillima numerositate
variaret.

30. Turbarent autem nos et in diversum distraherent mul-   *mia 1089*
tae vaniloquorum opiniones, qui de incognoscibilibus definire in-
convenientia praesumpserunt et has originales inaequalitates fatis,
quae nulla sunt, et sideribus deputarunt, nisi certissima notitia
5 teneremus deum creatorem de elementis originalibus, prout vult,
vas unumquodque formare et unam naturam animarum et unam
naturam corporum placitis sibi temperare mensuris. Quae utique
opera dei humanae intelligentiae non subtraherentur, si innotescere debuissent, et manifestaretur cur ita quidque fieret, nisi quod
10 ita fieret scire sufficeret. Dicit dominus ad Moysen: *Quis dedit os
homini et quis fecit mutum et non audientem, videntem et caecum?
Nonne ego dominus deus?* et per Isaiam: *Nonne ecce ego fecundam
et sterilem feci, dixit deus*; in libro Ecclesiastico legitur: *Bona et
mala, vita et mors, paupertas et honestas a deo sunt*, et Iob dicit:

30, 10–12 Exod. 4, 11   12sq. Is. 66, 9   13sq. Sir. 11, 14

$\kappa(WPLC+\kappa^1[ADFJTOI]+\kappa^2[RK])\mu(QGMaX)\lambda(MVHNS\lambda^1\lambda^2)$

13 tempore $P(ac.)$ | ideo quod] ideoque VY 14 illorum U; morum YZ
sit deus *tr.* Y 15 et¹ *om.* I 16 sculpturam λ^1 17 exordio λ | numerositate
om. $M(ac.)$; universitate Y
30, 1 et] ut Ma 2 definire] devenire λ; in *add.* λ (*exc.* MU)   4 deputare Ma
5 tenemus Y | originalibus] naturalibus originalibus μ; naturalibus λ 6 vas
om. C | unumquoque $P(ac.)$ | et¹ ... animarum *om.* $S(ac.)$ | et¹ ... 7 mensu-
ris *om.* κ^1 | et² *om.* $LC\kappa^2GX\lambda$ (*exc.* $SZBr$) *ba mia*   7 quae utique] quaecum-
que W 8 non subtraherentur] cognoscibilia essent $\mu\lambda$ (*v. p.* 65)   9 mani-
festantur TO | quidque] quodque Y 10 dixit O 11 et² *om.* Ma 12 deus]
tuus *add.* YZ | ecce ego] ego feci μ (ego fieri feci Ma) | fecundum λ *mip*
13 feci *om.* μ | dicit $F\lambda^2$ *ba mip* | dominus $WFOGXZ\lambda^2$ *ba mip*

Abundant tabernacula praedonum et audacter provocant deum, 15
cum ipse dederit omnia in manibus eorum. Et idem de omnium
rerum humanarum profectu et defectu disputans omnesque
mutationes ad iudicia dei referens, *Apud ipsum est,* inquit, *sapien-*
tia et fortitudo, ipse habet consilium et intelligentiam: Si destruxerit,
nemo est qui aedificet, si incluserit hominem, nullus est qui aperiat; 20
si continuerit aquas, omnia siccabuntur, si emiserit eas, subvertent
terram. Apud ipsum est fortitudo et sapientia; ipse novit et decipien-
tem et eum qui decipitur; adducit consiliarios in stultum finem et
iudices in stuporem. Balteum regum dissolvit et praecingit fune renes
eorum. Ducit sacerdotes inglorios et optimates supplantat commu- 25
tans labium veracium et doctrinam senum auferens, effundens de-
spectionem super principes et hos qui oppressi fuerant relevans; qui
mip 668   *revelat profunda de tenebris et producit in lucem umbram mortis,*
qui multiplicat gentes et perdit eas et subversas in integrum restituet,
qui immutat cor principum terrae et decipit eos, ut frustra incedant 30
per invium. Palpabunt quasi in tenebris et non in luce, et errare eos
faciet quasi ebrios. Et iterum idem dicens voluntatem dei irritam
esse non posse, *Ipse enim,* inquit, *solus est, et nemo avertere potest*
cogitationem eius, et anima eius quodcumque voluerit hoc faciet.

(XV.) **31.** Liberatur pars hominum parte pereunte, et si hoc
voluntatum meritis velimus ascribere, ut malos neglexisse gratia,
bonos autem elegisse videatur, resistet nobis innumerabilium

15sq. Iob 12, 6   **18-32** Iob 12, 13-25   **33sq.** Iob 23, 13

κ (*WPLC*+ κ*¹*[*A DFJTOI*]+ κ²[*R K*]) μ (*Q G Ma X*) λ (*M V H N S* λ*¹* λ²)

15 abundant] habitabant *H*   **18** mutationes] disputationes *W* | dei *om.*
R (ac.)   **20** nemo] non *P* κ*¹ Ma* | qui² *om. J (ac.)*   **24** dissolvet *Q* | praecinxit
P | renes] funes *X*   **25** ducet *L K (ac.)*   **26** confundens *I*; effundet μ | dis-
pectionem *L*   **27** hos] eos μ *H* λ² *ba mip*   **28** relevat *P* | umbras μ; umbra *S*
29 perdet κ *(exc. W* κ²*)* λ *(exc. M U)* | subversa κ*¹ (exc. F I)* | restituit *R*
30 decepit *K (ac.)*   **31** invium] qui *add. N* | eas *P*   **32** idem] item *C* | volun-
tatem] autem *add. Ma*   **33** esse] est *X*   **34** et anima] quodcumque *S* | ani-
mae μ | hoc *om. R* | faciet] fiet κ *(exc. P* κ²*)* λ *mia mip*; et *add. S*
31, 1 liberator *W (ac.)*   **2** voluntarium *Y* | voluerimus κ *ba mip (sed cf. cap.*
43, 5) | malos *om. P (ac.)* | gratiam (?) *W*   **3** resistit κ²

causa populorum, quibus per tot saecula nulla caelestis doctrinae
5 annuntiatio coruscavit, nec meliores fuisse eorum posteros possumus dicere, de quibus scriptum est: *Gentium populus qui sedebat*
in tenebris lucem vidit magnam, et sedentibus in tenebris et umbra
mortis lux orta est illis, et ad quos apostolus Petrus dicit: *Vos*
autem genus electum, regale sacerdotium, gens sancta, populus acqui-
10 *sitionis, ut virtutes annuntietis eius qui de tenebris vos vocavit in*
tam admirabile lumen suum. Qui quondam non populus, nunc   mia 1090
autem populus dei; quorum aliquando non misertus est, nunc autem
miseretur. Non ergo meritis minorum tribuitur quod non meruere maiores. Par enim impietas et patres accusabat et filios
15 eademque ignorantiae caecitas omnes simul in eosdem mergebat
errores, sed cur illorum non misertus et horum misertus sit deus,
quae scientia comprehendere, quae potest investigare sapientia?
Latet discretionis istius ratio, sed non latet ipsa discretio; non
intellegimus iudicantem, sed videmus operantem. Quid calumni-
20 amur iustitiae occultae, qui gratias debemus misericordiae manifestae? Laudemus et veneremur quod agitur, quia tutum est nescire quod tegitur.

31, 6–8 Is. 9, 2 (Matth. 4, 16)   8–13 1 Petr. 2, 9–10

κ (W P L C + κ¹[A D F J T O I] + κ²[R K]) μ (Q G Ma X) λ (M V H N S λ¹ λ²)
31, 16 sed *inc. Do*

---

4 nulla *om.* κ (*exc. W T R*); illa *V*   5 coruscavit] non *praem. W* (*sl.*) κ¹   6 de
om. H (*ac.*) | quibus] etiam *add. I*   7 vidit lucem *tr. O I M* | lucem ... tene-
bris² *iter. S*   8 illis] eis *K* | Petrus apostolus *tr. K* | dicit *om. S* | nos *Ma* (*ac.*)
9 autem] estis *add. R*   10 ut *om. P* | vocavit vos *tr.* λ¹   11 tam *om.* κ (*exc.*
P) | nunc] nec *S* | nunc autem populus *om. Ma*   12 populi *mip* | est miser-
tus *tr.* λ² mia mip   13 miseretur] est misertus *Br B* | meruerunt *Ma U Y*
15 in] et *Ma*   16 sed] si *Do* | non *om.* μ | et *om.* κ ba mip | sit misertus *tr.*
mip   17 quae scientia comprehendere *om. J* (*ac.*) | sapientia] scientia *K*
18 huius *K*   19 videamus *T O Do* | quid] quod *X*   21 laudemur *L*; lauda κ¹
mia; lauda igitur *Do* | venemur *P* (*ac.*); venerare κ¹ *Do mia* | totum *P*; tuum
J I   22 quod] quia *S* | tegitur] et certissimum habe nihil aliter deum voluisse
facere quam fecit *add. Do* (*cf. cap. 34, 17–18*)

mip 669

(XVI.) **32.** Respice autem et ad universalem multitudinem parvulorum, in quibus excepto illo, quo in damnationem nascitur gens humana, delicto nec praeterita possunt merita nec futura censeri. Omnes enim de quibus nunc loquimur ante ullum intelligentiae usum, ante liberum voluntatis arbitrium alii ad 5 aeternam beatitudinem regenerati, alii ad perpetuam miseriam transeunt non renati. Si originalem culpam fateris, omnis numerus in reatu est; si moralem innocentiam quaeris, omnis summa sine vitio est. Non invenit quod discernat humana iustitia, sed habet quod eligat inenarrabilis dei gratia. In abscondito est consi- 10 lium, sed non latet donum; opus exserit pietas, causam obscurat potestas. Sed tam indubitabile est quod non videtur quam quod videtur, quia auctori manifesti operis negari confessio etiam ignotae non potest aequitatis.

(XVII.) **33.** Quodsi et ad illos dirigas mentis intuitum, qui longam agentes in flagitiis et sceleribus aetatem sacramento baptismatis Christi in ipso vitae fine renovantur et sine ullo suffragio bonorum operum in regni caelestis consortium transferuntur, quo intellectu divinum iudicium comprehendes, nisi ut indubi- 5 tanter agnoscas gratuita esse dei munera, et sicut nulla sunt tam detestanda facinora, quae possint gratiae arcere donum, ita nulla posse tam praeclara opera existere, quibus hoc quod gratis tribui-

κ (W P L C + κ¹[A D F J T O I] + κ²[R K]) Do μ (Q G Ma X) λ (M V H N S λ¹ λ²)
32, 14 aequitatis *des.* Do

32, 1 et *om.* D (*ac.*) | universam *mip* **2** in¹] ex Do | excepto … 5 arbitrium *om.* Do | gens nascitur *tr.* M (*ac.*) **3** genus humanum κ² **4** illum L C μ Y **5** usum *om.* T O | liberum] illum Ma **6** perpetuam] beatitudinem *add.* I **8** si … 9 est *om.* Ma (*ac.*) | mortalem X **9** sine] in Do | vitio *om.* M (*ac.*) **10** gratia dei *tr.* λ *mia* | in … 11 donum *post* non dubium est (*cap. 34, 14*) *tr.* κ² (*pc.* K; *ac.* R); *post* alieni sunt (*cap. 34, 11*) *tr.* K (*ac.*); *post* debeat (*cap. 34, 15*) *tr.* R (*pc.*) **11** opus] dei *praem.* κ² | causam obscurat potestas *om.* N obscurat] observat K **12** quod²] non *add.* Ma (*ac.*) **13** auctorem … negare C (*pc.*) **14** incognitae λ *mia*
33, 1 ad *om.* I | dirigis J T O **2** longam] vitam *add.* P (*sl.*) | flagitii X attamen P | sacramenta P (*ac.*) **5** comprehendens A (*ac.*) D J T (*ac.*) | ut *om.* O **8** possunt G | quibus] s. operibus *add.* C (*sl.*) | hoc] de *add.* H (*ac.*)

tur per retributionis iudicium debeatur? Vilesceret enim redemp-
10 tio sanguinis Christi nec misericordiae dei humanorum operum
praerogativa succumberet, si iustificatio, quae fit per gratiam,
meritis praecedentibus deberetur, ut non munus largientis, sed
merces esset operantis.

34. Unde autem posset probari, quod ad evacuandum origi-
nale peccatum nulla idonea esset industria, nisi et impii et faci-
norosi per lavacrum Christi assumerentur in regnum agnosce-   *mip 670*
rentque qui in sua iustitia gloriantur, quam nihil dignum agere
5 possint adoptione filiorum dei, si ad regenerationis non perve-
nerint sacramentum, cum eadem qua scelestissimi peccatores
condicione teneantur, pares futuri in sanctificatione si adfuerit
regeneratio, simul perituri si cessarit ablutio? Si ergo etiam ex
nequissimis in ipso vitae exitu gratia invenit quos adoptet, cum
10 tamen multi, etiam qui minus nocentes videntur, doni huius
alieni sunt, quis hoc aut sine dispensatione dei fieri aut sine
profunda dicat aequitate decerni? Quod utique non ideo iniquum   *mia 1091*
est, quia occultum est, sed ideo aequum est, quia iudicium dei
esse non dubium est. Quod enim ab illius pendet arbitrio qua
15 sententia iudicari debeat, priusquam iudicetur, incertum est; cum
autem res ad finem suum venerit, nemini liberum est de exitu
conqueri, quia certissimum est nihil aliter deum facere debuisse

κ (W P L C + κ¹[A D F J T O I] + κ²[R K]) μ (Q G Ma X) λ (M V H N S λ¹ λ²)

9 redemptionis X   12 debetur Ma   13 esset] est P
34, 1 probari possit L C (ac.) κ²; probari posset tr. C (pc.) κ¹ H ba mip   2 ido-
nea nulla tr. K   3 in] ad κ² | regnum] nisi add. C (sl.)   4 qui] quae X | in
om. K   5 possunt Y | adoptionem λ¹ | pervenerunt O V U Y λ²; pervenerit
K   7 adfuit W (ac.) L C (ac.) F (ac.)   8 regeneratio] miseratio κ | peritur L
cessaverit K λ² mia mip | ex] et Ma   9 *invenit gratia tr. μ | quos] quod P
10 minus] sunt add. T | *videntur nocentes tr. μ   11 sint D F J K G Ma X
mia; sequitur in abscondito est consilium sed non latet donum (cf. cap.
32, 10–11) add. K (ac.); post est (lin. 14) add. κ² (ac. R; pc. K); post debeat (lin.
15) add. R (pc.) | quis] quae E; qui Ma | dei dispensatione tr. κ²   12 ideo]
video Ma   13 est¹ om. μ   14 esse om. X   16 suum finem tr. O μ   17 quia]
et Do | est] habe Do | deum om. Q (ac.) X | debuisse deum facere tr. Q (pc.)
G Ma; deum debuisse facere tr. Do

quam fecerit; qui multimodae vocationis varietatem ad unam gratiam pertinentem etiam illa regula evangelicae comparationis astruxit, qua ostendit patremfamilias diverso tempore conducen- 20 tem operarios vineae sub denarii pactione: Ubi sine dubio hora undecima intromissi in vineam et totius diei operariis aggregati istorum de quibus nunc loquimur praeferunt sortem, quos ad commendandam gratiae excellentiam in defectu diei et con- clusione vitae divina indulgentia muneratur non labori pretium 25 solvens, sed divitias bonitatis suae in eos quos sine operibus elegit effundens, ut etiam hi qui in multo labore sudarunt nec amplius quam novissimi acceperunt, intellegant donum se gratiae, non operum accepisse mercedem.

35. Unde si et nos adversum patremfamilias murmuremus, eo quod novissime vocati totius diei operariis exaequentur nec *mip 671* amplius multa opera quam paene nulla mereantur, dicetur nobis, quod uni eorum responsum est: *Amice, non facio tibi iniuriam; nonne ex denario convenisti mecum? Tolle quod tuum est et vade.* 5 *Volo autem et huic novissimo dare sicut et tibi. Aut non licet mihi de re mea facere quod volo? Aut oculus tuus nequam est, quia ego bonus sum?* Certe huic calumniatori iniusta videbatur haec lar- gitas, et quid eruditionis retulit? quid rationis accepit? Non est ei dispensationis revelata iustitia nec ad inspectionem secreti latentis 10

34, 20sq. patremfamilias ... pactione] *cf.* Matth. 20, 1–16
35, 4–8 Matth. 20, 13–15

$\kappa\,(WPLC + \kappa^1[ADFJTOI] + \kappa^2[RK])\,\mu\,(QGMaX)\,\lambda\,(MVHNS\lambda^1\lambda^2)$

20 patrifamilias *P(ac.)*   21 pactione denarii *tr. R μ λ edd* | pactione] quo vitae aeternae significatur aequalitas *add. μ λ mia mip*   22 et *om. VNSUZ* aggregatis *κ (exc. CK)*; exaequati *μ λ mia*   23 nunc de quibus *tr. λ¹* | loquitur *S*   25 muneravit *BrB*; numeravit *GSUY*; numerat *K* | laboris *K(pc.) U* 26 operibus] legis *add. κ* | eligit *Ma MVS*   27 ut] et *X(ac.)* | amplius] quid- quam *add. μ*   28 se donum *tr. M(ac.)* | gratiae se *tr. U* 35, 1 murmuramus *QMa*   2 exaequemur *W*; coaequentur *L Ma λ mia mip*; coaequemur *QGX*   3 multa *iter. P*   4 responsum] dictum *AD(ac.) TO* 6 dare novissimo *tr. Y* | aut] an *U*   7 mea re *tr. O* | aut] an *κ¹*   9 quid²] quod *X*   10 dispensationis] huius *add. μ λ edd* | inspectione *I*

admissus est, sed ut a discutiendis dei iudiciis abstineret, opposita
est miserantis bonitas et volentis potestas, quasi illi et ab apostolo
diceretur: *O homo, tu quis es qui respondeas deo? Numquid dicit
figmentum ei qui se finxit: Quare me sic fecisti?*
(XVIII.) **36.** Omnibus ergo hominibus cuiuslibet gentis et
generis, cuiuslibet condicionis et aetatis causa percipiendae gratiae voluntas dei est, apud quam ratio electionis abscondita est ab
ea gratia incipientibus meritis quam accepere sine meritis. Quae
5 si possent bona esse sine gratia, non diceretur: *Nisi quis renatus*
fuerit ex aqua et spiritu sancto, non intrabit in regnum caelorum,
et: *Nisi manducaveritis carnem filii hominis et biberitis sanguinem*
eius, non habebitis vitam in vobis, sed diceretur: 'Nisi quis fuerit
iustus et bonus, beatus in aeternum esse non poterit', nec opus
10 esset per aquam et spiritum renasci, si per mandatum sufficeret
erudiri, et evacuaretur fides quae credit per baptismum omnia
peccata dimitti, si gratia non malis et impiis, sed bonis et rectis
doceretur impendi. Origo itaque verae vitae veraeque iustitiae in
regenerationis est posita sacramento, ut ubi homo renascitur, ibi
15 etiam ipsarum virtutum veritas oriatur et incipiant ad perpetuam   *mia 1092*
gloriam proficere per fidem, quae vix ad temporalem vanae laudis
poterant pervenire mercedem.

13sq. Rom. 9, 20
36, 5sq. Ioh. 3, 5   7sq. Ioh. 6, 54   11 evacuaretur fides] *cf.* Rom. 3, 3

κ (*W P L C* + κ^1 [*A D F J T O I*] + κ^2 [*R K*]) μ (*Q G Ma X*) λ (*M V H N S* $\lambda^1 \lambda^2$)
36, 1 omnibus] *inc. Do*   15 oriatur *des. Do*

---

11 abstineret] obtineret *O* | apposita *X*   12 est] ei *add.* κ (*exc. W*) λ *edd* | bo-
nitas miserantis *tr. U* (*pc.*) λ^2 *edd* | bonitas *om. Q*   13 qui] ut *O*   14 se] sic
U | sic *om. G* | fecisti sic *tr.* λ^2 *edd*
36, 1 ergo] igitur *H* | gentis et *om.* λ *mia*   2 generationis *P*   3 voluntatis *Q*
S (*ac.*) | quem κ^2 4 ea] eo *L C*; vel a deo *add. C* (*sl.*) | gratia] datur *add. C*
quam ... meritis² *om. U* | acceperunt *X* | quae] s. merita *add. C* (*sl.*)   5 rena-
tus] venatus *S*   6 intrabit] potest introire *O*   7 eius sanguinem *tr. A D T O*
κ^2 8 dicetur *P*   10 per aqua et spiritu *L* (*ac.*); aqua et spiritu *L* (*pc.*) *C*; per
aquam spiritum *F* (*ac.*); per aquam spiritu κ^2 (*v. p. 64*) | nisi *Br B*   12 non] et
add. μ 15 incipiunt *V H N Y* | de perpetua gloria *R*   16 quae] qui *X* λ^2 *mia*
mip; s. virtutes *add. sl. C*   17 poterat *Ma*

37. Sive enim Iudaeus legis scientia tumens sive Graecus studio sapientiae naturalis inflatus, priusquam iustificetur per fidem Christi, conclusus est sub peccato, et si in sua infidelitate perstiterit, *ira dei manet super eum,* illa scilicet in Adae praevaricatione contracta, de qua apostolus loquitur dicens: *Cum essetis* 5 *mortui delictis et peccatis vestris, in quibus aliquando ambulastis secundum saeculum mundi huius, secundum principem potestatis* mip 672 *aëris huius, spiritus qui nunc operatur in filiis diffidentiae, in quibus et nos aliquando conversati sumus in desideriis carnis nostrae facientes voluntatem carnis et cogitationum et eramus natura filii irae,* 10 *sicut et ceteri;* et iterum: *Qui eratis in illo tempore sine Christo alienati a conversatione Israel et hospites testamentorum, promissionis spem non habentes et sine deo in mundo;* et iterum: *Eratis aliquando tenebrae, nunc autem lux in domino;* et iterum: *Gratias agentes patri, qui dignos nos fecit in partem sortis sanctorum in* 15 *lumine, qui eripuit nos de tenebris et potestate tenebrarum et transtulit in regnum filii dilectionis suae;* et iterum: *Eramus enim et nos aliquando insipientes, increduli, errantes, servientes desideriis et voluptatibus variis, in malitia et invidia agentes, odibiles, odientes invicem. Cum autem benignitas et humanitas apparuit salvatoris* 20 *nostri, non ex operibus iustitiae quae fecimus nos, sed secundum suam misericordiam salvos nos fecit per lavacrum regenerationis spiritus sancti, quem effudit in nos abunde per Iesum Christum sal-*

37,4 Ioh. 3, 36   5–11 Eph. 2, 1–3   11–13 Eph. 2, 12   13sq. Eph. 5, 8
14–17 Col. 1, 12–13   17–25 Tit. 3, 3–7

κ (WPLC+ κ^1[A DF J T O I]+κ^2[R K]) μ (Q G Ma X) λ (M V H N S$\lambda^1\lambda^2$)

37,1 sive¹] sine S | scientiae Z   4 eum] illum κ 5 loquitur apostolus *tr.*
U | cum] et vos *praem.* $\mu\lambda$ *edd*   6 peccatis et delictis *tr.* W | vestris] nostris
S   7 saeculum secundum *tr.* D | principes λ (*exc.* λ^2)   8 huius aëris *tr.* N
nunc] non S | operatur nunc *tr.* T O | filios I$\kappa^2\lambda^2$ *edd*   10 cognitionum
P (*ac.*) L D F | naturae X (*ac.*)   11 et¹ *om.* κ^2 | quia *mip;* quod X | in *om.*
κ (*exc.* W) λ 12 promissiones S   13 eratis] enim *add.* W P L C O K   14 autem *om.* Ma   15 parte P (*pc.*)   16 et¹ *om.* S   17 enim *om.* U   19 et invidia
om. D (*ac.*)   20 invicem] cum *add.* U   21 nostri] dei *add.* κ^2 22 suam *om.*
L (*ac.*) H | nos *om.* F (*ac.*) | regenerationis] et renovationis *add.* A D T O

vatorem nostrum, ut iustificati gratia ipsius heredes simus secundum
25 *spem vitae aeternae.* (XIX.) Et ut brevissime pateat qualis sit
natura humana sine gratia, dicat Iudas apostolus, quid agat vel
ignorantia imperitorum vel doctrina sapientium: *Hi autem,*
inquit, *quaecumque quidem ignorant, blasphemant, quaecumque*
autem naturaliter velut muta animalia norunt, in his corrumpun-
30 *tur*; dicat etiam sub verbis Zachariae evangelista Lucas, ante
illuminationem gratiae in qua humanum genus nocte versetur et
de quibus ignorantiae tenebris dei populus eruatur: *Et tu,* inquit,
puer, propheta altissimi vocaberis; praeibis enim ante faciem domini
parare vias eius ad dandam scientiam salutis populo eius in remissio-
35 *nem peccatorum ipsorum propter viscera misericordiae domini, in*
quibus visitavit nos oriens ex alto lucere his, qui in tenebris et in
umbra mortis sedent, ad dirigendos pedes nostros in viam pacis.
   (XX.) **38.** Haec autem viscera misericordiae dominus non
ad unius tantum populi redemptionem, sed ad omnium nationum impendit salutem dicente evangelista: *Quia Iesus moriturus*
erat pro gente, non tantum pro gente, sed etiam ut filios dei dispersos   mip 673
5 *congregaret in unum.* Hoc enim agit illa vox domini, quae per   mia 1093
quandam pietatis tubam toto terrarum orbe resonantem omnes
homines et invitat et convenit. Nam cum dixisset: *Confiteor tibi,*
pater, domine caeli et terrae, quia abscondisti haec a sapientibus et

---

27–30 Iud. 10   32–37 Luc. 1, 76–79   32–40, 12 tu … negligenda] Hincm.,
praed. lib. arb. (PL 125, 334C–336A)
38, 3–5 Ioh. 11, 51–52   **7–10** Matth. 11, 25–26

κ(*W P L C* + κ¹[*A D F J T O I*] + κ²[*R K*]) μ (*Q G Ma X*) λ (*M V H N S* λ¹ λ²)

24 ut] et *S*   26 sine] sive *S* | quid agat *om. M (ac.)*   28 quidem … quaecum-
que² *om. P (ac.)*   29 velut] ut λ² *mia* | muta *om. K*   30 etiam] autem *W P J*
O R   31 gratiae *om. F (ac.)*   34 salutis *om. X (ac.)* | populo] plebi *O* κ²
35 ipsorum] suorum *U* | domini *om.* μ; dei nostri κ²   36 in² *om. W A D F T*
K G M N S Y B
38, 1 non *om. O*   2 redemptiones *S* | ad² *om.* λ² *mia*   4 gente¹] *et add. C*
O I κ² μ | non … gente² *om. V (ac.) E (ac.)* | ut filios etiam *tr. A* | dispersos]
qui erant dispersi κ²   5 agit] ait κ² λ¹ | vox illa *tr.* κ² | quae] qui *P*   6 quan-
tum *N*   7 confitebor *mip*   8 domine *om. W (ac.)*; rex *add. I* | qui *K* μ

prudentibus et revelasti ea parvulis. Ita, pater, quoniam sic beneplacitum est ante te, addidit: *Omnia mihi tradita sunt a patre meo et* 10
nemo novit filium nisi pater neque patrem quis novit nisi filius et
cui voluerit filius revelare, ac deinde adiecit: *Venite ad me, omnes*
qui laboratis et onerati estis, et ego vos reficiam. Tollite iugum
meum super vos et discite a me, quia mitis sum et humilis corde, et
invenietis requiem animabus vestris. Iugum enim meum suave est et 15
onus meum leve est. Iohannes vero baptista in evangelio Iohannis
prophetico spiritu protestatur dicens: *Qui de caelo venit, super*
omnes est, et quod vidit et audivit testificatur, et testimonium eius
nemo accipit. Qui accipit testimonium eius, signavit quoniam deus
verax est. Igitur quantum attinet ad humani generis caecitatem 20
longa ignorantiae et superbiae nocte contractam, venit in mundum creator mundi *et mundus eum non cognovit; lux lucet in tene-*
bris et tenebrae eam non comprehenderunt. Qui super omnes est,
quod vidit et audivit testificatur, et testimonium eius nemo accipit.
Sed quia non frustra deus dei filius venit in mundum et dedit se- 25
metipsum pro omnibus et mortuus est *non tantum pro gente, sed*
etiam ut filios dei dispersos congregaret in unum, et universis dicit:

10–12 Matth. 11, 27   12–16 Matth. 11, 28–30   17–20 Ioh. 3, 31–33
20–39 igitur … facere] Hincm., praed. lib. arb. (PL 125, 473B–474A)
22 Ioh. 1, 10   22sq. Ioh. 1, 5   23sq. Ioh. 3, 31. 32   25sq. dedit … omnibus]
cf. 1 Tim. 2, 6   26sq. Ioh. 11, 52

$\kappa\,(WPLC+\kappa^1[ADFJTOI]+\kappa^2[RK])\,\mu\,(QGMaX)\,\lambda\,(MVHNS\lambda^1\lambda^2)$

9 placitum fuit *M*; erat beneplacitum *μ*   **10** ante] coram *μ* | te] et *add. UY*
11 quis] quisquam *L C κ¹* | nisi² *om. L* | et] vel *U*   **12** voluerit … revelare
om. Ma (ac.) | ac] et *λ² mia*   **13** vos *om. L (ac.)* | reficiam vos *tr. L (pc.) C κ¹*
15 invenitis *J (ac.)*   **16** Iohannis] evangelistae *add. U*   **18** et¹ **om. κ (exc.*
W) λ edd | quod] qui *X*   **19** accipit¹] accepit *D (ac.) UY* | qui] autem *add.*
P (sl.) C | accipit²] accepit *U* | testimonium eius *om. O* | eius *om. κ²* | signi-
ficavit *Ma* | quia *κ² U*   **20** igitur] ideo *U* | quoniam *P*   **21** in] **hunc add. μ*
λ edd   **23** cognoverunt *U* | omnes *om. H*   **24** quod *om. H*; qui *Y*; quid *S*
vidit] vult *X*; qui *add. H* | et¹] ac *add. X (ac.)* | testatur *T O* | nemo] s. infi-
delium *add. C (sl.)* | accepit *D T O U Y*   **25** deus *om. U* | dei] dicit *Y* | et
om. μ λ   **26** et mortuus] **mortuusque μ λ* (mortuus quia *H*; mortuosque *U*;
mortuus *V Y*) *mia*

Venite ad me, omnes qui laboratis et onerati estis, et servato sibi incognoscibilis electionis arbitrio dat sui patrisque notitiam quibus
30 eam voluerit revelare, omnes filii lucis, filii promissionis, filii
Abrahae, filii dei, *genus electum, regale sacerdotium,* veri Israelitae,
praecogniti et praeordinati in regnum dei, qui eos *vocavit non
solum ex Iudaeis, sed etiam ex gentibus,* testimonium eius *qui de
caelo venit* accipiunt signantes, *quia deus verax est,* id est expresse
35 significantes in sui salvatione, *quoniam deus verax est* implens et
perficiens quod promisit Abrahae omnium gentium patri, qui
pollicente deo, quod heres futurus esset mundi, *non haesitavit
diffidentia, sed confortatus est fide dans gloriam deo et plenissime
sciens, quoniam quod promisit, potens est et facere.*

39. Quis autem tam alienus est a fide Abrahae, quis tam de-
gener ab universarum gentium patre, qui promissionem dei aut   *mip* 674
non impleri aut ab alio praeter eum qui promisit dicat impleri?
Ille quidem erit mendax, deus autem est verax, et omnis qui acci-
5   pit testimonium eius hoc signat, hoc indicat, quod per lucem illu-
minantem factus est videns, factus oboediens, factus intellegens,
sicut Iohannes evangelista testatur dicens: *Scimus, quia mundus totus in maligno positus est, et scimus, quia filius dei venit et dedit nobis sensum, ut cognoscamus verum deum et simus in vero filio eius.*   *mia* 1094

---

28 Matth. 11, 28   **28-30** servato ... revelare] *cf.* Luc. 10, 22   **31** 1 Petr. 2, 9
32sq. Rom. 9, 24   **37-39** Rom. 4, 20–21
39, 5sq. lucem illuminantem] *cf.* Ioh. 1, 9   **7-9** 1 Ioh. 5, 19–20

κ (*WPLC*+ κ*¹*[*ADFJTOI*]+ κ*²*[*RK*]) µ (*QGMaX*) λ (*MVHNS*λ*¹*λ*²*)

---

28 laborati *K* | **29** notitiam *om. R* (*ac.*) | **30** eum *mip* | **31** viri κ (*exc. WPL*)
QGMa; ver(a)e *PSU* | **33** etiam] et *I* | **34** significantes λ | signantes ... est¹
om. Ma | id ... 35 est *om. V* (*ac.*); *post* quidem (*cap.* 39, 4) *tr. H* | **35** est] et
add. S | **37** quod] qui *S*λ*¹* | **38** et *om.* µ | **39** qui *H* | est *om. W* | et *om. Ma
M* (*ac.*) *VN*λ*¹*
39, 1 quis² *om.* κ (*sed cf. lib.* 2, 48, 1) | **2** patre] quam *add.* κ*¹* (*pc. F*) | promis-
sione *L* | **3** aliquo µ | **4** verax] efficax *K* | accepit *P* | **5** significat *U*; iudicat
Y | **6** videns] iudeus *S* | factus²] est *add. WP*κ*²Ma* λ (*exc. U*) *mia* | factus³]
est *add. P*κ*²H*λ*² mia* | factus intellegens *om. U* | **7** Iohannes *om. Ma* | con-
testatur *H* | quia] quoniam *E* | totus *om. W*; omnis κ (*exc. WP*) | **9** deum]
dei *QX* | simus] essent id est permaneant (*cf. cap.* 40, 3) *X*

(XXI.) **40.** Si vero quaeritur, cur salvator omnium hominum non omnibus dederit hunc sensum, ut cognoscerent verum deum et essent, id est permanerent in vero filio eius, quamvis credamus nullis hominibus opem gratiae in totum fuisse subtractam, de quo plenius in consequentibus disseremus, tamen ita   5
forte hoc velatum sit, sicut illud absconditum est, cur antea omnibus gentibus praetermissis unum sibi populum, quem ad veritatis cognitionem erudiret, exceperit. De quo iudicio dei si non est conquerendum, multo minus de hoc, quod cum electione omnium gentium geritur, murmurandum est. Quae enim deus   10
occulta esse voluit, non sunt scrutanda, quae autem manifesta fecit, non sunt negligenda, ne et in illis illicite curiosi et in his damnabiliter inveniamur ingrati.

41. Non autem ignoramus esse quosdam tam inconsideratae praesumptionis et tam superbae arrogantiae, ut quod praecipuus magister gentium *non ab hominibus neque per hominem*, sed divinitus eruditus supra mensuram scientiae suae longe et alte remotum esse confessus est, audeant falsi nominis temerare doc-   5
trina et nihil illic occultum, nihil velint esse secretum, ubi apostolus non quid sentiendum esset aperuit, sed quid non scrutan-

---

40, 1–12 si ... negligenda] Hincm., praed. lib. arb. (PL 125, 258C–D)   **5** in consequentibus] *cf.* lib. 2, 7–9
41, 3 Gal. 1, 1

$\kappa\,(W\,P\,L\,C + \kappa^1[A\,D\,F\,J\,T\,O\,I\,] + \kappa^2[R\,K])\,\mu\,(Q\,G\,Ma\,X\,)\,\lambda\,(M\,V\,H\,N\,S\,\lambda^1\,\lambda^2)$.
40, 10 quae *inc. Do*   **13** ingrati *des. Do*

40, 1 hominum] et *add.* Y   **2** dedit *U mip*   **3** deum *om. Ma*; dei Q | deum ... eius *om.* X | manerent *Ma (ac.)* | vero *om.* Y; non *add.* Z | eius] si quaeratur *add.* λ^1 **5** subsequentibus κ^2; sequentibus $H\lambda^2$ *edd* | disserimus P; disceramus *X (ac.)*   **6** sit *om.* λ^1 | antea *om. κ (exc. W)*   **7** omnibus gentibus *om.* U | praetermisit λ^1 | populum sibi *tr.* λ^2 *mia mip*   **9** cum] de G   **10** queritur $\Omega\,G\,X$ | est *om.* D F O I | enim] cum I; *om. Do*   **11** noluit S; voluerit I | est *om. V (ac.)* | negligenda non sunt *tr.* O | neganda $\mu\,\lambda$ *mia (sed. cf. lib. 1, 15, 3)* | his] *istis* $\mu\,\lambda$ *edd*
41, 1 quosdam esse *tr.* D T O | tam] ignorare *add. N (ac.)*   **4** divinitis P   **5** audiant P; audeat *Br* | doctrinam *Ma H*   **6** illac D; hic Y | velit *L (ac.) Ma*   **7** aperuit ... 8 esset *om.* Z

dum esset ostendit. Nullis etenim, quod iam supra diximus,
studiis, nullis ingeniis indagare concessum est, quo iudicio quove
10 consilio deus incommutabiliter bonus, incommutabiliter iustus,
semper praescius, semper omnipotens ideo *omnia in incredulitate
concluserit, ut omnium misereatur*, et tamen illis saeculis, quibus
unum Israelem erudiebat, innumerabiles populos impiorum
illuminare distulerit et nunc eundem Israelem, donec universitas
15 gentium introeat, obcaecatum esse patiatur, pereuntem in tot
milibus nascentium atque morientium et salvandum in eis quos   *mip 675*
finis invenerit. Quo mysterio toto scripturarum corpore dilatato
innotuit quidem nobis, quid factum sit, quid fiat quidve faciendum sit, sed quare ita fieri placuerit, ab humanae intelligentiae
20 contemplatione subtractum est.

(XXII.) **42.** Isti autem qui nescire aliquid erubescunt et per
occasionem obscuritatis tendunt laqueos deceptionis, omnem discretionem, qua deus alios eligit aliosque non eligit – *multi enim
vocati, pauci autem electi* –, ad merita humanae referunt volun-
5 tatis docentes scilicet neminem gratis, sed ex retributione salvari,
quia naturaliter omnibus sit insitum, ut si velint, possint veritatis
esse participes, eisque affluere gratiam, a quibus fuerit expetita.
Quae definitio, ut interim de gratiae veritate taceatur, de his videtur aliquam ostentare ratiunculam, qui libero utuntur arbitrio,

---

8 supra] *cf.* capp. 28–29   **11sq.** Rom. 11, 32   **14sq.** donec ... introeat] *cf.*
Rom. 11, 25
42, 3sq. Matth. 20, 16

$\kappa\,(WPLC + \kappa^1[ADFJTOI] + \kappa^2[RK])\,\mu\,(QGMaX)\,\lambda\,(MVHNS\lambda^1\lambda^2)$

8 etenim] enim *μ* | quod] quid *P (ac.)* | supra iam *tr. Ma λ² mia* | diximus
om. Ma   10 concilio *E mia* | incommutabiliter bonus *om. G Z*   11 in *om.
Ma*   13 Israel *X (ac.)*   14 distulerat *C (ac.) κ²*   15 per eundem *W Ma*
16 quos] quod *W (ac.)*   17 *mundi finis *μ λ edd* | quod *K (ac.)*   18 quidem]
quid est in *H*
42, 2 obscuritatis occasionem *tr. U*   3 alios deus *tr. O* | elegit alios *tr. P*
elegit ... elegit *PA F (ac.) TO κ² UY ba*; elegit ... eligit *X* | enim] sunt *add. λ*
edd | vocati enim *tr. A*   4 autem] vero *K Ma X UY* | humana *Q*   5 tribu-
tione *Ma*   6 omnibus naturaliter *tr. A D T O* | sit omnibus *tr. W*   7 eisque]
eis *D (ac.)*   8 gratiae *om. K* | de his videtur *om. P*

mia 1095

de parvulis vero, quibus sine ullo bonae voluntatis merito in ori- 10
ginali vulnere cum ceteris mortalibus causa communis est, nihil
potest expositionis afferre, qua doceatur cur isti salvi fiant renati,
illi pereant non renati sub illius providentia et omnipotentia, *in*
cuius manu est anima omnis viventis et spiritus universae carnis
hominis et cui dicitur: *Breves dies hominis sunt, numerus dierum* 15
eius apud te est. Non autem puto istos voluntatum patronos
simplicitate ullorum tam impudenter usuros, ut aut fortuitu ista
dicant accidere aut non renatos asserant non perire. Aperte enim
aut cum paganis convincerentur sentire de fato aut cum Pelagia-
nis transfusum in posteros Adae negare peccatum; fato autem 20
non baptizari parvulos nec Pelagiani potuerunt dicere, sed quia
eos liberos a peccato ausi sunt profiteri, meruere damnari. Cum
ergo de discretione omnium hominum quaestio ventiletur et ab
omnibus hominibus parvuli nequeant separari simulque de totius
aetatis hominibus veritas dixerit: *Filius hominis venit quaerere et* 25
salvare quod perierat, frustra profunditatem inscrutabilis gratiae
per liberum arbitrium conantur aperire, qui causam electionis in
eorum constituunt meritis qui eliguntur, et cum multa de maiorum voluntate ac iudicio inepta et falsa protulerint, in parvulorum tamen discretione deficiunt nec possunt de eius quaestionis 30
ratione reddita gloriari, quae de omnibus tractatur et non de
omnibus expeditur.

13–15 Iob 12,10   **15sq.** Iob 14,5   **25sq.** Luc. 19,10

κ (*WPLC*+ κ^{1}[*ADFJTOI*]+ κ^{2}[*RK*]) μ (*QGMaX*) λ (*MVHNS* $\lambda^{1}\lambda^{2}$)

12 afferri $\mu\lambda$ *edd* | quae *C* (*ac.*) | doceat κ (*exc. PCI; ac. L*) | cur *om. P*
13 pereant] paeniteant *P*   **14** omnis *om. M* (*ac.*)   **17** illorum *K U* λ^{2} *mia*
mip | fortuito *W* κ^{1} λ (*exc. V*) *ba mip*; do *add. I* (*ac.*)   **18** perire] recordare
add. λ^{1} **19** convincentur *F*; convincantur *D* μ *Y* | consentire *Ma* | fatu *P*;
facto *XH*   **20** Adae negare] et denegare *Ma* | fatu *P*   **21** baptizari] quos-
dam *add.* μ | dicere potuerunt *tr. M* (*ac.*)   **22** eos *om. W*   **23** ergo] *autem
$\mu\lambda$ *edd* | omnium *om. GX* | quaestio] autem *add. N* (*ac.*)   **24** *nequeant
parvuli *tr.* μ **28** qui] cum *U* | leguntur μ **30** eis *Ma*   **31** omnibus] *homi-
nibus *add.* $\mu\lambda$ (*exc. U*) *mia mip* | tractantur *S*

(XXIII.) **43.** Multiformitas autem et magnitudo divinae *mip 676*
gratiae probat istos contra veritatem, etiam quod de maiorum
voluntatibus loquuntur, astruere eorumque persuasioni divinorum eloquiorum testimonia repugnare. Quae si omnia sermoni
5 nostro velimus annectere, modus non erit disserendi; quae tamen
se recordationi offerunt, non omittantur, ut quantum satis est,
manifestetur omne hominis bonum meritum ab initio fidei usque
ad perseverantiae consummationem donum atque opus esse
divinum.

44. Igitur fides, quae bonae voluntatis et iustae actionis est
genetrix, quo ipsa fonte nascatur, apostolus Paulus exponat, qui
pro Romanorum fide deo gratias agit dicens: *Primum quidem
gratias ago deo meo per Iesum Christum pro omnibus vobis, quia*
5 *fides vestra annuntiatur in universo mundo.* Ad Ephesios quoque
scribens, *Propterea*, inquit, *et ego audita fide vestra, quae est in
domino Iesu et dilectione in omnes sanctos, non cesso gratias agens
pro vobis, memoriam vestri faciens in orationibus meis, ut deus
domini nostri Iesu Christi pater gloriae det vobis spiritum sapientiae*
10 *et revelationis in agnitionem eius, illuminatos oculos cordis vestri,
ut sciatis, quae sit spes vocationis eius, quae divitiae gloriae hereditatis eius in sanctis.* De fide etiam Colossensium similiter deo gratias
agens, *Gratias agimus*, inquit, *deo et patri domini nostri Iesu
Christi semper pro vobis orantes, audientes fidem vestram in Christo*

44, 3–5 Rom. 1, 8   6–12 Eph. 1, 15–18   13–16 Col. 1, 3–5

$\kappa\,(WPLC+\kappa^{1}[ADFJTOI]+\kappa^{2}[RK])\,\mu\,(QGMaX)\,\lambda\,(MVHNS\lambda^{1}\lambda^{2})$

43, 3 persuasione *P*   5 disserendo λ^{2} *mia* | tamen *om. K*   6 se] si *praem. M
VHSUY*; sese *N* | offeruntur *Ma* | non] ne κ^{2} | omittentur *edd*   7 omne
om. mip | fidei *om. Ma (ac.)*   9 divinum *om. I (ac.)*
44, 1 igitur] agitur *X* | est et iustae actionis *tr. W*   2 qua *H* | exponit *WU*
3 per Romanorum fidem *Ma*   4 vobis omnibus *tr. N* | nobis *Ma*   5 fidem
vestram *O*   6 nostra *S*   7 agens gratias *tr.* $\mu\lambda^{1}$ | agens] agere κ^{2} 8 vobis]
nobis *S* | vestri] nostri *S* | faciens] agens *U* | ut *om. I* | deus *post* Christi *tr.
U*   9 nobis *S*   10 revelationem *X (ac.)* | in agnitionem] agnitione *K*; magni-
tudinem *QH (ac.)* | illuminatos] habere *add.* μ | vestri] nostri *S*   11 divi-
tiae] divinae *X* | gloriae] gratiae *Ma*   14 nobis *S* | nostram *S; om. J (ac.)*
in ... 15 spem *om. R (ac.)*; *post* ambuletis *(lin. 20) tr. R (pc.)*

Iesu et dilectionem, quam habetis in sanctos omnes propter spem, 15
mia 1096 *quae reposita est vobis in caelis.* Et ut alia bona ab eodem bonorum
auctore percipiant, quid pro eis oret enarrans, *Ideo,* inquit, *et nos*
ex qua die audivimus, non cessamus pro vobis orantes et postulantes,
ut impleamini agnitione voluntatis eius in omni sapientia et intel-
lectu spiritali, ut ambuletis digne deo placentes, in omni opere bono 20
fructificantes et crescentes in scientia dei, in omni virtute confortati
secundum potentiam claritatis eius in omni patientia et longani-
mitate cum gaudio. Item ad Thessalonicenses, qui spiritu fidei
dilectionisque fervebant, *Gratias agimus,* inquit, *deo semper pro*
omnibus vobis, memoriam facientes in orationibus nostris sine inter- 25
missione, memores operis fidei vestrae et laboris et caritatis et susti-
nentiae spei domini nostri Iesu Christi ante deum et patrem
nostrum. Et infra: *Ideo et nos gratias agimus deo sine intermissione,*
quoniam cum accepissetis a nobis verbum auditus dei, accepistis non
mip 677 *ut verbum hominum, sed, sicut est vere, verbum dei, qui operatur in* 30
vobis qui credidistis. Potuitne plenius aut evidentius demonstrari
dei esse donum credentium fidem, quam ut ideo agerentur gratiae
deo, quoniam hi quibus verbum dei per homines praedicabatur
non quasi de hominum sermone dubitarunt, sed tamquam deo
loquenti per homines crediderunt, qui in ipsis est operatus ut 35
crederent?

17–23 Col. 1, 9–11   **24–28** 1 Thess. 1, 2–3   **28–31** 1 Thess. 2, 13

κ (W P L C + κ¹[A D F J T O I] + κ²[R K]) μ (Q G Ma X) λ (M V H N S λ¹ λ²)

16 nobis *S U*   **17** auctore] datore *μ* | perciant *O*   **18** cessavimus *κ (exc. L C*
I) | nobis *S*   **19** agnitionem *P (ac.)* λ¹ | eius] deius *I (ac.)*   **20** ambuletis] in
Christo Iesu et dilectione quam habetis in sanctos omnes propter spem *(cf.*
lin. 14–15) add. R (ac.) | deo] per omnia *add. κ¹ (pc. F) mip* | bono *om. μ*
21 in¹ *om. W P* λ² | omni *om. Y* λ² *mip*   **22** patientia] sapientia *κ*   **23** fidei]
dei *P*   **24** fervebant] fruebantur *Ma*; serviebant *Br mia* | inquit agimus *tr. A*
D (pc.) T | inquit *om. D (ac.)*   **25** vobis] nobis *S* | memoriam] vestri *add. edd*
26 vestrae] nostrae *S* | et¹ *om. X (ac.)*   **29** accepistis *W*   **30** hominis *κ*
31 nobis *Ma* | demonstrare *W κ²*   **33** hi *om. κ (exc. W P) V H* | dei] domini
μ | praedicabatur ... 35 homines *iter. V (ac.)*   **34** sermone *om. V (ac.)*
35 ut] uti *O*   **36** crederentur *G (ac.) X*

45. In secunda quoque ad eosdem Thessalonicenses epistola
de fide in Christo proficientium ita apostolus loquitur: *Gratias*
agere debemus deo semper pro vobis, fratres, ita ut dignum est,
quoniam supercrescit fides vestra et abundat caritas uniuscuiusque
5 *vestrum in invicem, ita ut et nosmetipsi in vobis gloriemur in*
ecclesiis dei pro patientia vestra et fide in omnibus persecutionibus
vestris et tribulationibus, quas sustinetis in exemplum iusti iudicii
dei, ut digni habeamini in regno dei, pro quo et patimini. Petrus
quoque apostolus ex deo haberi fidem praedicans ita scribit:
10 *Scientes quod non corruptibilibus auro et argento redempti estis de*
vana vestra conversatione paternae traditionis, sed pretioso sanguine
quasi agni incontaminati et immaculati Christi Iesu, praecogniti
quidem ante constitutionem mundi, manifestati autem novissimis
temporibus propter vos, qui per ipsum fideles estis in deum, qui
15 *suscitavit eum a mortuis et gloriam ei dedit, ut fides vestra et spes*
esset in domino. Item idem in secunda epistola de fidei perceptione sic loquitur: *Simon Petrus, servus et apostolus Iesu Christi, his*
qui coaequalem nobis adepti sunt fidem per iustitiam domini et
salvatoris nostri Iesu Christi.

46. Unde autem habeatur spiritus fidei, Iohannes apostolus
manifestissime docet dicens: *Omnis spiritus, qui confitetur Iesum*
in carne venisse, ex deo est et omnis spiritus, qui solvit Iesum, ex deo
non est et hic est Antichristus. Item idem dicit ab eo recipi evange-

---

45, 2-8 2 Thess. 1, 3-5   10-16 1 Petr. 1, 18-21   17-19 2 Petr. 1, 1
46, 2-4 1 Ioh. 4, 2-3

κ (*W P L C* + κ¹[*A D F J T O I*] + κ²[*R K*]) μ (*Q G Ma X*) λ (*M V H N S*λ¹ λ²)

45, 2 Christo] Iesu *add.* Q | perficientium *P*   3 debemus agere *tr.* μ | nobis
S   4 supracrescit *X (ac.)* | nostra *S*   5 in¹ *om. T* | et ut *tr. P* | et *om.* κ¹
nobismetipsis *P*; *nos ipsi μ λ edd* | nobis *G S*   6 ecclesia *W U* | deo *N*
pro] in *Ma*   7 sustenentes *X*   8 in *om.* κ *(exc. W* κ²*)* | patiemini *N (ac.)*
9 habere *O* | praedicans fidem *tr. D*   10 incorruptibilibus *O*   11 conversa-
tione vestra *tr.* λ *mia mip*   14 per ipsum *om. R (ac.)* | in] dominum *add. X*
15 nostra *S*   16 dominum μ | idem] adhuc *add. X (ac.)* | de] pro *Ma*
17 his ... 19 Christi *om. Ma (ac.)*   18 fidem *om. Ma*   19 nostri *om.* μ λ *mia*
46, 4 et *om. W P L C* | idem *om.* λ² *mia* | dicitur *P*

lium, in quo est spiritus veritatis: *Nos*, inquit, *ex deo sumus. Qui* 5
novit deum audit nos; qui non est ex deo non nos audit. In hoc
mia 1097 cognoscimus spiritum veritatis et spiritum erroris. Item in Actibus
apostolorum Petrus apostolus fidem per dominum nostrum
Iesum Christum esse pronuntians, *Hunc*, inquit, *quem videtis et*
nostis, confirmavit nomen eius et fides quae per eum est dedit inte- 10
gram sanitatem istam in conspectu omnium vestrum. De fide
quoque Lydiae, cuius inter alias mulieres quae evangelium pariter
audiebant dominus cor aperuit, ita in eadem narratur historia:
Die autem sabbatorum egressi sumus extra portam iuxta flumen, ubi
videbatur esse oratio, et sedentes loquebamur mulieribus quae con- 15
mip 678 venerant. Et quaedam mulier nomine Lydia, purpuraria civitatis
Thyatirenorum, colens deum, audivit; cuius dominus cor aperuit, ut
intenderet his quae dicebantur a Paulo.

   47. Non autem ex humana sapientia esse fidem, sed ex
inspiratione divina ipsius veritatis voce firmatur. Dicente enim
domino ad discipulos suos: *Vos autem quem me esse dicitis?,*
respondens Simon Petrus dixit: Tu es Christus filius dei vivi. Respon-
dens autem Iesus dixit ei: Beatus es, Simon Bar Iona, quia caro et 5
sanguis non revelavit tibi, sed pater meus qui in caelis est. Paulus
vero apostolus hanc ipsam fidem secundum mensuram dari pro

5–7 1 Ioh. 4, 6   9–11 Act. 3, 16   14–18 Act. 16, 13–14
47, 3–6 Matth. 16, 15–17

κ (*W P L C*+ κ*¹[A D F J T O I]*+ κ²*[R K]*) μ (*Q G Ma X*) λ (*M V H N S*λ¹ λ²)

6 nos non audit *tr.* *X* (*ac.*) *Br B* | audit nos *tr. ba mip*   7 agnoscimus *Ma*
8 apostolus] per *add. U Y* | per dominum (nostrum) *post* esse *tr.* λ² *mia mip*
nostrum **om.* κ (*exc. W*) λ (*exc.* λ²) *edd*   9 Christum *om.* λ *mia mip*   10 integram *om.* λ¹   11 vestrum] nostrum *S*; id est domini Iesu Christi cuius etiam
donum est ipsa fides per quam et dedit hanc ipsam integram santitatem *add.*
V (*mg*)   12 pariter] partem *X* (*ac.*); pater *U*   14 iuxta flumen *om.* μ   15 vi-
deatur *S* (*ac.*) | sedentibus μ   16 mulier quaedam *tr. W* | nomine] nomen
est *H* (*ac.*)   17 cor cuius dominus *tr.* κ¹ (*pc. F*); cuius cor dominus *tr. F* (*ac.*)
U   18 his *om. V* (*ac.*)
47, 1 ex² *om. K*   3 deo *N* | suos *om.* μ   4 tu es *om. H* (*ac.*) | vivi] et *add. C*
5 autem *om. U* | quia *om. X*; qui *Z*   6 revelabit *Ma S* | est in caelis *tr.* κ¹
7 mensuram] dei *add. N*

arbitrio largientis ita praedicat: *Dico enim per gratiam quae data est mihi, omnibus qui sunt inter vos non plus sapere quam oportet*
10 *sapere, sed sapere ad sobrietatem, sicut unicuique divisit deus mensuram fidei.* Item idem unitatem rectae fidei et consensionem in honorem dei a deo esse commendans, *Deus autem,* inquit, *patientiae et consolationis det vobis idipsum sapere in alterutrum secundum Iesum Christum, ut uno animo, uno ore honorificetis deum et*
15 *patrem domini nostri Iesu Christi.* Et infra: *Deus autem spei repleat vos omni gaudio et pace in credendo, ut abundetis in spe in virtute spiritus sancti*; quo testimonio non solum fides, sed etiam gaudium et pax et abundantia spei docentur nisi in virtute sancti spiritus non haberi.

    48. Ad Ephesios vero scribens apostolus de divitiis gratiae pro malis bona retribuentis et de fide, quae non ex nobis, sed ex dei dono habetur, haec loquitur: *Deus autem, qui dives est in misericordia, propter nimiam caritatem suam qua dilexit nos et,*
5 *cum essemus mortui peccatis, convivificavit nos Christo, cuius gratia salvi facti sumus, et conresuscitavit et consedere fecit in caelestibus in Christo Iesu. Gratia enim estis salvati per fidem, et hoc non ex vobis. Dei enim donum est, non ex operibus, ne quis glorietur. Ipsius enim sumus figmentum creati in Christo Iesu in operibus bonis, quae*
10 *praeparavit deus, ut in illis ambulemus.* Proprium ergo hoc habet nova creatura per gratiam, ut qui figmentum sunt dei, qui nativi-

---

8-11 Rom. 12, 3   **12-15** Rom. 15, 5-6   **15-17** Rom. 15, 13
48, 3-10 Eph. 2, 4-10

$\kappa\,(WPLC+\kappa^1[ADFJTOI]+\kappa^2[RK])\,\mu\,(QGMaX)\,\lambda\,(MVHNS\lambda^1\lambda^2)$

---

9 mihi] in *add. I* | nos *S*   **10** deus divisit *tr. ADT* μ **11** confessionem κ (*v. p. 60*)   **12** dei *om.* μ **13** solacii κ | sapere *om. D* (*ac.*)   **14** animo uno *tr. D*; *unanimes $\mu\lambda$ edd | honoretis $LC\kappa^1$ (*exc. O*) $\mu\lambda$ (*exc. Mλ^2*)   **15** Iesu Christi nostri *tr. H*   **16** in^2 *om.* λ^2 *mia* | in^3] et κH **18** et^1 *om. W* | spei] fidei κ^2
48, 2 retribuentibus *X*   **4** nimia *D* | suam caritatem *tr.* $\mu\lambda$ (*exc. HN*)   **5** nos *om. L* κ^1; in *add. BrB*   **6** cum resuscitavit *MaYZ*   **7** salvati estis *tr. K*   **8** ipsi *BrB*   **9** quae] nobis *add.* κ^2 **10** habet hoc *tr. N*   **11** sunt] fidei *Ma* (*ac.*) | dei sunt *tr. TVNλ^2 mia mip*

tate caelesti conduntur in Christo, non otio torpeant nec desidia resolvantur, sed de virtute in virtutem per viam bonorum operum ambulando proficiant. Hoc est enim fingi, hoc de vetere creatura novam fieri, hoc de imagine terreni hominis ad imagi- 15
mia 1098 nem caelestis hominis reformari; quod totum sive palam per cooperatores gratiae sive occulte per subministrationem spiritus ille inchoat, ille auget et perficit, cuius agricultura, cuius aedificatio et cuius figmentum sumus.

mip 679   (XXIV.) **49.** Abunde, quantum arbitror, his testimoniis, quamvis et alia documenta aggregari potuerint, demonstratum est fidem qua iustificatur impius nisi ex dei munere non haberi eamque nullis praecedentibus meritis tribui, sed ad hoc donari, ut principium possit esse meritorum, et cum ipsa data fuerit non 5 petita, ipsius iam petitionibus bona cetera conferantur. Unde quaedam de plurimis assumenda sunt testimonia, quae in diversitate donorum ostendant gratiae largitatem.

     50. Ex deo itaque esse, ut homo viam dei eligat et ut surgat a lapsu, psalmus Davidicus canit dicens: *A domino gressus hominis dirigentur, et viam eius volet. Cum ceciderit, non collidetur, quia dominus supponit manum suam.* Item quod duce deo veniatur ad deum: *Emitte lucem tuam et veritatem tuam; ipsa me deduxerunt et* 5
adduxerunt in montem sanctum tuum et in tabernacula tua. Item quod in deo sit hominis fortitudo et dei voluntas praeveniat libe-

---

50, 2–4 Ps. 36, 23–24   5sq. Ps. 42, 3

$\kappa\,(WPLC + \kappa^1[A\,DFJ\,TOI] + \kappa^2[R\,K])\,\mu\,(Q\,G\,Ma\,X)\,\lambda\,(M\,VHNS\lambda^1\lambda^2)$

12 caeleste *W* (*ac.*) *P* (*ac.*) | conduntur caelesti *tr. μ* | torpent *D* | desideria *N*
13 dissolvantur *K* | in virtutem *om. H* (*ac.*) | per ... **14** ambulando *post* proficiant *tr. λ² mia*   **14** veteri *P* (*ac.*) *κ²*   **15** novam] fingere *add. X* (*ac.*) | ad ... **16** hominis *om. H* (*ac.*)   **16** sine ... sine *S*
49, 2 aggregrari *L* | potuerunt *T U*   **4** *meritis praecedentibus *tr. μ λ* (*exc. M*) *edd*   **6** iam] etiam *Q* (*ac.*) | conferant *L*; consequantur *X λ mip* | unde] itaque *add. λ mia*; quae *add. L* (*sl.*)
50, 1 dei *om. M* (*ac.*) | eliquat *S* | resurgat *W*   **2** psalmus ... dicens] David dicit in psalmo *μ*   **3** quia] quoniam *P L CJI*   **4** item] *idem add. μ λ edd* duce] divine *H* | perveniatur *W* | ad deum] ad eum *W*; *om. L* (*ac.*)   **6** sanctum *om. κ²* | tabernaculo tuo *P*   **7** deo] domino *R λ*

randum: *Fortitudinem meam ad te custodiam, quia deus susceptor meus. Deus meus, voluntas eius praeveniet me.* In Proverbiis
10 quoque legimus de sapientia et intellectu: *Quoniam dominus dat sapientiam et a facie eius scientia et intellectus.* Item in eodem libro de dispensationibus sapientiae dei, sine qua nullae rectae sunt actiones, ita dicitur: *Meum consilium et mea tutela; ego prudentia, mea autem virtus. Per me reges regnant et tyranni per me obtinent*
15 *terram.* Item alibi, quod nemo recte possit incedere nisi domino dirigente: *A domino corriguntur gressus viri, mortalis autem quomodo intellegit vias suas?* Item alibi: *Omnis vir videtur sibi iustus, dirigit autem corda dominus,* et infra: *Praeparatur voluntas a domino.* Item ibidem de cogitatione atque consilio: *Multae cogitationes*
20 *in corde viri, consilium autem domini obtinet.*

51. In libro vero Ecclesiastae dicitur, quod et habere necessaria et eis bene uti donum sit dei: *Non est,* inquit, *bonum homini nisi quod manducavit et bibit et ostendit animae suae bonum in labore suo. Et quidem hoc vidi ego, quia a manu dei est. Quoniam*
5 *quis manducabit aut parcet absque illo?* Item in eodem libro legitur, quod corda et opera iustorum in manu sint dei et tantum in   *mip* 680

8sq. Ps. 58, 10–11   **10sq.** Prov. 2, 6   **13–15** Prov. 8, 14–15. 16   **16sq.** Prov. 20, 24   **17sq.** Prov. 21, 2   **18sq.** Prov. 8, 35 (*LXX*)   **19sq.** Prov. 19, 21
51, 2–5 Eccl. 2, 24–25 (*LXX*)

$\kappa\,(W\,P\,L\,C + \kappa^{1}[A\,D\,F\,J\,T\,O\,I] + \kappa^{2}[R\,K])\,\mu\,(Q\,G\,Ma\,X)\,\lambda\,(M\,V\,H\,N\,S\lambda^{1}\lambda^{2})$

8 fortitudinem] inquit *add.* $X\lambda^{2}$ *mia mip* | deus *om. Ma*   **11** intellectus et scientia *tr. K* | item] et *add. Z*   **12** sapientiae] domini *add. X (ac.)* | nulla *H*; ullae *U* | sunt rectae *tr. MaMS*   **13** sanctiones *W* | meum] est *add. P* | ego *om.* κ^{2} **14** autem mea *tr.* κ^{2} | autem *om. O* | virtus] et *praem.* κ^{2} (*sl. R*) me[1]] autem *add. GX* | obtinentur *H (ac.)*   **15** *possit recte *tr.* $\mu\,\lambda$ *edd* | nisi] a *add. I* | domino] deo *D*; regente *add. N (ac.)*   **16** diriguntur κ^{1} (*exc. I*) μ (*pc. G*) *U* | mortale *S* | quomodo] quo deo *X*; quo *Y*   **17** intelleget *PLC*κ^{2}; intellegat κ^{1} (*exc. A*) *U mip* | vir *om. OS*λ^{1} **18** dirigat *U* | reparatur *I*   **19** cognitione *YBrB* | multae] autem *add. U*   **20** domini *om. P (ac.)*; dominus *W*; deum *S* | obtinetur *Ma*
51, 1 Ecclesiastes *W* | dicitur] scribitur κ (*exc.* κ^{2}) *Z ba mip* | et *om. R*   **2** bonum inquit *tr. K*   **3** manducat $\kappa^{2}\,U\lambda^{2}$ *mia*   **4** hoc] haec λ (*exc. U*) | ego] ergo *N (ac.)*   **5** manducavit *PL*$\mu\,\lambda$ (*exc. N*) | parcet] pascet λ *edd* | legitur] loquitur κ^{1} **6** quod] et *add. U* | sunt *UY* | sint[2] dei sint *tr. TO* | in[2] *om. O*

studiis suis proficiant, quantum ille voluerit: *Quantumcumque laboraverit homo ut quaerat, non inveniet, et quodcumque dixerit sapiens ut sciat, non poterit invenire. Quia universum hoc dedi in cor meum et cor meum universum hoc vidit, quia et iusti et sapientes* 10
mia 1099 *et operationes eorum in manu dei.* In libro autem Sapientiae de eodem gratiae opere ita dicitur: *Quoniam ipse sapientiae dux est et sapientium emendator. In manu enim illius et nos et sermones nostri et omnis sapientia et operum scientia et disciplina.* De continentia quoque, quod ex dei habeatur munere, eadem scriptura sic loqui- 15 tur: *Ut scivi quia aliter non possum esse continens nisi deus det, et hoc ipsum erat sapientiae scire, cuius esset hoc donum.* Cui senten-tiae Pauli apostoli doctrina concordat in prima ad Corinthios haec scribentis: *Volo autem omnes homines esse sicut meipsum, sed unusquisque proprium habet donum ex deo, alius sic, alius autem sic.* 20 Dominus vero in evangelio secundum Matthaeum haec de continentiae dono insinuasse narratur; dicentibus namque disci-pulis suis: *Si ita est causa viri cum uxore, non expedit nubere,* dixit illis Iesus: *Non omnes capiunt verbum istud, sed quibus datum est.*

52. De timore dei et sapientia ita in Ecclesiastico legitur: *Corona sapientiae timor domini, utraque autem dona sunt dei.*

7–11 Eccl. 8, 17–9, 1 (*LXX*)   12–14 Sap. 7, 15–16   16sq. Sap. 8, 21
19sq. 1 Cor. 7, 7   23 Matth. 19, 10   24 Matth. 19, 11
52, 2 Sir. 1, 22. 23

κ (*WPLC* + *κ¹*[*ADFJTOI*] + *κ²*[*RK*]) *μ* (*QGMaX*) *λ* (*MVHNSλ¹λ²*)

7 proficiunt *K* | voluerit] *donaverit *μλ edd* | quantacumque *PLCATOG*; quantocumque *κ²*   8 laboraverit] labore cucurrerit *κ²* | ut] et *S* | non *om. λ*
10 meum et cor *om. Q* (*ac.*) | videt *YZ*; dedit *O* | et² *om. FJIλ¹*   12 opera *P* (*ac.*) | ipsae *W* | *est sapientiae dux *tr. μ*; et sapientiae dux est *λ*   14 sapi-entiae *κ¹* (*exc. FI*) *λ* (*exc. MVSB*); sermonis nostri *add. X* (*ac.*) | scientia *om. P* (*ac.*); scientiae *μZ* | disciplinae *λ* | continentiae *DT*   16 ut] et *W* (*pc.*) *κ² μ* | quia] et *I*   17 donum hoc *tr. W* (*ac.*) | cuius *λ¹*   18 prima] epistola *add. WP* (*sl.*)   19 haec *om. P* | scribens *κ* (*exc. PC*) *GMaY* | autem] vos *add. V HNUY*; nos *add. S* | homines *om. VHNλ¹*   20 habet proprium *tr. Q* (*ac.*) *GX* | autem] vero *Sλ² mia mip*   21 vero] autem *G*   23 est *om. W* | dicit *μ λ mia*   24 est] a patre meo *add. λ*
52, 1 ita **om. κ*

Item de eodem: *Timor domini super omnia superposuit; beatus cui donatum est habere timorem dei.* Isaias quoque de divitiis spirita-
5 libus, quarum auctor est dominus, ita loquitur: *In thesauris salus nostra advenit, sapientia et pietas et disciplina a domino; hi sunt thesauri iustitiae.* Item de altitudine divitiarum sapientiae et scientiae dei, cuius bonitas nullius merito praevenitur, haec dicit: *Quis mensus est manu aquam et caelum palmo et universam terram*
10 *pugillo? Quis statuit montes in libra et rupes in statera? Quis cogno-vit sensum domini aut quis eius fuit consiliarius qui instruat eum? Aut quem consuluit, et instruxit eum? Vel quis ostendit ei iudicium aut viam prudentiae quis ostendit ei, vel quis prior dedit ei et retri-buetur illi?* Unde et in libro Iob secundum eundem sensum
15 leguntur domini verba dicentis: *Quis ante dedit mihi ut retribuam illi? Omnia quae sub caelo sunt mea sunt.* Ieremias vero, quod a deo sit homini vera sapientia, sic profatur: *Scio, domine, quia non*   *mip 681 est in homine via eius, nec viri est ut dirigat iter suum.* Item quod ad deum conversio cordis ex deo sit, per ipsum dominus protesta-
20 tur et dicit: *Restituam illos in terram istam et reaedificabo et non destruam et plantabo eos et non evellam et dabo illis cor, ut sciant me quia ego sum dominus, et erunt mihi in populum et ego ero illis*

3sq. Sir. 25, 14–15   **5–7** Is. 33, 6 (*LXX*)   **7sq.** altitudine ... dei] *cf.* Rom. 11, 33   **9–13** Is. 40, 12–14 (*LXX*)   **13sq.** vel ... illi] Rom. 11, 35   **15sq.** Iob 41, 2   **17sq.** Hier. 10, 23   **20–23** Hier. 24, 6–7

$\kappa\,(WPLC + \kappa^{\prime}[ADFJTOI] + \kappa^{2}[RK])\,\mu\,(QGMaX)\,\lambda\,(MVHNS\lambda^{\prime}\lambda^{2})$

3 de] in *ba mip* | eodem] timore *add.* $R\mu$ | timorem C; timore K | super omnia superposuit *om.* κ^{2} | omnia] se *add.* λ^{2} *edd* 4 datum κ^{2} | domini $W\lambda$ *edd* **6** hi ... 7 iustitiae *om.* $\kappa^{\prime}$ **7** idem *PLR* **8** nullus *I* | praevenit *H* hoc *I* **9** qui *VHSUY* | aquas *WP* | caelo *O* **10** quis[1]] qui λ *mia* **11** sensus $\kappa^{2}Y$ | quis *om.* κ^{2} | eius] enim $\lambda^{\prime}$ | consiliarius eius fuit *tr.* $\kappa^{\prime}$ (*exc. FI*) *U*; eius consiliarius fuit *I*; fuit eius consiliarius *tr.* *KX* | qui] quis $P\kappa^{2}\mu$ | instruxit κ^{2}; instaurat *BrB* **12** consuluit] coluit *S* | et instruxit eum *om.* κ^{2} | quis] qui *WL* | quis ... 13 prudentiae *iter.* S (*ac.*) | iudicium ... 13 ei *om.* W **13** et] vel *X* **14** illi] ei *PM* | inde *Ma* **15** dei κ (*exc. WPO*) | ante] autem *KGUY* | tribuam *Ma* **17** deo] dominio *WP* | vera] recta $\mu\lambda$ *mia* | probatur *Ma* **18** via *om.* *H* (*ac.*); quia *X* (*ac.*) **19** deum] dominum $C\kappa^{\prime}$ (*exc. F*) converso *S* | dominum *I* **22** erit *S* | illi *I*

in deum, quia convertentur ad me ex toto corde suo. Item idem
praedicans, quod ut deus cognoscatur, ex deo sit, *Et scient,* inquit,
quia ego dominus deus illorum, et dabo illis cor cognoscendi me et   25
aures audiendi.

53. Quod autem omne verbum bonum et omne opus
sanctum subministratio sit spiritus sancti, sine quo nihil recte
agatur, in prima ad Corinthios Paulus apostolus docet dicens:
*Ideo notum vobis facio, quod nemo in spiritu dei loquens dicit
anathema Iesu et nemo potest dicere dominum Iesum nisi in spiritu*   5
*sancto. Divisiones vero gratiarum sunt, idem autem spiritus, et
divisiones ministrationum sunt, idem autem dominus, et divisiones
operationum sunt, idem vero deus qui operatur omnia in omnibus.
Unicuique autem datur manifestatio spiritus ad utilitatem: alii quidem per spiritum datur sermo sapientiae, alii sermo scientiae secun-*   10
*dum eundem spiritum, alteri fides in eodem spiritu, alii gratia sani-
tatum in eodem spiritu, alii prophetia, alii discretio spirituum, alii
genera linguarum, alii interpretatio sermonum. Haec autem omnia
operatur unus atque idem spiritus dividens singulis prout vult.*

mia 1100

24–26 Bar. 2, 31
53, 4–14 1 Cor. 12, 3–11

κ (*W P L C*+ κ¹[*A D F J T O I*]+ κ²[*R K*]) μ (*Q G Ma X*) λ (*M V H N S* λ¹ λ²)

23 quia] et *F I* | item idem praedicans] Baruch quoque praedicat κ *ba mip* (*v.
p.* 60) | idem] dicit *add. Br B*   24 cognoscatur] a deo *add. X* (*ac.*) | scient] te
add. H (*ac.*)   25 ego] sum *add. K* | dominus ego *tr. P* (*ac.*) | deus *om. K*
26 audiendi] me *add. A D O*
53, 1 bonum *om. W A D T O Ma* | omne² *om.* μ   2 subministrationi *P*
3 agitur] κ¹ (*exc. T*) κ² | prima] epistola *add. W P* (*sl.*) | Corinthios] epistola
add. λ (*exc.* λ²; *sl. V*)   4 vobis] nobis *S*   5 dominus Iesus *W* | in *om. F* (*ac.*)
6 divisiones ... spiritus *iter. N* (*ac.*) | vero] autem κ | et ... 7 dominus *om.
S* (*ac.*)   8 vero] autem *G* | deus] dominus *R*   9 quidem] autem *P*   10 ser-
mo datur *tr. W P* | sapientiae] scientiae *O* | alii] *autem add.* μ λ *edd* | ser-
mo² *om. D* (*ac.*) | scientiae] sapientiae *O*   11 alii *W* κ² | spiritu eodem *tr. U*
12 eodem] uno *P* λ | prophetatio *P L C* κ¹ (*exc. O I*) λ (*exc. Br B*; prophetatia
V) *edd*   14 atque] et *Ma*

54. Tantum vero unumquemque habere gratiae quantum
donaverit deus, idem apostolus ad Ephesios ait: *Unum corpus et
unus spiritus, sicut vocati estis in una spe vocationis vestrae.
Unus dominus, una fides, unum baptisma, unus deus et pater omnium,*
5 *qui super omnes et super omnia et in omnibus nobis. Unicuique
autem nostrum data est gratia secundum mensuram donationis
Christi, propter quod dicit: Ascendens in altum captivam duxit
captivitatem, dedit dona hominibus.* Item idem in secunda ad
Corinthios dicit, quod ne ad cogitandum quidem quod spiritale
10 est idonei simus nisi per gratiam dei: *Fiduciam autem talem
habemus per Christum ad deum, non quod sufficientes simus aliquid
cogitare a nobis quasi ex nobismetipsis, sed sufficientia nostra ex deo
est, qui et idoneos nos fecit ministros novi testamenti non littera, sed
spiritu. Littera enim occidit, spiritus autem vivificat.* Et iterum in   *mip* 682
15 eadem epistola docens bonorum operum et affectum et sufficientiam a dei gratia ministrari, *Potens est autem,* inquit, *deus omnem
gratiam abundantem facere in vobis, ut in omnibus per omnia
sufficientiam habentes abundetis in omne opus bonum, sicut scriptum est: Dispersit, dedit pauperibus, iustitia eius manet in aeternum.*
20 *Qui autem ministrat semen seminanti, et panem ad manducandum
praestabit et augebit incrementa frugum iustitiae vestrae, ut in
omnibus locupletati abundetis in omnem simplicitatem.* Ad Ephe-

---

54, 2-8 Eph. 4, 4-8   **7sq.** *cf.* Ps. 67, 19   **10-14** 2 Cor. 3, 4-6   **16-22**
2 Cor. 9, 8-11   **19** Ps. 111, 9

κ (*WPLC*+ κ^1[*ADFJTOI*]+ κ^2[*RK*]) μ (*QGMaX*) λ (*MVHNS* $\lambda^1\lambda^2$)

54, 2 donaverit dominus λ (*exc.* λ^2); dominus donaverit λ^2 *edd*   **3** vestrae]
nostrae *S*   **4** baptismum *W* (*ac.*) *PLC* (*ac.*) *ADF*   **5** qui] est *add. I* | omnes]
omnia *O*; est *add.* Br *E mia mip* | super²] per κ **6** datum *D* | gratia *om.*
W (*ac.*) *PLF* (*ac.*)   **10** sumus *Ma Y*   **11** dominum *I* | quod non *tr.* λ (*exc. H*
λ^2) | sumus *Ma YZ*   **12** a nobis quasi *om. X* | ex¹] a κU | nostra] nobis λ
edd | ex²] a λ^1 **13** qui] quique *I* | et *om. F* (*ac.*) *I* λ^1 | fecit nos *tr.* λ^2 *edd*
15 dicens *mip* | et¹ *om.* λ | effectum *YZ edd*   **16** ad dei gratiam *S* | deus
om. O   **17** abundare *OIK* $\mu\lambda$ | nobis *GHS* | omnibus] et *add. R*   **18** suffi-
cientiam habentes abundetis] scietis habere abundantiam *O*   **19** aeternum]
saeculum saeculi *O*   **20** quis *I*   **21** frugum *om. W* | nostrae *S*
22 simplicitatem] simplicita aut *S*

sios vero scribens apostolus docet, quod omnia bona quibus pla-
cetur deo dona sint dei, et quod ab ipso peti oporteat, ut ea non
habentibus tribuat: *Huius rei*, inquit, *gratia flecto genua mea ad*   25
patrem domini nostri Iesu Christi, ex quo omnis paternitas in caelo
et in terra nominatur, ut det vobis secundum divitias gloriae suae
virtutem corroborari per spiritum eius in interiore homine, habitare
Christum per fidem in cordibus vestris, in caritate radicati et fir-
mati, ut possitis comprehendere cum omnibus sanctis, quae sit latitu-   30
do et longitudo, sublimitas et profundum, scire etiam supereminen-
tem scientiae caritatem Christi, ut impleamini in omnem plenitudi-
nem dei. Ei autem qui potens est omnia facere superabundantius,
mia 1101 quam petimus aut intellegimus, secundum virtutem qua operatur in
nobis, ipsi gloria in ecclesia et in Christo Iesu in omnia saecula   35
saeculorum. Amen.

      55. Omnis autem boni deum esse auctorem, cuius dona nec
incerta sunt nec mutabilia, sed ex aeterna voluntate venientia,
Iacobus apostolus ita loquitur: *Nolite errare, fratres mei dilecti:*
Omne datum optimum et omne donum perfectum desursum est
descendens a patre luminum, apud quem non est transmutatio nec   5
vicissitudinis obumbratio. Voluntarie genuit nos verbo veritatis, ut

25-36 Eph. 3, 14-21
55, 3-7 Iac. 1, 16-18

$\kappa\,(WPLC+\kappa^{1}[ADFJTOI]+\kappa^{2}[RK])\,\mu\,(QGMaX)\,\lambda\,(MVHNS\lambda^{1}\lambda^{2})$

23 docens *WP* | placet *H*   24 eam *G*   25 tribuatur *L* (*ac.*) *FJ* (*ac.*) *IR* (*ac.*);
tribuantur *L* (*pc.*) *C* κ^{1} (*exc. F I*; *pc. J*) κ^{2} (*pc. R*) *ba mip*   26 paternitas *om.*
Ma (*ac.*) | caelis *O*   27 terris *O* | secundum *om.* μ (*ac. Ma*) | divitiae *YZ*
28 virtute *WPL* | spiritum] ipsum *S* | interiori κ^{2} *U Br mia*   29 nostris *S*; ut
add. Ma | in² *om.* *Q* (*ac.*) *X* (*ac.*) | firmati] fundati κ^{2} 30 ut *om.* *Q* (*ac.*); *del.*
Ma | longitudo et latitudo *tr. U*   31 longitudo] et *add.* *A O* | scire etiam
om. *V* (*ac.*) λ^{2} *mia*   32 in *om.* λ^{1} (*ac. Y*)   34 qua] quae *P*; quam *K*   36 amen
om. κ^{2}
55, 1 dominum *U*; domini *YZ* | deum esse auctorem *om. Ma*   2 sint *Y* λ^{2}
mia | immutabilia *UY* | ex aeterna] aeterna *Q* (*ac.*) *MV* λ^{1} (externa *Z*); ex
aeterno *Br B*   3 loquitur ita *tr. K* (*ac.*) | nolite] itaque *add.* *GX* | dilectissimi
O κ^{2} 6 voluntarie] enim *add.* *C I* λ^{2} *edd* | verbum λ^{1}

simus initium aliquod creaturae eius. Cui et Zacharias propheta
concinit dicens: *Salvabit dominus in die illa sicut oves populum
suum, quoniam lapides sancti volvuntur super terram ipsius, quia si*
10 *quid bonum, ipsius est, et si quid optimum, ab ipso est.* In evangelio
vero secundum Matthaeum, quod scientia et intellectus dona sint
dei, quae quibus voluerit largiatur, ita dicitur: *Tunc accedentes*
discipuli eius dixerunt ei: Quare in parabolis loqueris ad eos? At ipse
respondens ait illis: Quia vobis datum est nosse mysteria regni
15 *caelorum, illis autem non est datum.* Iohannes quoque evangelista   *mip* 683
pronuntiat neminem aliquid boni habere, nisi quod desursum
acceperit, dicens: *Non potest homo accipere quidquam, nisi fuerit ei*
datum de caelo. In eiusdem vero evangelio doctrina est ipsius
veritatis, quod nemo veniat ad filium nisi attractus a patre, quia
20 venturum deus et intellegentem et oboedientem facit: *Nemo, in-*
quit, *potest venire ad me, nisi pater qui misit me attraxerit eum, et*
ego resuscitabo eum in novissimo die. Scriptum est enim in pro-
phetis: Et erunt omnes docibiles dei. Omnis qui audivit a patre et
didicit, venit ad me. Et infra: *Propter hoc dixi vobis, quia nemo*
25 *potest venire ad me, nisi datum fuerit ei a patre meo.*

8-10 Zach. 9, 16–17 (*LXX*)   **12-15** Matth. 13, 10–11   **17sq.** Ioh. 3, 27
20-24 Ioh. 6, 44–45   **24sq.** Ioh. 6, 66

κ (*W P L C* + κ¹ [*A D F J T O I*] + κ² [*R K*]) μ (*Q G Ma X*) λ (*M V H N S* λ¹ λ²)
55, 19 nemo *inc. Do*   **21** eum *des. Do*

---

7 scimus *S* | aliquod] ex *add. O* | propheta *om.* κ   **8** salvavit *mip* | illo μ
λ (*exc. Br*) *mia*   **9** quia ... **10** ipsius *om. N* (*ac.*)   **11** scientiae λ (*exc. H*)   **13** ei
om. λ (*exc. U*)   **14** illis] eis *P* | nosse] regnum caelorum *add. X* (*ac.*) | myste-
rium *O* μ *U*   **15** datum est *tr. T O* | quoque] autem μ   **16** neminem *iter.*
H | quod *om. P* (*ac.*)   **17** homo *om. I*   **18** ipsius] eiusdem *Ma*   **19** venit *W*
J T O K; quippe potest venire *Do*   **20** deus *post* oboedientem *tr.* μ | et oboe-
dientem et intellegentem *tr. D* | inquit] ait *ba mip*; *om. Do*   **21** potest veni-
re] venit *Do* | miserit *P* | me misit *tr. I* | attraxit *N* | eum *om. BrB*
22 eum] illum *W*   **23** audit *O K*; venit *U*   **25** ad me venire *tr. S* | nisi] quia
add. U

56. In fide autem et in operibus bonis proficere ac perseverare usque in finem muneris atque auxilii esse divini sanctarum scripturarum confirmat auctoritas; etenim Paulus apostolus Philippensibus scribens ait: *Confidens hoc ipsum, quia qui coepit in vobis opus bonum, perficiet usque in diem Christi Iesu.* Huius 5 autem testimonii virtutem quidam volens ad sui sensus pravitatem convertere, ita quod dictum est: *Qui coepit in vobis* volebat intellegi quasi dictum esset: 'Qui coepit ex vobis,' ut et initium et consummatio operis non ad deum, sed ad hominem referretur, qui et incipere et perficere voluisset. Sed hanc insanissimam 10 superbiam in eadem epistola excellentissimus gratiae praedicator elidit dicens: *In nullo terreamini ab adversariis, quae est illis causa perditionis, vobis autem salutis, et hoc a deo. Vobis enim donatum est pro Christo non solum ut in eum credatis, sed etiam ut pro illo patiamini.* Et iterum, *Cum metu*, inquit, *et tremore vestram salu-* 15 *tem operamini. Deus est enim qui operatur in vobis et velle et operari pro bona voluntate.* Item in prima ad Thessalonicenses
mia 1102 docet ex deo esse principium et profectum consummationemque virtutum dicens: *Ipse autem deus et pater noster et dominus Iesus dirigat viam nostram ad vos. Vos autem dominus multiplicet et* 20

56, 4sq. Phil. 1, 6   **12–15** Phil. 1, 28–29   **15–17** Phil. 2, 12–13   **19–24**
1 Thess. 3, 11–13

$\kappa\,(WPLC + \kappa^1[ADFJTOI] + \kappa^2[RK])\,\mu\,(QGMaX)\,\lambda\,(MVHNS\lambda^1\lambda^2)$

56, 1 bonis operibus *tr. T* | ac] atque *Ma*   **2** auxilium *X (ac.)* | esse divini] **esse dei divina μ*   **3** scribens Paulus apostolus Philippensibus *tr. λ² edd* **4** scribens ait Philippensibus *tr. A D (pc.) TO*; scribens Philippensibus ait *D (ac.)*   **5** vobis] nobis *G* | proficiet *H (ac.)*; perficiat *O* | in diem *om. L (ac.)* | diem] domini nostri *add. μ* | Christi *om. D (ac.)* | Iesu Christi *tr. Q Ma X*   **8** nobis *P* | ut *om. Ma*   **9** referetur *L (ac.) KHNS*; referatur *W*; referur *V (ac.)*   **11** excellentissimae *L C κ²*   **12** ullo *O Ma (ac.)*   **13** deo] quia *add. μλ (exc. N) mia* | enim *om. μλ (exc. N) mia*; autem *κ²*   **14** est] vobis *add. M (ac.)* | pro¹] a *K* | ut² *om. P (ac.)*   **16** operamini *om. Ma (ac.)* deus ... **17** voluntate *om. Ma* | enim *om. W*   **17** operari] perficere *Ma λ² mia mip* | prima] epistola *add. P (sl.)* | ad *om. V (ac.)*   **19** noster *om. Q G Ma*; vester *λ¹* | et² *om. P* | Iesus] Christus *add. A R*   **20** nostram] vestram *U Z* dominus *om. I*

abundare faciat caritate in invicem et in omnes, quemadmodum et
nos in vos, ad confirmanda corda vestra sine querela in sanctitate
ante deum et patrem nostrum in adventu domini nostri Iesu cum
omnibus sanctis eius. Ad Corinthios quoque scribens et omnium
25 virtutum proficientem perseverantiam dei donum esse commendans, *Gratias,* inquit, *ago deo meo semper pro vobis in gratia dei*
quae data est vobis in Christo Iesu, quia in omnibus divites facti estis mip 684
in illo, in omni verbo et sapientia, sicut testimonium Christi confir-
matum est in vobis, ita ut nihil vobis desit in ulla gratia exspectan-
30 *tibus revelationem domini nostri Iesu, qui et confirmavit vos usque*
ad finem sine crimine in diem adventus domini nostri Iesu Christi.
Item ad Romanos de caritate Christi, qua eos quos diligit insuperabiles facit, id est usque in finem perseverantes – nam quid
aliud est perseverare quam temptatione non vinci? –, *Quis nos,*
35 inquit, *separabit a caritate Christi? Tribulatio? an angustia? an*
persecutio? an fames? an nuditas? an periculum? an gladius? Sicut
scriptum est: Quia propter te mortificamur tota die, aestimati sumus
sicut oves occisionis, sed in his omnibus superamus per eum qui
dilexit nos. Item ad Corinthios de victoria quam perficit Christus,
40 *Stimulus,* inquit, *mortis peccatum, virtus vero peccati lex. Deo*
autem gratias, qui dedit nobis victoriam per Iesum Christum domi-
num nostrum. Item ad Thessalonicenses de perseverantia quam

26–31 1 Cor. 1, 4–8   **34–39** Rom. 8, 35–37   **37sq.** Ps. 43, 22   **40–42**
1 Cor. 15, 56–57

$\kappa\,(WPLC+\kappa^1[ADFJTOI]+\kappa^2[RK])\,\mu\,(QGMaX)\,\lambda\,(MVHNS\lambda^1\lambda^2)$

21 faciet *W (ac.)* | caritatem *P λ¹ λ² edd* | in¹ *om. S*   **22** corda *om. L (ac.)*
sanctitate] vitae *add. λ²*   **23** vestrum *λ¹* | adventum *P (ac.) Ma* | nostri *om.*
W μ V (ac.) | Iesu] Christi *add. κ (exc. W) λ (exc. λ²; pc. V) edd*   **24** et *om. Q*
Ma X   **25** commendare *H (ac.)*   **27** nobis *YZ*; mihi *I (ac.)*   **28** et] in omni
add. R   **29** ulla] nulla *P (ac.) S U Y*   **30** nostri *om. V S* | qui ... 31 Christi
om. G | *confirmabit *κ (exc. WPL) Q Ma X λ edd* | vos] nos *U* | usque ad
finem *om. Q Ma X U*   **31** ad] in *κ²* | die *κ (exc. P) X*   **32** qua] quae *R*; qui
K | quos *om. P*; deus *add. Ma*   **33** nam] etiam *H*   **34** *est aliud *tr. μ λ edd*
35 separavit *P L* | an¹ ... 36 persecutio *om. A D T O*   **36** famis *P L* | gladium
W   **37** existimati *λ² ba mip*   **38** sicut] ut *μ* | omnibus *om. μ* | per] propter
W O μ   **40** stimulum *P* | peccatum] est *add. I λ² edd* | deo] donum *Ma (ac.)*

deus tribuit, *Ipse autem*, ait, *deus pacis sanctificet vos per omnia, et integer spiritus vester et anima et corpus sine querela in adventum domini nostri Iesu Christi servetur. Fidelis est qui vocavit vos, qui* 45 *etiam faciet.* Item ad Thessalonicenses, quod omnia bona nostra sive in operando sive in loquendo et in eis perseverantia dona sint dei, ita praedicat dicens: *Ipse autem dominus noster Iesus Christus et deus et pater noster, qui dilexit nos et dedit consolationem aeternam et spem bonam in gratia, exhortetur corda vestra et* 50 *confirmet in omni opere et sermone bono.* De cetero, fratres, orate *pro nobis, ut sermo domini currat et clarificetur sicut et apud vos, et ut liberemur ab importunis et malis hominibus; non enim omnium est fides. Fidelis autem deus est, qui et confirmavit nos et custodiet a malo.* Petrus vero apostolus unde esse virtutem perseverantiae 55 doceat, audiamus: *Deus autem*, inquit, *omnis gratiae, qui vocavit nos in aeternam gloriam, modicum passos ipse perficiet, confirmabit solidabitque, cui est virtus et potestas in saecula saeculorum. Amen.* Iohannes vero apostolus, quod victoria sanctorum opus dei sit habitantis in sanctis, ita loquitur: *Vos ex deo estis, filioli, et vicistis* 60 *mundum, quoniam maior est qui in vobis est quam qui in mundo.* Item idem: *Omne quod natum est ex deo vincit mundum, et haec*

mia 1103
mip 685

43–46 1 Thess. 5, 23–24   **48–55** 2 Thess. 2, 16–3, 3   **56–58** 1 Petr. 5, 10–11
60sq. 1 Ioh. 4, 4   **62sq.** 1 Ioh. 5, 4

$\kappa\,(WPLC + \kappa^{1}[ADFJTOI] + \kappa^{2}[RK])\,\mu\,(QGMaX)\,\lambda\,(MVHNS\lambda^{1}\lambda^{2})$

43 deus] dominus κ^{2} | ipse] per se λ^{1} | et] ut $A\,T\kappa^{2}\lambda$ (*exc. H; pc. V*) *edd*
44 vester *om. W* | adventu $O\kappa^{2}UBr$; in adventum *add. P* (*ac.*)   **45** servetur] sui *O* | nos μ **46** faciat *W* (*ac.*) *PL*; facit *H*; facio *S*; sitiet λ^{1} **49** Christus *om. R* (*ac.*) | deus *om. WR*; *post* dominus *tr. K* | et^{2} *om. LCRμ*   **50** gratiam $ADTO$ | exhortetur] et *add.* λ^{2} | nostra *S*   **51** omni *om. Ma*   **52** domini] dei $DFJOR$ | curat OUY | et^{1}] pacificetur *add. N* (*ac.*) | sicut *om. T*
53 hominibus et malis *tr.* λ^{2} *mia*   **54** deus] dominus κ | confirmabit κ (*exc. WP*) λ^{2} | vos κ (*exc. LCK*) λ (*exc. SY*) | custodiat *WPF* (*ac.*)   **55** vero] *quoque $\mu\lambda$ (*exc. U*) *edd*; autem *U*   **57** aeternam] suam *add.* $\mu\lambda$ *edd* | gloriam] in Christo Iesu *add. PL* (*pc.*) $C\kappa^{2}\lambda^{2}$ *edd* | passus *W* (*pc.*) | confirmavit solidavitque *P*   **58** saeculorum *om. μ* | amen *om. K$\mu\lambda$* (*exc. E*) *mia*   **59** sit dei *tr. I*   **61** nobis *WLCAFJT*   **62** vicit *LR* (*ac.*) | et ... 63 mundum *om. Ma* (*ac.*)

est victoria quae vincit mundum: fides nostra. In evangelio autem
secundum Lucam deum dare, ut in fide perseveretur, ita promi-
65 tur: *Dixit autem Iesus Petro: Simon, Simon, ecce Satanas postulavit,*
ut vos cerneret sicut triticum. Ego autem rogavi pro te, Petre, ne
deficiat fides tua, et tu conversus confirma fratres tuos et roga, ne
intretis in temptationem. In Evangelio quoque Iohannis de ovibus
Christi, quae de manu ipsius a nullo rapiuntur, haec legimus
70 dicere veritatem: *Sed vos non creditis, quia non estis de ovibus meis.*
Oves meae vocem meam audiunt et ego novi illas et sequuntur me et
ego vitam aeternam dabo illis et non peribunt in aeternum nec
quisquam rapiet eas de manu mea. Item in eodem evangelio de his
quos pater dat filio, qui et omnes veniunt ad filium et quorum
75 nullus perit, haec ipsius domini ore dicuntur: *Omne quod dat*
mihi pater venit ad me, et eum qui venerit ad me non eiciam foras,
quia descendi de caelo, non ut faciam voluntatem meam, sed volun-
tatem eius qui me misit patris, ut omne quod dedit mihi non perdam
ex eo quidquam, sed resuscitem illud in novissimo die.

(XXV.) **57.** Multa sunt alia in canonicarum serie scripturarum, quae vitandae prolixitatis studio praeterimus, quoniam quae
assumpsimus nec pauca sunt nec obscura nec levia, quibus plenissime declaratur omnia, quae ad promerendam vitam aeternam

---

65-68 Luc. 22, 31–32   70–73 Ioh. 10, 26–28   75–79 Ioh. 6, 37–38. 39

κ ($WPLC + \kappa^1$[$ADFJTOI$] + κ^2[RK]) μ ($QGMaX$) λ ($MVHNS\lambda^1\lambda^2$)
57, 4 declaratur *inc. Do*

---

63 vicit *L U* | vestra *Ma*   64 ut ... perseveretur] in fide perseveranti *U*
promittitur *P I λ¹ Br B*   65 Simon² *om.* κ^2 66 ut] et *P* | discerneret *Ma* (*pc.*);
vel cribaret *add. P* (*sl.*); cribraret $\kappa^1 \kappa^2$ *mia* | Petre *om. O*; patrem *W* | ne] ut
non *O*   67 tu] aliquando *add. A T O R* | rogate *C* (*pc.*) λ (*exc.* λ^2; *pc. V*) *ba*;
rogo *Br B*; *cf. lib.* 2, 46, 32   68 quoque *om. P* | Iohannes *S*   69 quae] quod
κ^1 | manibus *K* | ipsius] eius *WP*; illius *L C* κ^1 (*exc. O*) *K* | rapiuntur] rapian-
tur κ (*exc. WP*) *ba mip*   70 estis] de ovibus *add. S* (*ac.*) | de] ex *X*   71 audi-
ent *O Ma* (*ac.*); audiunt *X* | novi] nosco *O*   72 dabo] do λ *edd* | nec] ne *YZ*
73 rapit μ 74 qui] et *add. S* (*ac.*)   76 veniet *O I* | ad me venit *tr. K* | vene-
rit] *venit κ^1 (*exc. J I*) μ λ *edd* | eicio μ 78 misit me *tr. W C* κ^1 λ *edd* | dat *O I*
79 sed] ut *add.* μ | illum *P* μ
57, 3 nec¹] non *Ma*   4 declarantur *P* (*pc.*) *U Y*; his omnibus *praem. Do*

mip 686
mia 1104

pertinent, sine gratia dei nec inchoari nec augeri posse nec per- 5
fici, et contra omnem elationem de libero arbitrio gloriantem
illam invictissime reniti sententiam dicentis apostoli: *Quis enim
te discernit? Quid autem habes quod non accepisti? Si autem accepisti, quid gloriaris quasi non acceperis?* Igitur profunditas illius
quaestionis, quam secundum admirationem apostoli impenetrabi- 10
lem confitemur, per liberi arbitrii velle et nolle non solvitur, quia
licet insit homini bonum nolle, tamen nisi donatum non habet
bonum velle, et illud contraxit natura per culpam, hoc recipit
natura per gratiam.

58. Sed quid illud sit, quod haec eadem natura in omnibus
hominibus ante reconciliationem rea, in omnibus misera, non in
omnibus iustificatur et a pereuntibus quadam sui parte discernitur ab eo qui *venit quaerere et salvare quod perierat*, humano sensu
prorsus non potest indagari. Quantumlibet enim impiorum mali- 5
gnitas accusetur resistens gratiae dei, numquid probabuntur eam
quibus est collata meruisse? Aut illa virtus gratiae, quae sibi quos
voluit subdidit, convertere eos qui inconvertibiles permansere
non potuit? Tales fuerunt qui sunt attracti, quales hi qui in sua
duritia sunt relicti, sed illis tribuit gratia stupenda quod voluit, 10
istis retribuit veritas iusta quod debuit, ut iudicium dei magis in-

---

57,7–9 1 Cor. 4,7   **10sq.** quam … confitemur] *cf.* Rom. 11,33 (*cf. supra cap.*
28, 3sq.; Aug., c. Faust. 21, 2)
58,4 Luc. 19,10   **11sq.** iudicium … inscrutabile] *cf.* Rom. 11,33

κ (*W P L C* + κ^1[*A D F J T O I*]+ κ^2[*R K*]) *Do* μ (*Q G Ma X*) λ (*M V H N S* $\lambda^1 \lambda^2$)
5 perfici *des. Do*   **8** quid *inc. Do* | accepisti[1] *des. Do*   **11** quia *inc. Do*
14 gratiam *des. Do* **58,9** tales *inc. Do*

5 pertineant λ^1 **6** elatione *C*; electionem λ^2 *mia*   **8** te *om. V* (*ac.*) | autem[1]
om. κ^1 (*exc. J I*; *ac. F*) | si autem accepisti *om. Ma*; quod accepisti *Q G X*
12 bonum nolle] velle et nolle κ *Do* (*v. p. 60sq.*) | nolle … **13** bonum *om. X*
donatur *U*; donetur *Y* | bonum velle habet *tr. A D T Do* **13** et *om. K*
58,1 naturam *P* (*ac.*)   **2** conciliationem *Ma* (*ac.*) | rea] mala λ; non in omni-
bus misera *add. K* (*ac.*)   **6** gratiam *H* | dei *om. Q* (*ac.*) | probabunt *L C*
8 convertibiles *P*   **10** sunt *om.* μ | derelicti *G* (*pc.*) | gratia] dei *add. N*
stipenda *L*

scrutabile sit in electione gratiae quam in retributione iustitiae. Verumtamen ne illa pars fidei, qua pie credimus deum velle ut omnes homines veritatis agnitione salventur, per hoc quod de
15 effectibus gratiae evidenter ostenditur infirmata videatur, annitendum est auxiliante Christo, ut nobis stabilitas huius definitionis appareat. Sed quia necessariae inquisitionis negotium non levem operam sibi poscit impendi, secuturam disputationem ab exordio alterius voluminis inchoemus.

13sq. deum … salventur] *cf.* 1 Tim. 2, 4

$\kappa\,(W P L C + \kappa^1 [A D F J T O I] + \kappa^2 [R K]) Do\, \mu\, (Q G Ma X)\, \lambda\, (M V H N S \lambda^1 \lambda^2)$
12 iustitiae *des.* Do

---

12 sit] est *Do* | retributione] redibitione *W C κ²*; reprobatione *Do* | iustitiae *om. Do*   **13** quam *K*   **14** quod *om. H*   **15** effectibus] fructibus *I*   **16** Christo] deo *Ma* | vobis *Y Z*   **18** possit *H U*; poscat *S*

LIBER SECUNDUS

mip 686

(I.) **1.** Remotis abdicatisque omnibus concertationibus, quas intemperantium disputationum gignit animositas, tria esse perspicuum est, quibus in hac quaestione de qua secundum volumen incipimus debeat inhaereri: unum quo profitendum est deum velle omnes homines salvos fieri et in agnitionem veritatis venire, 5 alterum quo dubitandum non est ad ipsam agnitionem veritatis et perceptionem salutis non suis quemquam meritis, sed ope atque opere divinae gratiae pervenire, tertium quo confitendum est altitudinem iudiciorum dei humanae intelligentiae penetrabilem esse non posse, et cur non omnes salvet qui omnes vult salvos 10 fieri, non oportere disquiri, quoniam si quod cognosci non potest, non quaeratur, inter primam et secundam definitionem non remanebit causa certaminis, sed secura ac tranquilla fide utrumque praedicabitur, utrumque credetur. Deus quippe, apud quem non est iniquitas et cuius universae viae misericordia et veritas, 15 omnium hominum bonus conditor, iustus est ordinator neminem indebite damnans, neminem debite liberans, nostra plectens cum punit noxios, sua tribuens cum facit iustos, ut obstruatur os loquentium iniqua et iustificetur deus in sermonibus suis et vincat cum iudicatur. Nec damnati enim iusta querimonia nec 20

mip 687

mia 1104

1, 4sq. deum ... venire] *cf.* 1 Tim. 2, 4   9 altitudinem iudiciorum dei] *cf.* Rom. 11, 33   14sq. deus ... iniquitas] *cf.* Rom. 9, 14   15 cuius ... veritas] *cf.* Ps. 24, 10   18sq. ut ... iniqua] *cf.* Ps. 62, 12   19sq. iustificetur ... iudicatur] *cf.* Ps. 50, 6

κ (*W P L C* + κ^1[*A D F J T O I*] + κ^2[*R K*]) μ (*Q G Ma X*) λ (*M V H N S* λ^1 λ^2)
1, 14 deus *inc. Do*

1, 2 disputationem *P* (*ac.*)   3 de ... 4 incipimus *om. Ma* (*ac.*)   4 quo] quod λ^2 *mia*   5 omnes *om. K* | homines omnes *tr. P* (*ac.*) | homines *om. U*   6 quod $\mu \lambda$ *mia* | cognitionem *R* $\mu \lambda$ (*exc. H*) *mia mip*   7 perceptiones *H* (*ac.*) 8 quod λ^2 *mia*   10 omnes non *tr.* μ | omnes[1]] homines *add. ba mip* (*v. p. 69*) | omnes[2]] homines *add. ba mip*   11 inquiri *A J O*; exquiri μ | possit *S* 13 ac] atque *P*; et *X*   14 quippe *om. Do*   17 indebite *Q* (*ac.*) *U*   18 cum punit] componit *R* | facit] noxios *add. Ma* | ut] et *Br B*   19 in *om. Ma* 20 enim *om. W P L C F R* λ *edd*

iustificati verax est arrogantia, si vel ille dicat non meruisse se
poenam vel iste asserat meruisse se gratiam.

(II.) **2.** Sicut autem ea, quae ad manifestationem gratiae ex
divinis proferuntur eloquiis, nulla possunt disserendi arte violari,
ut perspicuae consonantesque in tanta numerositate sententiae ad
aliquod pravae interpretationis trahantur incertum, ita etiam   *mia 1105*
5 quod de salvatione omnium hominum in eodem scripturarum
corpore reperitur, nulla contraria argumentatione temerandum
est, ut quanto hoc ipsum difficiliore intellectu capitur, tanto fide
laudabiliore credatur. Magna enim fortitudo est consensionis, cui
ad sequendam veritatem auctoritas sufficit etiam latenti ratione.

3. Proinde vigilanter consideremus, praedicatoribus evangelii quid a domino iubeatur. Secundum Matthaeum quippe sic ait:
Data est mihi potestas omnis in caelo et in terra. Euntes ergo docete
omnes gentes baptizantes eos in nomine patris et filii et spiritus
5 *sancti, docentes eos servare omnia quaecumque mandavi vobis. Et*
ecce ego vobiscum sum omnibus diebus usque ad consummationem
saeculi. Secundum Marcum vero iisdem apostolis ita dicitur: *Ite in*
orbem universum et praedicate evangelium universae creaturae, et
qui crediderit et baptizatus fuerit, ipse salvus fiet; qui vero non

---

3, 3–7 Matth. 28, 18–20   7–10 Marc. 16, 15–16

κ (*WPLC*+ κ¹[*A D FJ T O I*] + κ²[*R K*]) *Do* μ (*Q G Ma X*) λ (*M V H N S* λ¹ λ²)
22 gratiam *des. Do*

21 vera *A D T O* | si vel] sive *W* κ²   **22** poenam ... se *om. H* (*ac.*) | se meruis-
se *tr.* κ²
2, 2 proferunt *P* | nullo *R* | possunt] ratione *add. X* λ (*exc. Z*) *mia*   **3** per-
spice *P* | consonantesque et *FJ T*; consonantes et quia *I* | ad] a *X*   **4** etiam]
est *W*   **5** eadem *W*   **7** quantum *Br B* | ipsum *om. L* (*ac.*) | difficiliori
P (*pc.*) | capiatur *I*   **8** laudabiliori *P* (*pc.*) | est fortitudo *tr. K* | consensionis
est *tr. W*   **9** latente *N*
3, 3 omnis potestas *tr.* κ (*exc. WP*) *ba mip* | in² *om. Ma* | ergo] et *add. X*
4 omnes *om.* κ¹ (*exc. T O*) | eas *FJ T I*   **5** eas κ¹ | omnia *om. A T* | manda-
vero *U*   **6** ego *om.* λ² *mia mip* | sum *om. A* (*ac.*) *D F* | omnibus diebus *post*
saeculi *tr. D* (*ac.*)   **8** et¹ *om.* λ *mia mip* | universae] omni *W U* | et² *om.* μ
9 fuerit] et *add. Z* | ipse *om. P O*

crediderit, damnabitur. Numquid in hac praeceptione ullarum 10
nationum ullorumve hominum facta discretio est? Neminem
merito excepit, neminem genere separavit, neminem condicione
distinxit: ad omnes prorsus homines missum est evangelium
mip 688 crucis Christi. Et ne praedicantium ministeria humano tantum
viderentur opere peragenda, *Ecce ego,* inquit, *vobiscum sum* 15
omnibus diebus usque ad consummationem saeculi, id est cum sicut
oves introieritis in medium luporum, nolite de vestra infirmitate
trepidare, sed de mea potestate confidite, qui vos usque ad consummationem saeculi in omni hoc opere non relinquam, non
hoc ut nihil patiamini, sed quod multo maius est praestiturus, ut 20
nulla saevientium crudelitate superemini. In mea enim potestate
praedicabitis et per me fiet, ut inter contradicentes, inter furentes
Abrahae filii de lapidibus suscitentur. Ego insinuabo quod docui,
ego faciam quod promisi. *Tradent enim vos in conciliis et in syn-*
agogis suis flagellabunt vos, et ante reges et praesides stabitis propter 25
me in testimonium illis et gentibus. Cum autem tradent vos, nolite
cogitare, quomodo aut quid loquamini. Non enim vos estis qui
loquimini, sed spiritus patris vestri qui loquitur in vobis. Tradet
enim frater fratrem in mortem et pater filium, et insurgent filii in
parentes et morte eos afficient, et eritis odio omnibus hominibus 30

15sq. Matth. 28, 20   **16sq.** sicut ... luporum] *cf.* Matth. 10, 16   **23** Abrahae ... suscitentur] *cf.* Matth. 3, 9   **24–32** Matth. 10, 17–22

$\kappa\,(W P L C + \kappa^{1}[A D F J T O I] + \kappa^{2}[R K]) \mu\,(Q G Ma X)\,\lambda\,(M V H N S \lambda^{1} \lambda^{2})$

10 in *om.* $G Ma X\lambda$ (*exc.* $\lambda^{1} Br$); a $Q\lambda^{1} Br mia$ | hac *om.* λ^{1} | perceptione Ma
11 illorumve $P U$ **12** neminem genere separavit *om.* S | separavit genere *tr.*
$Br B mia$ | reparavit W | conditionem P(*ac.*)   **15** opera P | inquit ego *tr.* M
N | inquit] quod H **16** id est] idem est $Y Z$; idem U | cum *om.* $Y Z$
17 medio $K\lambda$ **19** non[1] *om.* H(*ac.*) U | derelinquam λ *edd*   **20** hoc] ad
praem. $\mu\lambda^{2} mia$ (*v. p. 65sq.*) | praestiturus *om.* κ^{2}; praestaturus $L C$; praestan-
tius $Q Ma$; atque praestantius G; et praestantius $X\lambda$ (*exc.* λ^{2})   **22** inter[1] intra
I **23** de lapidibus *om.* λ^{1} **24** et *om.* $Br mia$ | in[2] *om.* H **25** flagellabunt
vos *om.* μ | stabitis] ducemini O **26** et gentibus] egentibus N **27** quid aut
quomodo *tr.* λ^{1} | quid *om.* H **29** enim] autem μ | frater] super *add. H*;
super *praem.* N | morte W | exsurgent $W P$ **30** parentes] patrem *praem.*
Ma | et[1] in *add.* U | morti $L\mu$ | afficiunt O

propter nomen meum. Qui autem perseveraverit usque in finem, hic salvus erit.

4. *Apparuit* ergo, ut apostolus ait, *gratia salvatoris nostri dei omnibus hominibus* et tamen ministri gratiae odio erant omnibus hominibus, et cum alii essent qui oderant, alii qui odiis persequentium premebantur, neutra tamen pars nuncupatione omni
5   um hominum privabatur habente quidem salutis suae damnum rebellium portione, sed obtinente plenitudinis censum fidelium dignitate. Dicit enim Iohannes apostolus: *Sed et si quis peccaverit, advocatum habemus apud patrem Iesum Christum iustum, et ipse est propitiatio pro peccatis nostris, non pro nostris autem tantum, sed*   *mia 1106*
10 *etiam pro totius mundi.*

     (III.) **5.** Magni autem et inenarrabilis sacramenti mysterium est, quod praedicatoribus quibus dictum est: *Ite in orbem universum et praedicate evangelium universae creaturae,* iisdem prius dictum fuerat: *In viam gentium ne abieritis et in civitates Samaritano*
5 *rum ne introieritis, sed potius ite ad oves quae perierunt domus Israel.* Quamvis enim ad omnium hominum vocationem evangelium dirigeretur omnesque dominus vellet salvos fieri et in agnitionem veritatis venire, non tamen sibi dispensationum suarum abstulerat potestatem, ut aliter, quam occulto iustoque iudicio
10 statuerat, consilii sui ordo decurreret. Unde locum non habent contumacium murmura querelarum, quia quod deus fieri voluit,   *mip 689*

4, 1sq. Tit. 2, 11   7–10 1 Ioh. 2, 1–2
5, 2sq. Marc. 16, 15   4–6 Matth. 10, 5–6   6–12 quamvis ... voluit] Hincm., praed. lib. arb. (PL 125, 258D–259A)   7sq. omnesque ... venire] *cf.* 1 Tim. 2, 4

$\kappa\,(WPLC+\kappa^{l}[ADFJTOI]+\kappa^{2}[RK])\,\mu\,(QGMaX)\,\lambda\,(MVHNS\lambda^{l}\lambda^{2})$

4, 1 salutaris *X VH S* | nostri *om. A*   **2** et ... 3 hominibus *om.* λ^{l} **3** qui¹] quo *P (ac.)* | persequentium odiis *tr.* κ^{l} *(exc. FJ)*   **5** probabitur *W*; primabatur *P*; probantur *A (ac.)*; privantur *O* | habent *M* | quidem *om. M (ac.)*
6 obtinent *P* | plenitudine *A* | sensum *X (ac.) Br*   **9** propitiator *Q Ma* autem pro nostris *tr. M* | autem *om. P*
5, 1 enarrabilis *U* | est mysterium *tr. O*   **3** universae] omni *WO*λ^{l} **4** via *L* | civitate *O*   **7** vellet *post* venire **tr.* $\mu\,\lambda$ *edd*   **10** sui *om. V (ac.)*   **11** contumacium] s. superborum *add. C (sl.)*

constat non aliter fieri debuisse quam voluit. Posteriore vero tempore, cum iam dominus Iesus in dei patris gloria consederet et praedicatores verbi suscepto negotio deservirent, volentes apostoli evangelizare verbum in Asia vetiti sunt ab spiritu sancto　15 et disponentes ire in Bithyniam prohibiti sunt ab spiritu Iesu non utique negata illis populis gratia, sed quantum apparuit retardata; nam postmodum etiam apud ipsos fides Christiana convaluit.

　　6. Quae autem fuerit differendae vocationis causa non claret, et tamen rei gestae docemur exemplo, quod inter generalia vel promissa vel opera vel praecepta quaedam deus a communibus excepta causis occultiore novit ordinare ratione, credo ut interpositis quibusdam obumbrationibus ea quae secretius micant　5 mirabilius innotescant, ne negligentior fiat acies de facilitate cernendi et quodammodo dormitet assuetis, si non excitetur insolitis. Has autem incognoscibiles illuminationum dilationes, inter quas utique multi infidelitate deficiunt, non solum in populis remotioribus impiorum, sed etiam in civitatibus fidelium per　10 plurimas domos ac familias novimus fieri, dum Christianae fidei etiam qui Christiani futuri sunt adversantur. Multi enim quod oderunt amabunt, quod non recipiunt praedicabunt, et quis inter haec querulis aut curiosis notum faciet, cur adhuc *sol iustitiae* quibusdam gentibus non oriatur et a tenebrosis cordibus etiam　15

14–16 volentes ... Iesu] *cf.* Act. 16, 6–7
6, 14 Mal. 4, 2　　15 quibusdam ... oriatur] *cf.* Sap. 5, 6

κ (*WPLC*+ κ*¹*[*ADFJTOI*]+κ*²*[*RK*]) μ (*QGMaX*) λ (*MVHNS*λ*¹*λ*²*)

12 voluit] debuit *N* (*ac.*)　　13 consideret λ*²* *mip*; concederet *S*　　15 in Asia verbum *tr. M* (*ac.*)　　16 et ... Iesu *om. P* κ*¹* | ire] autem *add. Ma* | in *om. WP L C K* | Bithyniam] et *add. W* | Iesu] sancto *MN*; sancto vel Iesu *V* (*sl.*) *H* λ*¹*; vel Iesu sancto *S*　　17 negat illis (his *L*; aliis κ*²*) populis gratiam *WPL* κ*²* populi *IU* | retardatam κ*²*　　18 postmodum] postea μ λ *mia* | fides ipsos *tr. D* (*ac.*) | fide *O*
6, 1 differentiae *YZ* | causa ... 4 communibus *in ras. O*　　3 deus *om. R* (*ac.*)　　4 occultare λ*¹*　　6 ne *om. V* (*ac.*) *N* (*ac.*)　　8 cognoscibiles *Ma*　　9 multi] in *add. W* λ (*exc. U*)　　10 per ... 11 familias *post* fieri *tr.* κ*²*　　13 oderunt] erunt *R* | amabant *P* | quod non recipiunt *iter. A* | non *om. P* (*ac.*)　　15 a *om. R*

nunc radios suos veritas revelanda contineat, cur corrigendi tam
diu sinantur errare, et quod senibus in fine praestandum est, per
tam longam non tribuatur aetatem, cur filiis iam in Christum
credentibus necdum credant parentes, et rursum a religiosis pa-
20 rentibus soboles prava discordet, cum tamen deo, qui initiorum
fidei incrementique largitor est, secundum ipsius praeceptum
cotidie pro omnibus supplicetur, ut et si exaudit, nota sit gratia
miserationis, et si non exaudit, intellegatur iudicium veritatis?
  (IV.) 7. Sed ne in praeteritis quidem saeculis haec eadem
gratia, quae post domini nostri Iesu Christi resurrectionem ubique diffusa est et de qua scriptum est: *Illuxerunt coruscationes tuae
orbi terrae*, defuit mundo. Quamvis enim speciali cura atque
5 indulgentia dei populum Israeliticum constet electum omnesque
aliae nationes suas vias ingredi, hoc est secundum propriam
permissae sint vivere voluntatem, non ita se tamen aeterna
creatoris bonitas ab illis hominibus avertit, ut eos ad cognoscendum se atque metuendum nullis significationibus admoneret;
10 caelum quippe ac terra et mare omnisque creatura quae videri
atque intellegi potest ad hanc praecipue disposita est humani
generis utilitatem, ut natura rationalis de contemplatione tot
specierum, de experimentis tot bonorum, de perceptione tot
munerum ad cultum et dilectionem sui imbueretur auctoris
15 implente omnia spiritu dei, in quo *vivimus et movemur et sumus*,

mia 1107
mip 690

21sq. secundum ... supplicetur] *cf.* Matth. 5, 44; Luc. 6, 28
7, 1–4 sed ... mundo] Hincm., praed. lib. arb. (PL 125, 259A)   3sq. Ps. 76,
19   5sq. *cf.* Act. 14, 15   7–9 non ... admoneret] Hincm., praed. lib. arb.
(PL 125, 259A)   15 Act. 17, 28

κ (*WPLC*+ κ¹[*ADFJTOI*]+ κ²[*RK*]) μ (*QGMaX*) λ (*MVHNS*λ¹λ²)

16 radios suos nunc *tr.* QGMa | revelando *W*   17 sanantur *D*   18 non
om. W | Christo *R*   19 nec non *G* | *rursus *WPLDFJT*λ²; sursum *YZ*
7, 2 nostri *om.* QGX   3 et *om. O*   4 specialia *A* (*ac.*) | cura] causa *O*
6 nationes aliae *tr. W*   7 permissi κ² | sunt *A Y* | vivere *om. TO*   8 ullis *C*
9 nullis] in illis λ¹ | significationibus] segregationibus *K*   10 ac] et κ (*exc. P*)
X | et] ac κ (*exc. P*κ²) *X*; *om. P*   11 posita *W*   12 rationalis *R*   13 experi-
mento μ | praeceptione *P*   14 imbueret κ² (*ac. K*); imbuerentur *M*   15 et¹
**om.* μ λ (*exc. N*) ba mip

quoniam etsi *longe est a peccatoribus salus*, praesentia tamen salutis ipsius ac virtute nihil vacuum est. Igitur, sicut dicit propheta, *misericordia domini plena est terra*, quae nullis umquam saeculis, nullis generationibus defuit eamque providentiam, qua universitatem rerum administrat et continet, regendis alendisque naturis 20 semper impendit dispositum habens ex incommutabilis aeternitate consilii, quibus quidque temporibus distribueret et multiformis gratiae suae inscrutabiles investigabilesque mensuras per quae dona ac sacramenta variaret.

8. Sicut enim ista gratiae largitas quae in omnes gentes novissime effluxit, non evacuat eam quae super unum Israel sub lege roravit, nec praesentes divitiae fidem praeteritae abrogant parcitati, ita nec de illa cura dei, quae patriarcharum filiis proprie praesidebat, coniciendum est gubernacula divinae misericordiae 5 ceteris hominibus fuisse subtracta; qui quidem in comparationem electorum videntur abiecti, sed numquam sunt a manifestis occultisque beneficiis abdicati. Legimus enim in Actibus apostolorum Paulum et Barnabam apostolos Lycaoniis dicere: *Viri, quid haec facitis? Et nos mortales sumus similes vobis homines, annuntiantes* 10 *vobis ab his vanis converti ad deum vivum, qui fecit caelum et terram et mare et omnia quae in eis sunt, qui in praeteritis genera-*

---

16 Ps. 118, 155   **17–24** igitur … variaret] Hincm., praed. lib. arb. (PL 125, 259A–B)   **18** Ps. 32, 5   **23** inscrutabiles investigabilesque] *cf.* Rom. 11, 33
8, 9–15 Act. 14, 14–16

κ (WPLC+ κ¹[A DFJTOI]+ κ²[R K]) μ (Q GMaX) λ (MVHNSλ¹λ²)

16 salus *om.* R (*ac.*)   **17** ac] a λ¹ | nil μ | dicit *om.* Ma | propheta] ait *add.* Ma (*sl.*)   **19** nullis] nullus *add.* Ma (*ac.*); umquam *add.* X   **20** alendisque *om.* P   **21** impendet X (*ac.*)   **22** quisque WPL R; quaeque κ¹ K | multiformes P
23 investigabiles inscrutabilesque (inscrutabilis Ma) *tr.* μ
8, 1 iste H | quae] quo H   **2** ea μ | quae] quem C (*ac.*); quam C (*pc.*) | super unum] supernum K   **3** rogavit O; erogavit WPLC κ² (*pc.* irrogavit K) praeterita P   **4** parcitatis R | cura] causa O | quae *om.* Ma   **5** praesidebat *om.* Ma (*ac.*); praesidebant L (*ac.*) R (*ac.*) | gubernaculum P (*pc.*)   **6** subtractum P | comparatione WP κ²   **7** oculisque D (*ac.*)   **8** apostolorum *om.* S
9 apostolos *om.* S   **11** vobis *om.* F (*ac.*) R (*ac.*); nobis S   **12** et¹ *om.* PL (*ac.*) K Br

*tionibus dimisit omnes gentes ingredi vias suas. Et quidem non sine
testimonio semetipsum reliquit benefaciens eis, de caelo dans pluvias*
15 *et tempora fructifera, implens cibo et laetitia corda vestra.* Quod est
autem hoc testimonium, quod semper domino deservivit et
numquam de eius bonitate ac potestate conticuit, nisi ipsa totius
mundi inenarrabilis pulchritudo et inenarrabilium beneficiorum
eius dives et ordinata largitio, per quae humanis cordibus quae-
20 dam aeternae legis tabulae praebebantur, ut in paginis elementorum ac voluminibus temporum communis et publica divinae
institutionis doctrina legeretur? Caelum ergo cunctaque caelestia,   *mip 691*
terra et mare omniaque quae in eis sunt consono speciei suae
ordinationisque concentu protestabantur gloriam dei et praedica-
25 tione perpetua maiestatem sui loquebantur auctoris, et tamen
maximus numerus hominum, qui vias voluntatis suae ambulare
permissus est, non intellexit nec secutus hanc legem est, et *odor
vitae* qui spirabat *ad vitam* factus est eis *odor mortis ad mortem*,
ut etiam in illis visibilibus testimoniis disceretur, quod littera   *mia 1108*
30 occideret, spiritus autem vivificaret. Quod ergo in Israel per
constitutionem legis et prophetica eloquia gerebatur, hoc in
universis nationibus totius creaturae testimonia et bonitatis dei
miracula semper egerunt.

    (V.) **9.** Sed cum in illo populo, cui utraque eruditio praefuit,
nemo nisi gratia iustificatus sit per spiritum fidei, quis ambigat

---

17-22 nisi ... legeretur] *cf.* Leo M., serm. 18, 2, 48-51 (*v. p.* 36)   **26sq.**
vias ... est] *cf.* Act. 14, 15   **27sq.** 2 Cor. 2, 16   **29sq.** *cf.* 2 Cor. 3, 6

$\kappa\,(WPLC + \kappa^{1}[ADFJTOI] + \kappa^{2}[RK])\,\mu\,(QGMaX)\,\lambda\,(MVHNS\lambda^{1}\lambda^{2})$

13 et quidem] equidem *M*   **14** eis *om.* λ (*exc. Z*) *mia mip* | dans] vias suas
add. N (*ac.*)   **16** servivit *K*   **17** ac] et *DUE* | ac potestate *iter. S; om. mip*
conticuit] convenit λ¹   **18** innumerabilium *W*   **19** quam *W*   **20** tabulae ...
elementorum *om. D* (*ac.*)   **21** ac] et κ (*exc. L*) *U* | ac voluminibus temporum
om. K | communis *om. Ma* (*ac.*) | divina *YZ*   **22** mare et terra *tr.* λ (terra
om. N) *edd*   **23** et *om. K* | omnia *KUZ*; omnia et *I*; et omnia *R* | quaeque
R   **24** conspectu *Ma*; conceptu *QX* | protestabatur *P* (*ac.*); praestabantur *C*
25 loquebatur *P* (*ac.*)   **26** qui vias] quia viis κ   **27** est¹ *iter. Ma*   **28** eis] *ei
μλ edd; om. TO*   **29** invisibilibus *GU* | testimoniis *om. R* (*ac.*) *M* (*ac.*)
31 gerebantur *WP* (*ac.*) *LADT* (*ac.*) *R* | hoc] haec *Ma* | in *om. MaXN*

eos, qui de quibuscumque nationibus quibuslibet temporibus deo
placere potuerunt, spiritu gratiae dei fuisse discretos? Quae etsi
parcior ante atque occultior fuit, nullis tamen saeculis se negavit　5
virtute una, quantitate diversa, consilio incommutabili, opere
multiformi. (VI.) Nam et in his diebus, quibus totum mundum
ineffabilium donorum flumina rigant, non idem modus omnibus
nec eadem mensura confertur. Quamvis enim per ministros verbi
et gratiae dei eadem cunctis veritas praedicetur, eadem cohortatio　10
adhibeatur, dei tamen agricultura est, dei aedificatio, cuius virtus
invisibiliter agit, ut incremento proficiat quod aedificatur aut
colitur, sicut attestatur Paulus apostolus dicens: *Quid igitur est*
Apollo? quid autem Paulus? Ministri eius cui credidistis, et unicui-
que sicut dominus dedit. Ego plantavi, Apollo rigavit, sed deus　15
incrementum dedit. Itaque neque qui plantat est aliquid neque qui
rigat, sed qui incrementum dat deus. Qui plantat autem et qui rigat
unum sunt. Unusquisque autem propriam mercedem accipiet secun-
dum suum laborem. Dei enim sumus adiutores; dei agricultura estis,
dei aedificatio estis. Agriculturae ergo huius atque aedificationis in　20
tantum quisque adiutor et operarius ac minister est, in quantum
unicuique dominus dederit, et hi qui ministrorum labore exco-
luntur, ad eum proficiunt modum ad quem illos incrementi auctor evexerit; in agro enim domini non uniformis nec una plan-
mip 692 tatio est, et quamvis in unum decorem totius templi structura　25
conveniat, non idem tamen locus est nec idem usus omnium
lapidum, sicut et in uno corpore non omnia membra eundem

9, 13 – 20 1 Cor. 3, 4 – 9　　**27sq.** sicut ... habent] *cf.* Rom. 12, 4

$\kappa\,(WPLC + \kappa^1[ADFJTOI] + \kappa^2[RK])\,\mu\,(QGMaX)\,\lambda\,(MVHNS\lambda^1\lambda^2)$

9, 3 de *om. I*　**4** spiritum *P* | directos *WPJTO*　**5** *antea* μ λ *(exc. UY) mia*;
om. F (ac.)　**7** in *om. JUY* | diebus *om. G*　**10** praedicerat λ^1　**11** cultura
agri *tr.* $Q(ac.)\,G(ac.)$ | est *om. U* | aedificatio] est *add.* $C\kappa^2$ | virtus *om.*
Ma *(ac.)*　**14** quid ... 15 Apollo *om.* Ma *(ac.)* | autem] vero μ λ *edd*　**16** ita-
que] igitur *DTI* | itaque ... 17 deus *om. M (ac.)*　**18** accipiat *PZ*　**19** dei *om.*
S | estis *om.* μ　**20** deo *S*　**21** adiutor *om. I* | ac] atque λ^1　**23** ad²] at *O*
illas *H* | auctor incrementi *tr. ADT*　**24** ne *L (ac.)*　**25** structura] fructum
λ^1　**27** lapi *P (ac.)* | et sicut *tr.* μ

actum habent dicente apostolo: *Nunc autem posuit deus membra et unumquodque eorum sicut voluit.*
  (VII.) **10.** Haec vero membra unde apta, unde utilia, unde sint pulchra, idem doctor exponit dicens: *Ideo notum vobis facio, quod nemo in spiritu dei loquens dicit anathema Iesu et nemo potest dicere dominum Iesum nisi in spiritu sancto.*
5 *Divisiones vero gratiarum sunt, idem autem spiritus, et divisiones ministrationum sunt, idem autem dominus, et divisiones operationum sunt, idem vero deus qui operatur omnia in omnibus. Unicuique autem datur manifestatio spiritus ad utilitatem: alii quidem per spiritum datur sermo sapientiae, alii sermo scientiae secundum eundem spiritum, alteri*
10 *fides in eodem spiritu, alii gratia sanitatum in eodem spiritu, alii operationes virtutum, alii prophetia, alii discretio spirituum, alii genera linguarum, alii interpretatio sermonum. Haec autem omnia* mia 1109 *operatur unus atque idem spiritus dividens singulis prout vult.*
  11. Haec magistro gentium tanta luce, tanta evidentia praedicante quae ratio, quae causa dubitandi est, an omnium nobis virtutum germen ex deo sit? Vel quis nisi insipientissimus de differentia divinorum munerum conqueratur aut imparibus
5 ascribendum meritis arbitretur quod non aequaliter de superna liberalitate confertur? Si enim haec distributio secundum praece-

---

28sq. 1 Cor. 12, 18
10, 2–13 1 Cor. 12, 3–11

$\kappa\,(WPLC+\kappa^1[ADFJTOI]+\kappa^2[RK])\,\mu\,(QGMaX)\,\lambda\,(MVHNS\lambda^1\lambda^2)$

28 nunc] haec *S*
10, 2 sunt *YZ* | pulchra sint *tr. U* | exposuit *C* | vobis notum *tr. A O* nobis *C (ac.)* **3** dicere potest *tr. YZ* **4** dominus Iesus *K* **5** et ... **6** dominus *om. D (ac.) S* **6** autem ... idem² *om. Ma (ac.)* | sunt *om. Ma (pc.)* **7** autem] nostrum *add. W* **10** alii¹] alteri *QMaX* | alii¹ ... spiritu² *om. P (ac.) λ* | alii operationes virtutum *om. mia* **11** operationes] operatio *Pμ* λ | alii¹ ... spirituum *om. κ* | prophetatio λ *(exc. U) edd* **12** omnia *om. S U* **11, 1** haec] autem *add. N* **2** qua ratione qua causa *λ² mia* | causa *om. X* dubitanda *R* **3** vobis *Ma* | nisi *om. κ¹* **4** munerum] numerorum *S* | conquiratur *L*; conquerantur *S (ac.)* **5** quod] qui *S* | non *om. Ma (ac.)* | aequaliter] aliter *κ (v. p. 61)* | de] ad *P (ac.)* **6** libertate *μ*

dentium operum merita proveniret, non ipsum donorum catalo-
gum tali conclusione apostolus terminaret, ut diceret: *Haec autem
omnia operatur unus atque idem spiritus dividens singulis prout
vult*, ubi utique si meritorum causas voluisset intellegi, diceret: 10
'dividens singulis prout merentur', sicut plantatoribus et rigatori-
bus praemium devotionis spopondit dicens: *Unusquisque autem
propriam mercedem accipiet secundum suum laborem.*
 (VIII.) **12**. Datur ergo unicuique sine merito unde tendat ad
meritum, et datur ante ullum laborem unde quisque mercedem
mip 693 accipiat secundum suum laborem. Quod ita esse etiam ex doctrina evangelicae veritatis agnoscitur, ubi per comparationem
dicitur, quod *homo peregre proficiscens vocavit servos suos et tradi-*   5
dit illis substantiam suam et uni dedit quinque talenta, alii autem
duo, alii vero unum, unicuique secundum propriam virtutem, id est
secundum propriam et naturalem possibilitatem, non autem
secundum proprium meritum, quia aliud est posse operari, aliud
operari, et aliud est posse habere caritatem, aliud habere carita-   10
tem, et aliud est capacem esse continentiae, iustitiae, sapientiae,
aliud vero esse continentem, iustum atque sapientem. Non itaque
omnis reparabilis reparatus nec omnis sanabilis sanatus est, quia

11, 8 – 10 1 Cor. 12, 11   **12sq.** 1 Cor. 3, 8
12, 5 – 7 Matth. 25, 14 – 15   **12 – 15** non … est] Hincm., praed. lib. arb. (PL
125, 204A)

κ (W P L C + κ¹[A D F J T O I] + κ²[R K]) μ (Q G Ma X) λ (M V H N S λ¹ λ²)
12, 12 non *inc. Do*

7 merita operum *tr. K* | ipsum] *ipsorum μ λ edd | donorum] donum L (ac.)*
10 disceret *D*   **11** prout] ut *μ* | et] aut *λ mip*
12, 1 datur … 2 laborem *om. A F* | datur … 3 laborem *om.* κ¹ *(exc. A F)*
2 laborem] meritum κ² *Br (ac.) B (ac.)* | mercede *Ma*   **3** accipiet *P* | esse *om.*
Ma | ex] et *μ* | ex doctrina] verbis *λ (exc. λ²; ac. V); om. λ² mia* | doctrina
evangelicae] angelicae *V (ac.)*   **4** veritatis] testimonio *add. λ² mia*   **5** tradi-
dit] dedit *X (ac.)*   **7** unicuique] autem *add. Ma* | unicuique … virtutem *om.*
κ | secundum … est *om. Ma S*   **8** et naturalem *om.* κ   **9** posse] per se *A J I*
aliud operari *om. P G (ac.)*   **10** posse] per se *A J I*   **12** vero esse *om. U*
continentem esse *tr. μ* | itaque *om. Do*   **13** reparatur *H λ² mia* | sanatus]
sanus *W P L C F J I κ² ba mip*

reparabilem et sanabilem esse de natura est, reparatum autem et
15 sanatum esse de gratia est. Denique isti quibus secundum modulum capacitatis suae, quem in eis distributor substantiae praevi-
debat, dispar creditus est numerus talentorum, non meriti remu-
nerationem, sed operis accepere materiam. In qua duorum servorum vigilantissima industria non solum gloriosis laudibus hones-
20 tatur, sed etiam in aeterna domini sui gaudia intrare praecipitur,
tertii vero pigrum otium et desidiosa nequitia sic punitur, ut et
vituperationis dedecoretur opprobrio et portione quam acceperat
exuatur. Dignus enim erat perdere inutilem fidem, qui non exer-
cuerat caritatem. Unde et in subsequenti parabolae sermone, quo
25 apertissime declaratur futuri forma iudicii: Sedente filio hominis
in sede maiestatis suae, ante quem facta congregatione omnium
gentium alii dicuntur ad dexteram, alii ad sinistram constituendi,
laudatis dextris de operibus caritatis nihil aliud sinistris obicietur
quam misericordiae benevolentiaeque neglectus. Acceperant ergo
30 etiam isti fidem, sed non sectati fuerant dilectionem, nec de non
servato, sed de non aucto munere damnabuntur.

13. Quamvis enim omnia bona dona sint dei, ideo tamen *mia 1110*
quaedam etiam non petita tribuuntur, ut per ipsa quae accepta

---

20 in ... praecipitur] *cf.* Matth. 25, 21. 23   **21–23** pigrum ... exuatur] *cf.*
Matth. 25, 26–28   **25–29** sedente ... neglectus] *cf.* Matth. 25, 31–46; Leo M.,
serm. 10, 2, 51–60 (*v. p.* 36)

κ (*W P L C* + κ¹[*A D F J T O I*] + κ²[*R K*]) *Do* μ (*Q G Ma X*) λ (*M V H N S* λ¹ λ²)
15 gratia est *des. Do*

---

14 reparabile et sanabile λ¹ | reparatur *P (ac.)*   **15** sanatum] sanum κ (*exc. T
O*) *ba mip*; salvatum *Y Z* | quibus] qui *P L Ma* | modum *R*   **16** distributos
P (ac.)   **18** accipere *P T Ma*   **20** interna *R* | domini *om. G (ac.)* | percipitur
P   **21** et²] in *T O*   **22** decoretur (decoloretur *pc.*) *G* | et *om. H (ac.)* | por-
tionem *L U Y* | qua *Q Ma X*   **24** parabolae sermone μ; parabola sermo κ;
sermone λ *edd* | quo] quoque *W P L C* κ²; quo quam *F*   **25** apertissime *om.*
W | declarat futuri formam *W C (pc.) K*; reclamatur futuri forma *H*   **26** an-
te quem] antequam *R Q G X* λ *ba*; ante *mia*   **27** ducuntur *W P (ac.) L F R*
λ (*exc. S U*)   **28** laudis *Ma* | obicitur λ² *mia mip*   **29** *benevolentiae miseri-
cordiaeque κ   **30** etiam *om. S* | non de *tr. Br B*   **31** de *om. P (ac.) Ma*
13, 1 bona omnia *tr. I* | sunt dona μ | ideo] a deo λ² *mia mip*   **2** etiam
quaedam *tr. U Z*

sunt, ea quae nondum sunt donata quaerantur. Semen quippe quod iacitur in terram non ob hoc seritur, ut ipsum solum maneat, sed ut fructum afferendo multiplex atque numerosum sit. *mip 694* Cui quidem profectus ab illo est qui dat incrementum, sed terra vivens et rationalis et de gratiae iam imbre fecunda habet quod ab ipsa exspectetur ad id quod accepit augendum. (IX.) **14.** His recte, ut arbitror, quantum dominus tribuit, pertractatis ad id unde digressa est disputatio revertamur, ad considerationem scilicet differentiarum, quibus divinae gratiae opera ac dona variata sunt. Altitudo quippe divitiarum sapientiae et scientiae dei, cuius inscrutabilia sunt iudicia et investigabiles viae, sic semper misericordiam suam et iustitiam temperavit, ut secretissima aeterni consilii voluntate noluerit in omnibus temporibus super omnes generationes aut super omnes homines aequales donorum suorum esse mensuras, siquidem aliter eos iuverit quos ad cognoscendum se caeli et terrae testimonio conveniebat, aliter illos quibus non solum elementorum famulatu, sed etiam doctrina legis, prophetarum oraculis, mirabilium signis et angelorum cooperationibus consulebat, et multo magis aliter misericordiam suam universis hominibus declaraverit, quando

13,3–5 semen ... sit] *cf.* Ioh. 12,24–25   **6** qui dat incrementum] *cf.* 1 Cor. 3,7
14,4–6 altitudo ... viae] *cf.* Rom. 11,33

κ (W P L C + κ¹[A D F J T O I] + κ²[R K]) μ (Q G Ma X) λ (M V H N S λ¹ λ²)

3 nondum] non G | data W | semen quippe] sic enim K   **4** terra S | solum *om.* T O   **5** multiplex atque *om.* κ   **6** ab illo profectus *tr.* Ma (*ac.*)   **7** et rationalis *om.* λ *mia* | rationabilis Ma | et² *om.* Q | et² ... fecunda *om.* κ gratia λ² | ab *om.* P
14,1 ut *om.* P (*ac.*)   **2** pertractis P (*ac.*) | disputatio] oratio μ   **6** suam *om.* U | iustitia R; iudicium μ λ *mia*   **7** aeterni *om.* U | voluerit κ² Ma S λ¹ **8** temporibus *om.* λ | omnes generationes] omnes homines generationibus S | aut] ac R   **9** donorum suorum aequales *tr.* K   **10** adiuverit P (*sl.*) | *te-stimoniis μ λ edd   **11** solum] a *add.* W | famulatus P; famulatur S (*ac.*) **12** etiam] et Y Z | doctrinae P | oculis R (*ac.*) | mirabilium] miraculorum μ λ *edd*   **13** angelorum] quo *add.* S (*ac.*)   **14** quando] quoniam K

15 filius dei factus est filius hominis, ut inveniretur ab eis qui eum
non quaerebant, et appareret his qui eum non interrogabant, et
non in uno tantum populo honor Israeliticae stirpis excelleret,
sed in omni gente quae est sub caelo multiplicatum Abrahae
semen oriretur, inque heredum successionem non filii carnis, sed
20 filii promissionis intrarent, et quanta in praeteritis saeculis super
ceteras nationes, tanta nunc esset in gente Iudaea parcitas gratiae,
cum tamen introducta plenitudine gentium etiam ipsorum aridi-
tati earundem rigationum inundatio spondeatur. Quae itaque
causae sint harum sub eadem gratia dissimilitudinum quaeve
25 rationes, sanctis scripturis non loquentibus quis loquetur? Et
cum in eis scientia Pauli apostoli a disputatione transeat ad stuporem, cuius erit tanta praesumptio, qui haec disserendo aestimet
aperienda potius quam silendo miranda?

(X.) **15.** Patienter igitur et aequanimiter ignoretur tam   *mip 695*
remotum ab humana cognitione secretum, nec tamen quia nequeunt clausa penetrari, ideo etiam reseratorum est praeter-
eundus introitus. Manifestaverunt enim divinorum eloquiorum
5 multae auctoritates et continua omnium saeculorum experimenta
docuerunt iustam dei misericordiam misericordemque iustitiam
nec alendis umquam corporibus hominum nec docendis iuvandis-

---

16 qui ... interrogabant] *cf.* Is. 65, 1   **19sq.** non ... promissionis] *cf.* Rom. 9,
8   **20sq.** in ... nationes] *cf.* Act. 14, 15   **21–23** tanta ... spondeatur] *cf.*
Rom. 11, 25–26   **26sq.** transeat ad stuporem] *cf.* Rom. 11, 33
15, 4–9 manifestaverunt ... iniustos] Hincm., praed. lib. arb. (PL 125, 259B)

$\kappa(WPLC+\kappa^1[ADFJTOI]+\kappa^2[RK])\mu(QGMaX)\lambda(MVHNS\lambda^1\lambda^2)$

15 ut *om.* W | eum] qui *add.* Ma *(ac.)*   **16** apparet V *(ac.)*; apparebat *Br*
eum] illum X λ *(exc. MNYZ) ba mip*   **17** honor *om.* F *(ac.)* λ   **18** multiplicatum Abrahae semen *iter.* L *(ac.)*   **19** inque] in quam WP κ² λ *(sl. V) mia*; in
quod GMaX   **20** promissionibus S   **21** tanta *om.* Ma | gente *om.* μ | parie-
tas T   **23** irrigationum YZ   **24** quaeve rationes] quae variationes P *(pc.)*
25 loqueretur UY   **27** existimet λ² *edd*   **28** silenda λ¹ (miranda silenda *tr.*
U); silentio C κ¹ *(exc. O)* κ² μ λ *(exc. S λ¹) edd*
15, 2 remotum] ignotum κ² | cogitatione GVY λ² | nequeant DJI κ²   **4** ma-
nifestaverunt] etiam *add.* N *(ac.)* | enim] etiam X *(ac.)*   **6** misericordiam *om.*
Q *(ac.)*   **7** iubandisque P *(ac.)*

que eorum mentibus defuisse. Semper etenim pluit super bonos et malos, semper solem suum oriri fecit super iustos et iniustos, *mia 1111* semper vitales auras praebuit, semper diei et noctis vicissitudines 10 ministravit, ubertatem agris, multiplicationem seminibus, fecunditatem generandis hominibus semper impertiit. Etsi quando aliquid horum minuit, benignis correptionibus aversionem desidiamque male utentium castigavit, ut miserationes eius quaererent in adversis, cuius iustitiam non timuerant in secundis. 15

16. Denique si ad ipsa mundi exordia recurramus, inveniemus omnium sanctorum, qui diluvium praecesserunt, dei spiritum fuisse rectorem, propter quod et filii dei nominati sunt, quoniam, sicut ait apostolus, *quicumque spiritu dei aguntur, hi filii sunt dei*; et cum iidem neglecta observantia patrum illicitis se 5 reproborum connubiis miscuissent atque ob nefariam societatem digni exterminio iudicarentur, dominus ait: *Non permanebit spiritus meus in hominibus istis, quoniam caro sunt.* Unde apparet quod iste populus, cuius generationes discreto ordine cum annorum numero digeruntur, spiritalis antea fuit ea utique voluntate, 10 cui spiritus sanctus praesidebat sic impendens moderaminis sui regimen, ut declinandi ad vitia non adimeret potestatem. Qua potestate hic populus si non uteretur, non relinqueret deum nec relinqueretur a deo essetque ille, de quo dictum est: *Felix qui potuit transgredi et non est transgressus.* Quamdiu ergo apud deum 15

8sq. pluit ... iniustos] *cf.* Matth. 5, 45
16, 3 filii dei] *cf.* Gen. 6, 2   4sq. Rom. 8, 14   7sq. Gen. 6, 3 (*LXX*)
9sq. cuius ... digeruntur] *cf.* Gen. 5   14sq. Sir. 31, 10

κ ($W P L C$ + κ^1[$A D F J T O I$] + κ^2[$R K$]) μ ($Q G Ma X$) λ ($M V H N S \lambda^1 \lambda^2$)
15, 8 semper *inc. Do*   15 secundis *des. Do*

8 etenim *om. Do* | pluit] deus *add. Do* | bonos *om. G* (*ac.*)   9 et¹] ac *Q G*
iniustos] et *add. Do*   12 impertivit *W R*; impertit *L C O I*; impendit $\mu \lambda$ *edd*
13 correctionibus *U Z*   15 timuerunt *D κ^2*
16, 1 exordia mundi *tr. κ* (*exc. W P*); *mundi principia μ 4 apostolus ait *tr.*
P* | sunt filii *tr. O*   5 observantia neglecta *tr. λ^1*   6 improborum *Ma* (*ac.*)
10 numero] ordine *Ma* (*ac.*) | digerentur *S*; diriguntur *U* (*ac.*) *Br*   11 cuius *Q*
Ma X   12 regnum *O* | vitia] iudicia *Ma*   14 ille *om. R* (*ac.*)

mansit, ea voluntate mansit quam deus inspiravit et rexit; *praeparatur* enim, sicut scriptum est, *voluntas a domino.*
(XI.) 17. Sed huius praeparationis non unus semper provectus nec una mensura est, quoniam multis modis et innumerabilibus differentiis gratiae opera et dona variantur, inque ipsis singulis generibus munerum dissimiles sunt gradus et impares
5 quantitates. Sicut enim in germinibus herbarum atque lignorum, quae terra producit, non una species nec unum in omnibus genus est, sed singula quaeque in sui generis forma et in suae stirpis qualitate gignuntur, plenum autem decorem non statim ut edun-   *mip 696* tur accipiunt, sed certis et ordinatis provehuntur augmentis,
10 donec ad perfectam sui habitus quantitatem per succedentia sibi incrementa perveniant, ita et semina charismatum plantaeque virtutum non in omni agro cordis humani totum hoc pariter, quod sunt futura, nascuntur, nec facile reperitur in exordio maturitas et in inchoatione perfectio. Exserit quidem frequenter
15 potens et misericors deus mirabiles istos suae operationis effectus et quibusdam mentibus non exspectata profectuum mora totum simul, quidquid collaturus est, invehit: In Abrahae lumbis Levi sanctificatur et simul cum eo domus Aaron et sacerdotalis ordo benedicitur; in Isaac de repromissione concepto et contra spem
20 sterilium senum nato omnium gentium vocatio et tota Christi forma praeconditur; Iacob nullo merito suffragante dilectus

---

16sq. Prov. 8, 35 (*LXX*)
17, 17sq. in ... sanctificatur] *cf.* Hebr. 7, 10   **18sq.** simul ... benedicitur] *cf.*
Hebr. 7, 11   **19** contra spem] *cf.* Rom. 4, 18   **21sq.** Iacob ... eligitur] *cf.*
Mal. 1, 2–3 (Rom. 9, 13)

$\kappa\,(W P L C + \kappa^1 [A D F J T O I] + \kappa^2 [R K]) \mu\,(Q G Ma X) \lambda\,(M V H N S \lambda^1 \lambda^2)$

---

16 quam] qua *I*   **17** est *om. S*
17, 1 proventus *A T* κ^2 **2** una mensura] unus modus *U* | numerabilibus *O*
3 inque] neque in λ^1 **4** numerum *W* (*ac.*) *Ma S Z*   **5** qualitates *W*; quantitas
X | generibus κ^1 **7** generis] seminis $\mu\,\lambda$ *mia mip* | forma *om. S*   **8** plenum
om. Ma | reduntur *H* (*ac.*); ceduntur *O*   **10** perfectum *Q* | succedentia]
suadentia *L*   **12** paritur *R*   **13** quot κ^2 **14** in *om. P* (*pc.*) *F* (*ac.*) *V* (*ac.*)
frequentem *H* (*ac.*)   **15** operationes *X* (*ac.*) | affectus *X*   **17** Levi *om. W* (*ac.*)
18 cum *om.* λ (*exc.* λ^2)   **19** in ... **20** nato *om.* λ^1 **20** vocatio et] vocatione μ

priusquam nascatur eligitur; Ieremiae dicitur: *Priusquam te forma-*
rem in utero novi te, et priusquam exires de vulva sanctificavi te;
mia 1112 Iohannes intra Elizabeth matris viscera spiritu sancto repletus
exultat, et ut nullus inter natos mulierum maior sit, prius sentit 25
initia gratiae quam naturae.

18. Sed cum et alia similium documentorum exempla non
desint, quae brevitatis studio praeterimus, multo tamen crebrior
multoque numerosior illa pars hominum est, cui particulatim
quidquid superna largitas donat accrescit, ut conferendorum
munerum causae de his quae sunt collata pariantur. Quidam 5
accepta fide diffidentia non carent, quam utique inesse sibi no-
verat qui dicebat: *Credo, domine, adiuva incredulitatem meam*,
quam nec illi abesse penitus a suis animis sentiebant qui dixerunt:
Domine, auge nobis fidem. Quidam quod credunt non intellegunt,
et multi eorum diu in suae simplicitatis modulo detinentur; multi 10
vero cito intellectus lumen accipiunt, ipsa autem intelligentia non
in omnibus eundem habet vigorem aut similem facultatem; et
plurimi, cum et fide et intellectu videantur ornati, laborant
tamen indigentia caritatis et his quae fide et intellectu vident
nequeunt inhaerere, quoniam perseverari in eo non potest, quod 15
non toto corde diligitur.

22sq. Hier. 1, 5   **24** Iohannes ... repletus] *cf.* Luc. 1, 15   **25** exultat] *cf.* Luc.
1, 41. 44 | nullus ... sit] *cf.* Luc. 7, 28
18, 7 Marc. 9, 23   **9** Luc. 17, 5

κ (*W P L C* + κ^1 [*A D F J T O I*] + κ^2 [*R K*]) μ (*Q G Ma X*) λ (*M V H N S* λ^1 λ^2)
18, 15 quoniam *inc. Do*

---

23 vulva *om.* F *(ac.)*; ventre *O*   **24** intra *om.* C *(ac.)* F *(ac.)* R *(ac.)*; in κ^2 *(pc. R)*
18, 1 et cum *tr.* Q *(ac.)* | et *om.* κ^2 **2** veritatis *O* | praetermisimus *W*
3 multosque *X* | *pars illa tr.* $\mu\lambda$ *mia* | particulam *Ma*   **4** dona *P C (ac.)*
accrescit] et crescit κ^2 **5** numerum *Ma S*   **6** diffidentiam *P*; differentia *Y*
non *om. K*   **9** domino μ; *om. mip* | in nobis *T O*   **11** vero] non *Y Z*
capiunt *M (ac.)*   **12** eundem *om. S*   **13** et[1]] in *P (del.)*   **14** intellectu et fide
tr. K   **15** quoniam] *add.* mens *Do*

19. Donum quoque ipsius caritatis non semper eiusmodi
est, ut quidquid ad plenitudinem ipsius pertinet, simul a perci-
piente sumatur; est enim amor qui potest alio amore superari, et
saepe dilectio dei ex mundi dilectione marcescit, nisi ad eum
5   fervorem spiritu sancto inflammante profecerit, qui nullo exstingui frigore, nullo possit tepore languere. Cum itaque in hoc in-
enarrabili dono dei omnium summa donorum et quaedam sit
cunctarum vita virtutum, ad hoc cetera conferuntur, ut habeat
animae fidelis intentio per quae ad perfectam caritatem possit
10   eniti; quae quoniam non solum ex deo, sed etiam deus est, stabi-   *mip 697*
les et perseverantes atque insuperabiles facit quos flumine suae
voluptatis impleverit. Qui autem istarum aquarum dulcedinem
nesciunt et adhuc de mundi huius torrentibus bibunt, aut etiam
si aliquid primoribus labris de vitae fonte gustarunt, inebriari
15   tamen aureo Babylonis calice delectantur, suo prorsus decipiun-
tur arbitrio, sua voluntate labuntur, et si in hac desidia perseve-
rant, ipsi se his quae accepere despoliant. Facile enim quaelibet
bona sine caritate possunt perire, quae non possunt sine caritate
prodesse.

19,10 quae ... est] *cf.* 1 Ioh. 4, 7–8   **11sq.** flumine ... impleverit] *cf.* Ps. 35, 9
14sq. inebriari ... calice] *cf.* Hier. 51, 7   **18sq.** quae ... prodesse] *cf.* 1 Cor.
13, 3

κ (*W P L C*+ κ*¹*[*A D F J T O I*]+ κ*²*[*R K*]) *Do* μ (*Q G Ma X*) λ (*M V H N S* λ*¹* λ*²*)
19, 6 languere *des. Do*   **17** facile *inc. Do*   **19** prodesse *des. Do*

19, 1 quoque ipsius *om. Do* | eiusmodi ... 2 quidquid *om. Do*   **2** pertinet
ipsius *tr. A* (*ac.*); *om. Do* | a percipiente sumatur] accipitur *Do*   **6** torpore *Y*
Z | languescere *Ma* | itaque *om. Ma* | inenarrabili] s. caritate *add. C* (*sl.*)
7 *cunctarum sit *tr.* κ   **8** vitam *X* (*ac.*) | ad] ab *L* | haec *Ma* | conferantur
L (*ac.*) | habeant *Ma* (*ac.*)   **9** anima λ*¹* | fideli *R*   **10** quae] s. caritas *add.*
C (*sl.*)   **11** inseparabiles *J K*   **12** voluntatis κ (*exc. K*) *Y* (*sed cf. Ps. 35, 9 VL*)
aquarum istarum *tr. K*   **13** huius] istius μ (*ac. Q G*); *om. M* (*ac.*) | vivunt *O*
14 prioribus *C* (*ac.*) | labris primoribus *tr. C* | gustaverunt λ (*exc. Y Z*) *edd*;
gustaverint *Y Z* | inebriati *K*   **15** auro *Y Z*   **17** se] de *add.* κ | his] is
D (*ac.*) | accipere *P*   **18** possunt*¹* ... caritate*²* *om. Ma* | sine caritate non
possunt *tr. M*

(XII.) **20.** Haec autem summatim breviterque perstricta ad id valeant, ut certissime noverimus nullum fidelium a deo non discedentem relinqui neque cuiusquam ruinam ex divina esse constitutione dispositam, sed multis qui iam iudicio rationis utuntur ideo liberum esse discedere, ut non discessisse sit prae- 5 mium et ut, quod non potest nisi cooperante spiritu dei fieri, eius meritis deputetur, cuius id potuit voluntate non fieri. Quae voluntas in malis actionibus sola esse potest, in bonis autem sola esse non potest. Quamvis enim secundum naturam sit eius, ut bona sit, vitium tamen, quod per malam voluntatem incidit in 10 naturam, non naturae superatur virtute, sed gratiae.

mia 1113

(XIII.) **21.** Regebatur ergo primus ille populus dei spiritu dei et a maledicti ac praedamnati populi societate ac moribus per eruditionem sancti spiritus abstinebat custodiens discretionem sui a permixtione carnalium; quorum mala tamdiu sustinuit patientia dei, quamdiu boni per id, quod eos non imitabantur, 5 placere potuerunt, ubi vero etiam boni malorum imitatione corrupti sunt et per voluntarium defectum in eandem nequitiam conspiravit universitas, quos excepta Noe domo una impietas profanavit, sententia una delevit.

21, 2sq. a maledicti ... abstinebat] *cf.* Gen. 6, 1–3   **8sq.** quos ... delevit] *cf.* Gen. 6, 7–8

κ ($WPLC$ + κ^1 [$ADFJTOI$] + κ^2 [RK]) μ ($QGMaX$) λ ($MVHNS\lambda^1\lambda^2$)
20, 8 voluntas *inc. Do*   **11** gratiae *des. Do*

20, 1 perstincta W; perstrincta L (*ac.* perstrinta) $RQMaX$ **3** recedentem U **4** multis] cum *praem.* W | qui] quia W **5** discederunt YZ **6** eius] eorum $\mu\lambda$ *mia*   **7** cuius] quorum $\mu\lambda$ *mia*   **8** voluntas] quippe humana *add. Do* in^2 ... 9 potest *om.* S **9** eius] hominis μ; homini λ *mia*   **10** bona sit] bonae sit voluntatis $\mu\lambda$ *mia* | vitium] initium Ma | malam] bonam K (*post* in *tr. pc.*) | irruit $\mu\lambda$ (*exc.* MZ) *mia*; *om.* P | in *om.* $P\kappa^1$ (*exc.* FI)   **11** virtute *om.* WQ (*ac.*) λ^1
21, 1 ille primus *tr.* M (*ac.*)   **2** maledicta W | praedamnataque W; praedamnanti O (*ac.*)   **3** abstineat W (*ac.*)   **4** tamdiu] diu *add.* K (*ac.*)   **5** quamdiu] diu *add.* K (*ac.*) | boni *om.* J (*ac.*) | non *om.* μ (*ac.* G)   **7** per *om.* G | voluntarium defectum] voluntario defectu G; per voluntatis defectum λ^2 *mia* | eadem nequitia $PLCF$ (*ac.*) κ^2 **8** conspiravitur L (*ac.*); conspirabitur R; conspirabat κ (*exc.* LCR)

22. Bonitas autem dei ne illi quidem parti defuit, quae in caritate non stetit et ab initio sui veneno diabolici livoris intumuit. Principem enim gentis impiae sancti fratris meritis invidentem caedemque eius parricidali corde meditantem dignatur *mip 698*
5 dominus paterno mitigare consilio dicens ad Cain: *Ut quid tristis factus es, et ut quid concidit vultus tuus? Nonne si recte offeras, recte autem non dividas, peccasti? Quiesce! Ad te enim erit conversio eius, et tu dominaberis eius.* 'Depone' inquit 'ortam de invidiae aemulatione tristitiam et flammas odii crudelis exstingue. Nihil tibi
10 Abel nocuit nec mihi placendo te laesit. Despexi munera tua meo iudicio, non illius voto; opus enim bonum negligenter egisti. Recta fuisset oblatio tua, si fuisset recta discretio. Sciens cui offerres, scire debueras quid voveres. Non digne inter me et te divisisti, quoniam tibi electiora servasti. Tuus ergo hic error est
15 tuumque peccatum. Quiesce et noli in insontem fratrem moveri; ad te potius tua culpa revocetur. Noli peccato regnum in te dare, sed tu potius in ipsum sume dominatum. Poenitendo enim nec in maius facinus progredieris et ab eo, in quo te doles displicuisse, mundaberis.' Cum ergo talia ad Cain loqueretur deus, numquid
20 ambiguum est voluisse eum, et quantum ad medendi modum sufficiebat, egisse, ut Cain ab illo impietatis furore resipisceret? Sed malitia pertinax inde facta est inexcusabilior, unde debuit

---

22, 5–8 Gen. 4, 6–7 (*LXX*)   14 quoniam ... servasti] *cf.* Aug., civ. 15, 7, 1

κ (*WPLC*+κ¹[*ADFJTOI*]+κ²[*RK*]) μ (*QGMaX*) λ (*MVHNS*λ¹λ²)

22, 2 diaboli *L* (*ac.*); laboris *add. N* (*ac.*) | intumuit] quomodo deus allocutus est Cain *add. C* (*mg.*)   3 principem] s. Cain *add. C*   4 cademque *MH*; clademque λ¹; eadem *S*   6 et *om. C*λ *mia* | quid] quod λ¹   7 autem] si *add. M* | enim *om. Q* (*ac.*)   8 ortam *om. G*   9 tristitiam] iustitiam *O*; iniustitiam *K*   10 Abel *om. O*   11 illis *P* (*ac.*) | bonum *om. K* | egisti] fecisti *U*   12 recte *ADO* | si] non *Ma* (*ac.*) | recta fuisset *tr. G* (*ac.*)   13 voveras *Ma*   14 lectiora μ   15 in *om. DIQ* (*ac.*) *Ma* (*ac.*)   16 in te regnum *tr. Ma* (*pc.*) *M* (*ac.*) | in] adversus *ATO*   17 ipsum] s. peccatum *add. C* (*sl.*); ipso *P* (*pc.*)   18 eo] s. facinore *add. C* (*sl.*)   19 dominus loqueretur *W*   20 ambiguus *AD TO* | ad] illum *add. mip*   21 Cain *om. O*; eam *Y*; etiam *Z* | respiceret *Y*   22 malitia *om. O* | unde *om. W* (*ac.*)

esse correctior. Et utique praesciebat deus, ad quem finem insa-
nientis esset progressura conceptio, neque ex eo quod falli scientia divina non poterat, necessitate peccandi urgebatur facinus   25
voluntatis. A cuius utique intentione atque effectu potuit incolumitas Abel illaesa defendi, nisi placuisset deo, cum magna laude
patientiae suae ut temporalis furor impii fieret perpetuus honor
iusti. Posteris vero istius parricidae, quamvis in progenitoris sui
moribus viverent, numquam se divinam bonitatem negasse quis   30
non facile advertat, si consideret quantum eis prodesse potuerit
tam longa patientia dei, tam dives bonorum temporalium copia
et multiplicatae fecunditatis tam numerosa propagatio? Quae
beneficia licet obduratis nihil remedii et emendationis attulerint,
probant tamen aversionem eorum non divinae fuisse constitutio-   35
mia 1114   nis, sed propriae voluntatis.

(XIV.) **23.** In conservatione autem Noe filiorumque eius et
mip 699   nuruum, in quibus omnium gentium seminarium disponebatur,
quanta divinae gratiae opera revelata sint, sancta scriptura mani-
festat, dum in illa mirandae capacitatis arca, universi generis
animalium quantum reparationi sat erat receptrice, congregatura   5
ad se omne hominum genus ecclesia figuratur, dum per lignum et
aquam redemptio crucis Christi et ablutio regenerationis aperi-
tur, dum in his, qui ex illa mundi vastatione salvati sunt, omnium gentium plenitudo benedicitur, dum donum fecunditatis

---

23, 1sq. in ... nuruum] *cf.* Gen. 7, 7; 8, 16   **9sq.** donum ... iteratur] *cf.* Gen.
9, 1

$\kappa\,(WPLC+\kappa^1[ADFJTOI]+\kappa^2[RK])\,\mu\,(QGMaX)\,\lambda\,(MVHNS\lambda^1\lambda^2)$

23 correptior $O\lambda^1$ | praesciebatur $L\,(ac.)$ | deus *om.* $ATOR\,(ac.)$ **25** non]
iam G **26** cuius] s. Cain *add.* $C\,(sl.)$ | affectu K **27** inlaese P **28** ut de
temporali furore μ **29** posteris vero] potuit ergo λ^1 | parricidae] fratricidae
$\mu\lambda\,mia$ **30** se] eos $WPLC\kappa^2$; deum κ^1; sed λ^1 | bonitate I **31** ei UZ
prodesse] non *add.* WPK **32** temporalium bonorum *tr.* K **33** tam] tamen
U | innumerosa UY
23, 1 in] quid arca significat *add.* $C\,(mg.)$ | conversatione $LADTO$; conver-
sione E **3** sunt $UY\,(ac.)$ **5** reparationis aderat $PLCR\lambda$, reparationis sat
erat $\kappa^1\,(exc.\,I)$ **6** omne] omnium μ | figuratur ecclesia *tr.* $D\,(ac.)$ **7** ablatio
W **8** ex] in K | illis Y | vastitate κ^2 **9** dono R

10 iteratur et solo esu suffocatorum et sanguinis interdicto libertas
edendi quod placuerit augetur salutisque securitas in testimonio
versicoloris arcus, hoc est in signo multiformis gratiae, consecratur. Quae utique mysteria atque sacramenta non unius tantum
familiae paucissimos tunc homines, sed in ipsis omnes eorum
15 posteros imbuebant, ut quod eruditioni impendebatur parentum,
proficeret scientiae filiorum.

24. Iam vero procurrente humanae propagationis augmen-
to, cum ipsa mortalium numerositas de suis multiplicationibus
superbiret et secundum elationis suae altitudinem caelo cuperet
molem immodicae exstructionis inserere, quam mirabilis erga
5 cohibendam hanc insolentiam fuit divinae censura iustitiae! Quae
unam illorum populorum loquelam notis sibi invicem significationibus consonantem septuaginta et duarum linguarum varietate
confudit, ut et inter dissonas voces operantium pereunte con-
cordia insanae molitionis machina solveretur et habitando orbi
10 terrarum daret incolas malae congregationis opportuna dispersio.
In isto autem opere providentiae dei praeordinabantur miracula
gratiae Christianae, quae omnem hanc dispersionem in illius
aedificationis erat coaptatura compagem, in qua omne genu

10sq. solo ... augetur] *cf.* Gen. 9, 3–4   **11–13** in testimonio ... consecratur
cf. Gen. 9, 13
24, 2–10 ipsa ... dispersio] *cf.* Gen. 11, 1–9   **7** septuaginta ... linguarum] *cf.*
Hier., comm. Matth. 4; Aug., civ. 16, 11   **13–15** in ... est] *cf.* Phil. 2, 10–11

$\kappa\,(WPLC+\kappa^1[ADFJTOI]+\kappa^2[RK])\,\mu\,(QGMaX)\,\lambda\,(MVHNS\lambda^1\lambda^2)$

10 solo *om. Ma* | esu *om. κ (exc. WP)*; esse *Ma* | suffocato et sanguine *κ¹ (v.
p. 63)* | interdictae *DU*   **11** quod *om. λ¹* | securitas] secutas *R (ac.)*; diversi-
tas *K*   **12** versicoloris] diversi coloris *A TOK*   **13** unus *L (ac.)* | tantum
om. μ   **15** imbuebantur *Ma*   **16** filiorum] quam provida sapientia dei
cohibet aedificationem turris *add. C (mg.)*
24, 1 vero] non *Sλ¹* | propaginis *κ²* | augmenta *P(ac.)*   **3** suae elationis *tr. λ¹*
4 instructionis *λ² mia*   **5** divina *P*   **6** notis] vocis *S*   **7** et *om. UY* | variatae
R   **8** confugit *Ma*; confuditur *QX* | et *om. κ¹μ*   **9** machinae solverentur *κ²*
10 terram *W(ac.)*   **13** aedificationis *om. U* | coaptatura] vocatura *μ λ mia (v.
p. 66)*

flectitur deo et omnis lingua confitetur, quoniam Iesus in gloria
dei patris est.   15

    25. Hanc latitudinem gratiae in plenitudine dispositorum
temporum revelandae facta ad Abraham promissio dei signis iam
luculentioribus indicabat, quando duplex eius successio, filii
scilicet carnis et filii promissionis, multitudini arenarum compa-
rabatur et siderum, et vir senex per annosam uxoris sterilitatem   5
ab spe iam prolis alienus credebat laudabili fide per germen unius
filii patrem futurum esse se mundi, prospiciens illum in semine
suo, immo conspiciens, qui dixit: *Abraham diem meum vidit et*
gavisus est. Qua fide Abraham cum iustificaretur, nondum man-
mip 700   datum circumcisionis acceperat, sed cum esset in praeputio natu-   10
rali, reputata est fides eius ad iustitiam et eadem fides signaculum
circumcisionis accepit in eo corporis membro, per quod semen
procreationis perventurum erat ad eam carnem, in qua sine carnali semine dei filius, deus, verbum caro fieret ac de Abrahae filia
Maria virgine nasceretur assumptis omnibus in huius nativitatis   15
mia 1115   consortium, qui in Christo regenerati quod Abraham credidit
credidissent.

25, 3sq. filii ... promissionis] *cf.* Rom. 9, 8   **4sq.** multitudini ... siderum] *cf.*
Gen. 22, 17   **6sq.** ab ... mundi] *cf.* Rom. 4, 17; Gen. 17, 5   **8sq.** Ioh. 8, 56
9sq. mandatum circumcisionis] *cf.* Gen. 17, 11   **10sq.** cum ... iustitiam] *cf.*
Rom. 4, 9 – 10   **14** deus ... fieret] *cf.* Ioh. 1, 14

$\kappa\,(WPLC + \kappa^1[ADFJTOI] + \kappa^2[RK])\,\mu\,(QGMaX)\,\lambda\,(MVHNS\lambda^1\lambda^2)$

14 confitebitur *P*; confiteatur *U* | est in gloria dei patris *tr.* $\kappa^2 G$ (*ac.*)   **15** est
dei patris *tr. O*
25, 1 hanc] de promissione facta ad Abraham *add. C* (*mg.*)   **2** temporis *T*
3 eius *om. M* (*ac.*)   **5** et²] ut *add. O*   **6** ab] ad *P* (*pc.* a) | laudabilis *WPL*
R (*ac.*) | unius] illius *K*   **7** se esse *tr. X* (*ac.*); *om. U*   **9** cum iustificaretur
Abraham *tr. M*   **10** naturali] filii *Ma*   **11** eius *om. ATO* | fides² fide *W*μ
12 acceperat *D*λ *mip* | semen] sanctum λ^1 **13** perventum *N*   **14** dei *Ma*
fieret] non iocundum omnibus Christianis *add. C* (*mg.*) | ac] *et $\mu\,\lambda^1$
16 Christum *U*; *per sanctum spiritum (spir. sanct. Ma M*[*ac.*] *U edd*) *add.* μ
λ *edd*

26. Haec autem fides, antequam veniret hoc semen de quo
Abrahae dictum est: *In semine tuo benedicentur omnes gentes
terrae*, intra unius stirpis populum continebatur vigente apud
veros Israelitas spe redemptionis nostrae, quoniam etsi fuerunt ex
5 alienigenis quos temporibus legis veritas illustrare dignata sit, tam
pauci fuerunt, ut vix cognoscatur an fuerint. Neque ob hoc
excusabiles sunt nationes, quae alienatae a conversatione Israel
spem non habentes et sine deo in hoc mundo sub ignorantiae
tenebris perierunt, quia haec abundantia gratiae, quae nunc
10 universum mundum rigat, pari antea largitate non fluxit. (XV.)
Adhibita enim semper est universis hominibus quaedam supernae mensura doctrinae quae, etsi parcioris occultiorisque gratiae
fuit, suffecit tamen, sicut dominus iudicavit, quibusdam ad
remedium, omnibus ad testimonium, ut non dubie, sed evidenter
15 appareat, quod nisi ubi abundavit peccatum, superabundaret
gratia, nunc quoque universum humanum genus similis obcaeca-
ret impietas. An forte, ut plerique garriunt, meliora quam vete-
rum ingenia nostris saeculis orta sunt et aptiores divinis donis
animos tempora extrema pepererunt? Quod etiamsi ita esset, ad
20 bonitatem id referendum esset auctoris, qui vocandis ad aeternam
vitam populis ea quae non reniterentur corda finxisset. Sed nihil

---

26, 2sq. Gen. 12, 3   **7sq.** alienatae ... mundo] *cf.* Eph. 2, 12   **15sq.** ubi ...
gratia] *cf.* Rom. 5, 20

$\kappa\,(WPLC+\kappa^1[ADFJTOI]+\kappa^2[RK])\,\mu\,(QGMaX)\,\lambda\,(MVHNS\lambda^1\lambda^2)$

26, 1 Abrahae de quo *tr. N*   **3** populum *om. V (ac.)* | vigente] in gente *TO*
λ *(exc.* λ^2; *ac. Z) mia*   **5** alienis *P* | dignata] digna *S* | sit] tamen *add. B edd*
6 cognoscantur *PM VBr B*; recognoscantur *mia*   **7** sunt] sint λ *mip*
9 nunc] in *add. U*   **10** ante *WADTOX*   **12** quae *om. S* | occultioribusque
P   **13** sufficit *PLCFκ^2QMaXHNZλ^2mip* | iudicavit] iudicium *Ma*
15 ubi *om. P (ac.)* | superabundaret] et *add. ba mip*   **16** humanum univer-
sum *tr. K* | genus humanum *tr.* λ *edd* | similes *P*; simul *XHS*   **17** an] ante
L; aut *F (ac.) RE*   **18** altiores *P*; artiores *Z*   **19** animas *edd* | extrema *om. O*
20 aeternam *om. TO* | vitam aeternam *tr.* λ^2 **21** retinerentur *ATMVHN*
Br B; remitteretur *Ma (ac.)*; reniteretur *Ma (pc.)*

prorsus novatum est in generatione carnali nec generosior avis
minorum orta successio est, cum potius in hominibus illius
temporis quo mundi redemptor advenit, quanto erat propago
tardior, tanto sit iniquitas inventa robustior.   25

    27. Probavit hoc Iudaici furoris impietas, et quam apta
evangelio Christi fuerit illa generatio, non solum populi, sed
etiam scribarum et principum ac sacerdotum corda docuerunt:
mip 701 Quibus parum fuit in agnum dei tollentem peccata mundi contra
testificationem legis, contra oracula prophetarum, contra divina-   5
rum experimenta virtutum seditionibus, contumeliis, sputis,
alapis, colaphis, lapidibus, flagris et ad postremum crucis atroci-
tate saevisse, nisi etiam testes resurrectionis eius eadem persreque-
rentur insania; quam apostoli, quando a pontificibus flagellati
sunt, ostenderunt in psalmo Davidico prophetatam dicentes: 10
*Domine, tu es qui fecisti caelum et terram et mare et omnia quae in
eis sunt, qui spiritu sancto per os patris nostri David pueri tui dixisti:
Quare fremuerunt gentes, et populi meditati sunt inania? Astiterunt
reges terrae, et principes convenerunt in unum adversus dominum et
adversus Christum eius. Convenerunt enim vere in civitate ista*   15
mia 1116 *adversus sanctum filium tuum Iesum quem unxisti Herodes et Pon-
tius Pilatus cum gentibus et populis Israel, facere quae manus tua et
consilium decreverunt fieri.*

27, 4 agnum ... mundi] *cf.* Ioh. 1, 29   **9sq.** quando ... sunt] *cf.* Act. 4, 1–3
11–18 Act. 4, 24–28   **13–15** Ps. 2, 1–2

κ (*WPL C*+ κ*¹*[*A DFJTOI*]+κ²[*R K*]) μ (*Q GMa X*) λ (*M V HNS*λ*¹*λ²)

22 vocatum *A D TO* | est *om. PF(ac.)* | generatione] regeneratione *O*
avis] ab his κ²; animus *U*; animis *YZ*   **25** tanta *X* | tanto sit] fit *V(ac.)* | sit
iter. H
27, 1 probabit *W(ac.) P* | impietatis *S*   **2** Christi evangelio *tr. K* | populis *P*
L   **4** peccatum μ λ *mip*   **7** alapis *om. K* | flagris] plagis μ; quadris λ (*exc.* λ²;
quadrigis *M*)   **8** nisi etiam testes *iter. S* | etiam] te *add. Λ (ac.)*   **10** osten-
dere *Ma* | prophetatum *WPL C*κ²*YBr B*; prophetam *OH*; prophetarum *U*
Z   **11** et² *om.* κ²*(ac. R)* μ *B*   **12** eis] illis μ   **13** adsteterunt *P*   **14** et¹] populi
add. U | in unum *om. I* | adversus dominum et *om. Ma* | deum λ¹   **15** ver-
sus *VHN(ac.) S*   **16** filium sanctum *tr. K*   **17** Israel *om. C* | fecere *R*; *om.*
U | tuae *P*   **18** consilium] tuum *add.* κ²

28. Igitur ad manifestandam gratiam dei, quae ex aeterno eius incommutabilique consilio in salutem omnium gentium disponebatur, non priora quasi incapacia declinata sunt tempora, sed ista electa, quae tales populos ediderunt, quorum ferox et
5 voluntaria iniquitas non consulendi affectu, sed intentione saeviendi persisteret facere quae manus dei et consilium decreverunt fieri, ut mirabilior esset gratia et potentia dei, quae de tam duris animis, tam tenebrosis mentibus, tam inimicis cordibus fecit sibi populum fidelem, subditum, sanctum, qui non per sapientiam
10 huius mundi pervenit ad lumen sapientiae dei, sed per illius donum, de quo testatur Iohannes apostolus dicens: *Scimus, quia filius dei venit et dedit nobis sensum, ut cognoscamus verum deum et simus in vero filio eius.* Cui testimonio apostolus Paulus consonat dicens: *Gratias agentes patri, qui dignos nos fecit in partem sortis*
15 *sanctorum in lumine, qui eripuit nos de tenebris et potestate tenebrarum et transtulit in regnum filii dilectionis suae.* Et iterum idem: *Eramus enim,* inquit, *aliquando insipientes et increduli, errantes, servientes desideriis et voluptatibus variis, in malitia et invidia agentes, odibiles, odientes invicem. Cum autem benignitas et huma-*
20 *nitas apparuit salvatoris nostri, non ex operibus iustitiae quae fecimus nos, sed secundum suam misericordiam salvos nos fecit per lavacrum regenerationis spiritus sancti, quem effudit in nos abunde*

28, 9sq. sapientiam huius mundi] *cf.* Rom. 1, 20; 3, 19   **11–13** 1 Ioh. 5, 20
14–16 Col. 1, 12–13   **17–24** Tit. 3, 3–7

$\kappa(WPLC + \kappa^1[ADFJTOI] + \kappa^2[RK])\mu(QGMaX)\lambda(MVHNS\lambda^1\lambda^2)$

28, 3 declinatam *K*   **4** populus *P*   **5** insaeviendi *V*; servienda *Ma*   **6** persistere *PL*; perstitere *κ²* | et consilium dei *tr. K*   **7** mirabilior] et potentior *add. X (ac.)* | gratia] dei *add. X (ac.)* | de *om. PZ*   **8** faceret *U*   **13** testimonia *P*   **14** parte *P (pc.)*   **15** sanctorum] suae *O* | de tenebris et de potestate tenebrarum *λ (exc. U) edd*; de potestate tenebrarum *μ*; de tenebrarum potestate *U*   **16** idem ... **17** inquit] inquit eramus enim *U*   **17** enim *om. Oμ* aliquando *om. κ (sed cf. lib. 1, 37, 18); post* insipientes *tr. N* | insipientes] et *add. κ*   **18** voluntatibus *T*   **19** autem *om. I*   **20** apparuit *om. L (ac.)*; apparuerat *U* | salutaris *N*   **21** nos fecimus *tr. PCκ¹ (exc. O; pc. D) R*   **22** regenerationis] et *add. Ma* | nobis *X*

*per Iesum Christum salvatorem nostrum, ut iustificati gratia ipsius
heredes simus secundum spem vitae aeternae.*
    29. Potuitne plenius, luculentius, verius explicari, quae
merita hominum Christus invenerit et quos sibi mores subiecerit,
quae ad se corda converterit, quando venit mederi non sanis, sed
male habentibus et vocare non iustos, sed peccatores, quando
gentium populus qui sedebat in tenebris lucem vidit magnam, et 5
sedentibus in tenebris et umbra mortis lux orta est illis? Fremebant
gentes, irascebantur populi, saeviebant reges et potestates contra-
dicebant, superstitiones et totius mundi reluctabantur errores,
sed de resistentibus, furentibus, persequentibus populum suum
Christus augebat, et per vincula ac supplicia mortesque sancto- 10
rum roborabatur fides, vincebat veritas, perque universum
mundum dominicae segetis multiplicabatur ubertas. Tanta enim
desuper praebebatur constantia fidei, fiducia spei, fortitudo
tolerantiae, ut ille ignis dilectionis, quem in cordibus fidelium
spiritus sanctus accenderat, nullo modo ab opprimentibus posset 15
exstingui, cum et qui cruciabantur vehementius inardescerent et
qui saeviebant eandem quam persequebantur flammam saepe
conciperent; qua beatus apostolus Paulus ignitus fidenter ferven-
terque dicebat: *Iustificati igitur ex fide pacem habeamus ad deum*

mip 702

29, 3sq. venit ... peccatores] *cf.* Matth. 9, 12–13   **5sq.** Is. 9, 2 (Matth. 4, 16)
6sq. fremebant gentes] *cf.* Ps. 2, 1; Act. 4, 25   **19–26** Rom. 5, 1–5

κ (*W P L C* + κ*¹* [*A D F J T O I*] + κ²[*R K*]) μ (*Q G Ma X*) λ (*M V H N S* λ*¹* λ²)

23 Christum] et *add. C*
29, 1 planius *R* | luculentius] et *add. P* (*sl.*)   **3** quae ... converterit *om.* κ (*v.
p. 58*) | converterit] et *add.* λ*¹*   **4** peccatoribus *P* (*ac.*) | quoniam λ² *edd*
5 vidit lucem *tr. O* | lucem ... 6 tenebris *om. V* (*ac.*)   **6** illis] eis *O* κ²
8 reluctabant *Y Z*   **10** ac] aut κ²; ad *U*   **11** vincebat veritas] vincebatur
infidelitas μ | per quae *T*; per *N S* λ*¹*; per quod *X*   **12** dominicae segetis]
dominici agri μ; dominici (-cae *U*) agri segetis λ (*exc. B*) *mia*   **14** ignis ille *tr.
T* | quem] quae *P* (*ac.*)   **15** ab *om. V* (*ac.*)   **16** cum ... inardescerent *om. U*
18 conspicerent κ² | qua] quia *R*; s. flamma *add. C* (*mg.*) | apostolus *om. Q
Ma X* | Paulus apostolus *tr. C* κ*¹* (*exc. J T*) κ² | frequentque *P K*   **19** deum per
om. Br B

20 *per dominum nostrum Iesum Christum, per quem et accessum habe-*   *mia* 1117
mus fidei in gratiam istam in qua stamus et gloriamur in spe gloriae
filiorum dei. Non solum autem, sed et gloriamur in tribulationibus
scientes quod tribulatio patientiam operatur, patientia autem proba-
tionem, probatio vero spem; spes autem non confundit, quia caritas
25 *dei diffusa est in cordibus nostris per spiritum sanctum qui datus est*
nobis. Et iterum: Quis nos separabit a caritate Christi? Tribulatio?
an angustia? an persecutio? an fames? an nuditas? an periculum? an
gladius? Sicut scriptum est: Quia propter te mortificamur tota die,
aestimati sumus sicut oves occisionis, sed in his omnibus superamus
30 *per eum qui dilexit nos. Certus sum enim, quia neque mors neque*
vita neque angeli neque principatus neque instantia neque futura
neque fortitudines neque altitudo neque profundum neque creatura
alia poterit nos separare a caritate dei quae est in Christo Iesu
domino nostro. Haec caritas diffusa per spiritum sanctum fecit, ut
35 mundus fidelium mundum vinceret impiorum, haec Neronis cru-
delitatem, Domitiani furorem multorumque post eos principum
rabiem glorioso innumerabilium martyrum fine confudit donante Christo imitatoribus suis de persecutionibus regum aeternarum stemmata coronarum.

26–34 Rom. 8, 35–39   **28sq.** Ps. 43, 22

κ (*WPLC*+ κ^1[*ADFJTOI*]+ κ^2[*RK*]) μ (*QGMaX*) λ (*MVHNS* $\lambda^1 \lambda^2$)

20 per dominum *om.* λ (*exc. BrB*) | dominum nostrum *om.* μ | et *om. YZ*
habemus] in *add. BrB*   **21** fide λ *edd*; per fidem μ | gratia ista *P* κ^2 | in³ ... 22
gloriamur *om.* λ^1 | spe *om. R* (*ac.*)   **22** et *om. DTO*   **26** nobis *om. R* (*ac.*)
qui *K* | separavit *PL*   **27** an¹ *om.* λ^1 **28** quia *om.* κ^2 | quia ... 29 occisionis
om. λ^1 **29** existimati λ^2 *ba mip*; extimati *Ma* | sicut] ut *P*   **30** per] propter
WO; super *L* | per eum *om. V* (*ac.*) | neque mors *om.* *Q* (*ac.*)   **31** neque
angeli neque principatus *om. O; post* futura *tr.* κ (*exc. O*) | principatus] pote-
states *W*   **32** neque fortitudines *om.* κ; neque fortitudo λ | altitudo] neque
principatus neque abysus *add. O*   **34** diffusa] est *add. P* (*ac.*) | ut] et λ^1
35 fidelium mundus *tr. Ma* | vincere λ^1 **36** multoque *P*   **37** rabiem *om.* λ^2
mia

mip 703 (XVI.) **30.** Nulla igitur ratio dubitandi est Iesum Christum
dominum nostrum pro impiis et peccatoribus mortuum; a
quorum numero si aliquis liber inventus est, non est pro omnibus mortuus Christus; sed prorsus pro omnibus mortuus est;
nemo ergo omnium hominum ante reconciliationem, quae per 5
Christi sanguinem facta est, non aut peccator aut impius dicente
apostolo: *Si enim Christus, cum adhuc infirmi essemus, iuxta*
tempus pro impiis mortuus est. Vix enim pro iusto quis moritur;
nam pro bono forsitan quis audeat mori. Commendat autem suam
caritatem deus in nobis, quoniam si cum adhuc peccatores essemus, 10
Christus pro nobis mortuus est, multo magis iustificati in sanguine
ipsius salvi erimus ab ira per ipsum. Si enim cum inimici essemus,
reconciliati sumus deo per mortem filii eius, multo magis reconci-
liati salvi erimus in vita ipsius. Idem autem apostolus in secunda
ad Corinthios ait: *Caritas enim Christi urget nos iudicantes hoc,* 15
quoniam si unus pro omnibus mortuus est, ergo omnes mortui sunt,
et pro omnibus mortuus est, ut et qui vivunt, iam non sibi vivant,
sed ei qui pro ipsis mortuus est et resurrexit. De se ipso vero quid
pronuntiet, audiamus: *Fidelis,* inquit, *sermo et omni acceptione*
dignus, quia Christus venit in hunc mundum peccatores salvos 20

30, 1–31, 5 nulla ... innotuit] Hincm., praed. lib. arb. (PL 125, 336 A–D)
7–14 Rom. 5, 6–10   **15–18** 2 Cor. 5, 14–15   **19–23** 1 Tim. 1, 15–16

κ (*W P L C*+ κ¹[*A D F J T O I*]+ κ²[*R K*]) μ (*Q G Ma X*) λ (*M V H N S*λ¹ λ²)

30, 1 ulla *V*; hoc est eos qui negant beatam Mariam semper virginem corrup-
tam fuisse in orginali peccato *add. G (mg.)* | Christum Iesum *tr. Q*   **3** quo
μ | numero] vero *Ma* | si aliquis *om.* λ | est¹] alioquin *add.* λ (*exc.* λ²; *sl. V*)
4 mortuus¹] est *add. S (ac.)* | est] Christus *add.* λ *ba mip*   **6** aut¹] ante λ¹
impios *L (ac.)*; fuit *add.* λ *ba mip*   **7** si] ut quid (*Vulg.*) λ (*exc. S Br B*) *ba*; num-
quid *S* | infirmi adhuc *tr. P L C* κ¹ (*exc. I*) | iuxta] secundum (*Vulg.*) μ   **8** est
mortuus *tr. P*; *om. Ma (ac.)*   **10** dei *H* | si cum] sicut *Ma*   **11** in *om.* λ (*exc.*
M) *ha mip*   **13** magis] iustificati in sanguine *add. Ma* | reconciliati² *om.* κ
14 secunda] prima λ (*exc.* λ²) *mia*   **15** Corinthios] epistola *add. R* | arguet *G*
M H (ac.) N S | hoc] haec *Ma*   **16** omnibus] nobis *Ma*   **17** et¹ ... est *om.* μ
et² *om. K*   **18** resurrexit] quid de se pronunciat Paulus *add. Y (mg.) Z (mg.)*
se *om. L (ac.) K*   **19** pronuntiat *N U Y E*; Paulus *add. Y* | sermo inquit *tr. A*
T O M (ac.) | acceptio *L (ac.)*; actione λ¹   **20** dignus] deo *O*

facere, quorum primus ego sum, sed ideo misericordiam consecutus
sum, ut in me primo ostenderet Christus Iesus omnem patientiam ad   *mia 1118*
informationem eorum, qui credituri sunt illi in vitam aeternam.
31. Sive ergo circumcisio sive praeputium peccato universaliter concludebatur unusque omnes reatus obstrinxerat et inter
magis minusque impios nemo erat, qui posset absque Christi
redemptione salvari; quae redemptio universo sese intulit mundo
5 et omnibus hominibus indifferenter innotuit, quandoquidem in
die quinquagesimo ab illo Pascha, in quo se hostiam deo verus
agnus obtulerat, cum apostoli et qui cum eis unanimes erant,
repleti spiritu sancto linguis omnium gentium loquerentur,
conveniebat excita miraculo diversi generis hominum multitudo,
10 ut evangelium Christi in eis qui aderant totus mundus audiret.
Confluxerant autem, sicut scriptum est, *Parthi et Medi, Elamitae*
et qui habitant Mesopotamiam et Iudaeam et Cappadociam, Pontum
et Asiam, Phrygiam et Pamphyliam, Aegyptum et partes Libyae quae   *mip 704*
est circa Cyrenen, et advenae Romani, Iudaei quoque et proselyti,
15 *Cretes et Arabes,* audientes omnes linguis suis praedicari magnalia
dei, quorum testificatio etiam in eas gentes quae remotiores sunt
longe lateque procurreret. Ad cuius rei effectum credimus provi-

---

31, 5sq. in die quinquagesimo] *cf.* Act. 2, 1   **8** repleti ... loquerentur] *cf.* Act.
2, 4   **9** conveniebat ... multitudo] *cf.* Act. 2, 6   **11–15** Act. 2, 9–11   **15sq.**
audientes ... dei] *cf.* Act. 2, 11   **17sq.** ad ... praeparatam] *cf.* Leo M., serm.
82, 2, 40–44 (β) (*v. p.* 37)

κ (*W P L C* + κ¹[*A D F J T O I*] + κ²[*R K*]) μ (*Q G Ma X*) λ (*M V H N S* λ¹ λ²)

22 primo me *tr. A* (*ac.*) | primo] omnium *add. Q* (*ac.*) | Iesus *om.* κ (*exc. W P*)
31, 1 peccata *P*   **2** inter magis *om. U Y*   **3** possit *N Y Z* | redemptione
Christi *tr. P*   **4** salubri *Ma* | se *R*   **5** quandoquidem quando κ¹ (*pc. F*)
6 ab ... quo *om. Ma* (*ac.*) | qua *Q X*; Iesus holocaustum *add. Ma* (*mg.*) | deo
om. F (*ac.*)   **7** agnus *om. R* (*ac.*) | unanimiter *W* | erant unanimes *tr. K*
9 exita *L* (*ac.*); excitata κ¹ *K G Ma* (*pc.*) *H* (*pc.*) *Br B* | miraculis *K* | hominum]
omnium λ¹   **10** ut *om.* κ² *V* (*ac.*) | evangeliumque κ² (*sl. R*) | Christi *om.*
L (*ac.*)   **11** Medi] et *add. P* κ² μ   **12** inhabitant λ *edd* | et² *om. O* λ *edd*
13 Asiam] et *add.* κ¹ (*exc. O I*) *R* (*sl.*) *Br* (*ac.*)   **15** omnes] autem λ (*exc.* λ²;
autem sunt *U*); eorum λ² *mia* | suis *om.* λ² | praedicare *U Y*   **16** dei] Romae
laudes *Y Z*   **17** procurrerent *J* (*ac.*); procuraret *Z*; virtus *add. G* (*mg.*)

dentia dei Romani regni latitudinem praeparatam, ut nationes
vocandae ad unitatem corporis Christi prius iure unius consocia-
rentur imperii, quamvis gratia Christiana non contenta sit eos-   20
dem limites habere quos Roma multosque iam populos sceptro
crucis Christi illa subdiderit, quos armis suis ista non domuit,
quae tamen per apostolici sacerdotii principatum amplior facta
est arce religionis quam solio potestatis.
(XVII.) **32.** Quodsi forte, quemadmodum quasdam gentes
non olim in consortium filiorum dei novimus adoptatas, ita
etiam nunc in extremis mundi partibus sunt aliquae nationes
quibus nondum gratia salvatoris illuxit, non ambigimus etiam
circa illas occulto iudicio dei tempus vocationis esse dispositum, 5
quo evangelium quod non audierunt audiant atque suscipiant;
quibus tamen illa mensura generalis auxilii, quae desuper omnibus semper hominibus est praebita, non negatur, quamvis tam
acerbo natura humana vulnere sauciata sit, ut ad cognitionem dei
neminem contemplatio spontanea valeat erudire, nisi obumbra-   10
tionem cordis lux vera discusserit, quam inscrutabili iudicio deus
iustus et bonus non ita in praeteritis saeculis quemadmodum in
novissimis diebus effudit. Unde et apostolus Paulus scribens
Colossensibus ait: *Mysterium quod absconditum fuit a saeculis et*

21sq. multosque ... domuit] *cf.* Prosp., carm. de ingrat. 1, 40–42 (sedes
Roma Petri; quae pastoralis honoris / facta caput mundo, quidquid non pos-
sidet armis, / relligione tenet)
32, 11 inscrutabili iudicio] *cf.* Rom. 11, 33   **14–17** Col. 1, 26–27

$\kappa\,(WPLC + \kappa^{1}[ADFJTOI] + \kappa^{2}[RK])\,\mu\,(QGMaX)\,\lambda\,(MVHNS\lambda^{1}\lambda^{2})$

19 unitatem] veritatem *Ma* | unius] imperii *add. mia* | consonarentur *YZ*
20 imperii] impietatis *λ mia* | Christiana] Christi iam *κ¹*   **21** populorum
λ (exc. MUE) mia   **22** Christi crucis *tr. F (ac.)* | ita *W (ac.) PR*
32, 1 gentes] quemadmodum *add. Ma*; quod *add. λ mia*   **2** olim] volunt *λ
mia*   **4** salvatoris] nostri *add. Q*   **6** quae *P*; quod *YZ* | non] *nondum μ
λ (exc. V) mia* | audierunt] vel viderunt *add. H (mg.)*; viderunt *λ² mia* | audi-
ent atque suscipient *κ (exc. WP) ba mip*   **8** semper *om. Q (ac.)* | hominibus
semper *tr. G* | tam *om. S*   **10** spontanea] *plene add. μ λ edd* | erudiri *R*
11 vera lux *tr. Qλ mia* | dei *LR*   **12** in¹ *om. MVSλ¹ mia*   **13** Paulus
apostolus *tr. W*; *beatus apostolus μ U*; beatus apostolus Paulus *λ (exc. U) edd*

15 *generationibus, nunc autem manifestatum est sanctis eius, quibus*
voluit deus notas facere divitias gloriae sacramenti huius in gentibus,
quod est Christus in vobis. (XVIII.) **33.** Numquid hoc mysterium etiam prophetis
incognitum fuit, et illi per quos spiritus sanctus loquebatur, ea
quorum ab ipsis fiebat denuntiatio, nesciebant? Non ita plane   *mia 1119*
intellegendum puto, sed ipsis gentibus hoc absconditum fuisse   *mip 705*
5 mysterium, quod dominus quando voluit et quibus voluit revelavit. Nam de vocatione gentium, quae non erant populus dei et
quarum prius non misertus est, nunc autem miseretur, in Deute-
ronomio ita dicitur: *Et vidit dominus et zelavit et irritatus est*
propter iram filiorum suorum et filiarum et dixit: Avertam faciem
10 *meam ab eis et ostendam quid erit in novissimo, quia generatio*
perversa est, filii in quibus non est fides in illis. Ipsi in zelum compu-
lerunt me in hoc, quod non est deus; irritaverunt me in idolis suis, et
ego in zelum incitabo eos in eis qui non erant gens; super gente
insipiente irritabo eos. Et David haec de adoraturis deum omnibus
15 gentibus praecinit: *Omnes gentes quascumque fecisti venient et*
adorabunt coram te et glorificabunt nomen tuum; et iterum idem:
Et adorabunt eum omnes reges terrae, omnes gentes servient ei; et

---

33, 5sq. quod ... revelavit] *cf.* Prosp., ep. Ruf. 16, 17 (PL 51, 86, 54)   **6sq.**
quae ... miseretur] *cf.* 1 Petr. 2, 10   **8–14** Deut. 32, 19–21 (*LXX*)   **15sq.** Ps.
85, 9   **17** Ps. 71, 11

κ (*WPLC* + κ¹[*ADFJTOI*] + κ²[*RK*]) μ (*QGMaX*) λ (*MVHNS*λ¹λ²)

15 manifestum *Dλ¹* (*ac. Z*) | sanctis] seculis *I*   **16** gloriae] suae *add. W* (*ac.*)
U (*ac.*) | huius ... 33, 8 dominus *in ras. O*   **17** Christus ... 33, 1 mysterium
iter. X | nobis *MaXE*
33, 2 sanctus spiritus *tr. A QGMa*   **3** quarum *R* | fiebant λ *mia* | denuntia-
tio] Christi *add. W* (*sl.*) | denuntiatio²] denuntiationes nesciebant λ *mia*
4 gentis *P* | hoc *om.* λ *mia mip* | hoc²] absconditum hoc *tr. GX*   **5** voluit²
om. μ (*ac. G*)   **6** erat *OU*   **7** quibus μ λ *edd*   **8** ita *om. H* (*ac.*) | iratus μ λ²
edd   **9** suorum *om. UY*   **10** meam] a vobis vel *add.* λ¹ | quid] quod *X*
quia] et *I*   **11** est¹] in *add. U*; et *add. R* | filiis λ (*exc. VHNS*) | in illis fides
tr. W | in illis *om.* κ² | illis] ipsis *P* | in³] et λ¹   **12** in¹] et *praem.* κ² | hoc] eo
κ¹   **13** erat *V* (*ac.*) | gentes *O* κ² *GMaXS* | super] in *U* | gentem insipien-
tem λ¹   **14** oraturis *L* (*ac.*) | omnibus *om. X*   **16** coram *om. L* (*ac.*) | te]
domine *add.* (*Vulg.*) *Oλ edd*   **17** reges] gentes μ | servient ... 18 gentes *om.* κ

iterum: *Et benedicentur in ipso omnes tribus terrae, omnes gentes
magnificabunt eum.* Isaias quoque similia annuntiat dicens: *Quoniam erit in novissimis diebus manifestus mons domini et domus dei*   20
*in cacumine montium et exaltabitur super colles et venient ad eum
omnes gentes*; et iterum idem: *Et faciet*, inquit, *dominus sabaoth
omnibus gentibus in monte isto, bibent in iucunditate vinum,
unguentur unguento in monte isto; trade haec omnia gentibus, hoc
enim consilium super omnes gentes*; et iterum idem: *Et revelabit*   25
*dominus brachium suum sanctum in conspectu omnium gentium, et
videbunt omnes gentes terrae salutem quae a domino nostro est*; et
iterum: *Ecce advenae per me ad te accedent et ad te confugient*; et
infra: *Gentes quae te non cognoverunt invocabunt te, et populi qui
te nesciunt ad te confugient.* Osee quoque paria prophetat dicens: 30
*Et erit in loco in quo dictum est eis: Non populus meus vos, ibi
vocabuntur filii dei vivi et congregabuntur filii Iuda et filii Israel in
idipsum*, et iterum: *Miserebor non dilectae et dicam non populo
meo: Populus meus es tu, et ipse dicet: Deus meus es tu.*

   34. Sub apostolis vero cum hi qui in Christum ex circumci-
sione crediderant eos, qui gentiles erant dicebanturque praeputium, iustificationum gratiae arbitrarentur participes esse non

---

18sq. Ps. 71, 17   **19–22** Is. 2, 2   **22–25** Is. 25, 6–7 (*LXX*)   **25–27** Is. 52, 10
28 Is. 54, 15 (*LXX*)   **29sq.** Is. 55, 5 (*LXX*)   **31–33** Os. 1, 10–11   **33sq.** Os.
2, 23–24
34, 2sq. dicebanturque praeputium] *cf.* Eph. 2, 11

κ (*WPLC*+ κ*¹*[*A D F J T O I*]+ κ*²*[*R K*]) μ (*Q G Ma X*) λ (*M V H N S* λ*¹* λ*²*)

18 et *om.* λ *edd*   **19** similia] *eadem similiter μ │ annuntiat] annuntians ait λ*¹*
20 mons] domus *W*; domus *add.* κ*¹*; meos *S*   **21** et*¹* *om. WPFJTI*   **22** idem
et *om.* κ │ dominus *om. C*   **23** gentibus *om. D* (*ac.*) │ isto] hoc *M*   **24** tradet
λ (*pc. V*) *mia*   **25** et*²* *om.* κ (*exc. P*) *U* │ revelavit *PL* κ*¹ U*   **27** terrae *om.* κ*¹*
M (*ac.*) │ qua *P* │ nostro *om.* κ (*exc. L C*) λ *mia mip*   **28** iterum] et *add. X* │ ad
te per me *tr. WP* λ *edd* │ ad te*¹* *om.* κ*²* │ ad te*²*] ante *H* │ fugient λ *mia*
29 gentes ... 30 confugient *om. Ma* │ non *om. X* │ qui te nesciunt *om. W*
30 te*²* *om. K*   **31** eis *om.* μ │ ibi *om. D* (*ac.*) *M*; ubi *U* │ vocabuntur ibi *tr.* κ
32 Iudae *V* │ in idipsum] ad ipsum κ   **34** dominus *W*
34, 1 hi] ii *mip* │ Christo μ; et *add. U*   **2** dicebant quod *X*

posse, docet beatus apostolus Petrus, quam indiscretus apud
5 deum uterque sit populus, si in unitatem fidei ambo convenerint:
Cum autem, inquit, coepissem loqui, decidit spiritus sanctus super　　mip 706
eos, sicut et in nos in initio. Recordatus sum autem verbi domini,
sicut dicebat: Iohannes quidem baptizavit aqua, vos autem baptiza-
bimini spiritu sancto. Si ergo eandem gratiam dedit illis deus sicut et
10 *nobis qui credidimus in dominum Iesum Christum, ego quis eram*
qui possem prohibere deum? His auditis tacuerunt et glorificaverunt
deum dicentes: Ergo et gentibus deus poenitentiam ad vitam dedit.　　mia 1120
Iacobus quoque apostolus de hac vocatione gentium dicit: *Viri*
fratres, audite me! Simon narravit quemadmodum primum deus
15 *visitavit sumere ex gentibus populum nomini suo, et huic concor-*
dant verba prophetarum, sicut scriptum est: Post haec revertar et
reaedificabo tabernaculum David quod cecidit et diruta eius aedifi-
cabo et erigam illud, ut requirant ceteri hominum dominum et
omnes gentes super quas invocatum est nomen meum, dicit dominus
20 *faciens haec, notum a saeculo est domino opus suum.* Simeon
quoque ille, cui responsum erat a spiritu sancto non eum visu-
rum mortem priusquam videret Christum domini, de salute
omnium gentium, quae in Christo revelabatur, haec dixit: *Nunc*

6-12 Act. 11, 15-18 　　8sq. Act. 1, 5 　　13-20 Act. 15, 13-18 　　16-20 Am.
9, 11-12 (*LXX*) 　　20-22 Simeon ... domini] *cf.* Luc. 2, 26 　　23-27 Luc. 2,
29-32

κ(*W P L C*+ κ¹[*A D F J T O I*]+κ²[*R K*]) μ(*Q G Ma X*) λ (*M V H N S* λ¹ λ²)

4 docebat *W* | beatus *om.* λ¹ | Petrus apostolus *tr. I* 　　5 si *om. P* | unitate *W*
M | fidi *D* | convenerunt *A F R N S U* 　　6 coepissem inquit *tr.* μ | cecidit κ²
super eos *om.* λ¹ 　　7 sicut] sic *Y Z* | in¹ *om. P U* | nos] vos *S* | in² *om.* μ *S*
autem sum *tr. Ma* | verbo *X (ac.)*; verbis *U* 　　8 quidem] inquit *Ma* | baptiza-
mini *Q (ac.) Ma*; in *add. L C D J ba* 　　9 gratiam ... 10 credidimus *om. U*
11 posse *P*; possim μ *(pc. X)*; possum *X (ac.) U* | deum] eum *I* 　　12 deum]
dum *I* | ergo] si *praem.* λ *(exc.* λ²*)* 　　13 de] in *X* | gentium *om.* κ¹ 　　14 Si-
meon *L Y* 　　15 iustificavit *I*; voluit κ²; iuravit λ¹ | nomine *W (ac.)* 　　17 aedifi-
cabo κ *(exc.* κ²*) ba* | tabernaculum] alium *add. R (sl.)*; Iacob *add. Z* | reaedifi-
cabo κ² 　　18 deum λ¹; *om. S* 　　20 haec] illud *M* | est a saeculo *tr.* μ *M S*
domino *om. P* 　　21 cui responsum erat] responsum acceperat κ (accepit *O*)
ab *Q G X* | eum] se *K*; *om. U* 　　22 dominum *Ma*; deum *N* | salute] solute *P*;
vero *add.* κ 　　23 dicit *W*

dimitte servum tuum, domine, secundum verbum tuum in pace,
quia viderunt oculi mei salutare tuum, quod parasti secundum 25
faciem omnium populorum, lumen in revelationem gentium et
gloriam populi tui Israel.

35. His et aliis testimoniis scripturarum non dubie demonstratur istam ditissimam, potentissimam, benignissimam gratiam,
qua in novissimo mundi tempore omnes gentes in regnum Christi vocantur, prioribus saeculis in occulto dei absconditam fuisse
consilio, (XIX.) et cur hac manifestatione, qua nunc universis 5
nationibus innotescit, antea revelata non fuerit, nullam posse
scientiam comprehendere, nullam intelligentiam penetrare, cum
tamen illud quod de bonitate dei piissime creditur, quia *omnes*
homines velit *salvos fieri et in agnitionem veritatis venire*, non
oporteat nisi perpetuum aeternumque sentiri secundum eas 10
mensuras, quibus deus dona generalia specialibus novit cumulare
muneribus, ut et qui exsortes gratiae fuerint, de sua nequitia
redarguantur, et qui in eius lumine enituerint, non in suo merito,
sed in domino glorientur.

mip 707 (XX.) **36.** In hoc sane angusto quidem, sed tamen recto
intelligentiae tramite non parum difficultatis opponit conside-
ratio parvulorum, qui nullo iudicio rationis utuntur, quo auctoris sui beneficia sentientes ad agnitionem valeant veritatis acce-
dere, nec videntur de neglectu opitulantis gratiae iuste argui in 5

35,7–14 cum … glorientur] Hincm., praed. lib. arb. (PL 125, 259B–C)
8sq. 1 Tim. 2, 4   **14** in domino glorientur] *cf.* 1 Cor. 1, 31

$\kappa\,(WPLC+\kappa^1[ADFJTOI]+\kappa^2[RK])\,\mu\,(QGMaX)\,\lambda\,(MVHNS\lambda^1\lambda^2)$

---

24 dimittis *L* (*ac.*) *C A T O N ba mip*; dimittes *L* (*pc.*) | tuum² *om. I*   **25** se-
cundum] ante *W P O I κ² X λ* (*exc. V H N S*) *edd*   **26** omnium *om. P* | in] ad
O κ² X λ (*exc. V H N S*) *edd* | revelatione *W P Q G Ma*   **27** plebis tuae *λ mia*
35,1 his] ergo *add. O* | his et] hii quae *I*   **2** istam potentissimam ditissimam
tr. L C U; potentissimam istam ditissimam *tr. κ²*; tam ditissimam potentiam
N   **3** qui *P*   **5** hac] ea *W* (*sl.*); ac *P*; haec *U Y* | manifestatio *λ¹* | quae *Y Z*
6 nulla … scientia *Z* | possem *U Z*   **8** quod] cum *Y Z* | quia] qua *C*   **9** vult
Y Z | in] ad *κ²*   **13** arguantur *κ²* | in¹ *om. F λ mia* | nituerint *U Z*
36,4 beneficentia *I*; uteri *add. X* (*ac.*) | cognitionem *κ²* | valeant *om. C*
accedant *C*

illa ignorantia naturaliter constituti, quam dubium non est
nullam recipere scientiam, nullam sentire doctrinam. Unde cum
omnes homines velit deus *salvos fieri*, quid est quod alienatur a
salute perpetua tanta infantium multitudo totque in his aetatibus
10 hominum milia extra vitam relinquuntur aeternam, quasi ad hoc
tantum conditi sint ab eo qui neminem odiens creavit, ut quia in
hunc mundum cum peccati carne venerunt, insolubilis culpae
vincula sine reatu propriae actionis inciderent? Neque enim credi
fas est eos qui regenerationis non adepti sunt sacramentum, ad
15 ullum beatorum pertinere consortium; et magis stupendum   *mia 1121*
magisque fit mirum, quod ubi actio non offendit, ubi arbitrium
non resistit, ubi eadem miseria, similis imbecillitas, causa communis est, non unum est de tanta parilitate iudicium, et quales
reprobat abdicatio, tales adoptat electio.

(XXI.) **37.** Verumtamen de hac altitudine discretionis dei
non conturbabitur cor humilitatis nostrae, si firma et stabili fide
omne iudicium dei iustum esse credamus nec appetamus habere
cognitum quod voluit esse secretum, ut ubi investigari non potest
5 quare ita iudicet, sufficiat scire quis iudicet, quamquam non ita
incognoscibilis ista sit quaestio, ut nihil inde eruditionis possimus

---

36, 8 1 Tim. 2, 4

κ (*W P L C* + κ¹[*A D F J T O I*] + κ²[*R K*]) μ (*Q G Ma X*) λ (*M V H N S* λ¹ λ²)
36, 7 cum *inc. Do*   **19** electio *des. Do*

---

6 constituit *P* | quia λ¹   **8** deus velit omnes homines *tr. Do* | alienatur] alia
natura *P*   **9** totque ... **14** eos *om. Do*   **10** hominum milia *om.* μ | quasi] qui
K   **11** tantum *om. Y Z* | sint conditi *tr. K* | sunt *C* (*ac.*) *T* λ (*exc. N*) | nemi-
nem] fuit *add. H* | quia] qui *P*   **12** cum *om. Br B* | insobilis *W* (*ac.*)   **13** ac-
ciderent *S*; incederent *Q Ma*; quid hoc profundius quid mirabilius esse potest
add. V (*mg.*) *H* (*pc.*) λ² *edd* | credi nefas est *Z*; nefas est credi *U*   **14** generatio-
nis *F* (*ac.*) *V* (*ac.*); renationis λ¹ | non regenerationis *tr. Ma* | sacramenta *L*
C | ad ... **15** consortium *om. Do*   **15** illum *P* (*ac.*) | pertinere beatorum *tr.*
κ² | et] ut *C*   **16** fit *om. W* | mirandum *W*   **17** imbecillas *P*   **18** non unum
est *om. P* | est² *om. M* (*ac.*) | de] in *ba mip* | et] sed *R ba*
37, 1 hac] ac *D* (*ac.*)   **2** humilitatis nostrae] nostrum (nostrum et *Br*) λ *mia*
firma si *tr. H* | stabilis *P*   **3** petamus *I*; aptamus *Ma* (*ac.*) | habere] esse *W*
4 ibi *Ma* | investigare λ | possit *Ma*   **5** sufficiet *Ma*; sufficit *U*   **6** inde] de ea
μ; sit quod de ea λ *mia* (*v. p. 68*) | *possimus eruditionis *tr.* μ

acquirere, si ad contemplandum id quod videri potest, tranquillus
sobrii cordis adhibeatur intuitus: Cum enim consideramus inter
paganos, inter Iudaeos, inter haereticos interque ipsos catholicos
Christianos quam multiplex pereat numerus parvulorum, quos 10
mip 708 quantum ad proprias pertinet voluntates, neque bonum aliquid
neque malum constat egisse, discimus super eos illam manere
sententiam, quam humanum genus in praevaricatione primi
parentis accepit; cuius sententiae rigor dum etiam circa tales non
resolvitur, quam magnum illud peccatum fuerit demonstratur. 15
Nemo autem putaretur non innocens nasci, nisi etiam talibus
esset noxium non renasci.

38. De immaturitate vero mortis non est ratio conquerendi,
cum semel in naturam nostram per peccatum ingressa mortalitas
obnoxium sibi omnem vitae nostrae fecerit diem. Esset enim,
quando secundum aliquem modum immortalis dici homo posset,
si esset tempus intra quod mori omnino non posset. Sed corrup- 5
tio numquam ita incorruptionis est particeps, ut non semper
obnoxium sit defectioni quod debetur occasui. Vitae huius principium mortis exordium est, nec prius incipit augeri aetas nostra
quam minui; cui si quid adicitur spatii temporalis, non ad hoc
accedit ut maneat, sed in hoc transit ut pereat. Quod ergo ab 10
initio sui mortale est, qualibet occidat die, non contra legem

---

κ (W P L C + κ¹ [A D F J T O I] + κ² [R K]) μ (Q G Ma X) λ (M V H N S λ¹ λ²)
38,7 vitae *inc.* Do   **10** pereat *des.* Do

7 acquirere] invenire *U*   **9** haereticos] Iudeos *U* | inter λ² *mia*   **11** quan-
tum] tantam *H* | quantum ... voluntates *om.* κ (*exc. P*) | pertinet ad propria
tr. λ¹ | boni ... mali *L* (*pc.*) *C I B ba mip*   **12** constat *om. R* (*ac.*) | discamus
W; dicamus *P*; dicimus *U* | eos *om. Q* (*ac.*) | manere illam *tr. K*   **13** in *om.*
λ *mia* | in Adae praevaricatione suscepit κ | primi parentis praevaricatione
tr. ba mip   **14** non] natura *Ma*   **15** fuerit] sit *Q* (*ac.*) *Ma* | demonstratum *R*
16 autem] etiam κ *ba* | innocens] noscens λ¹
38,2 nostram naturam *tr. K* | ingressu *P*   **3** fecerat *W* | esset *om. V* (*ac.*);
Petrus *H*   **4** quando] quoniam λ² *mia* | posset homo *tr. A T*   **5** numquam
corruptio (corruptio numquam *J*) ita incorruptionis *tr.* κ (*exc. W* κ²) λ²; tam
corruptionum quam incorruptionum κ²   **6** semper *om. W*   **7** noxium *W*
defectionis λ¹   **8** est exordium *tr. X*   **9** adiciatur *L C* κ²; addicitur *N*
11 initii *X* λ (initiis *U*) | sui] die *add.* λ (*v. p. 68*)

mortalitatis occumbit, nec umquam ei vicinius est posse vivere quam posse deficere. Quamvis autem ex una causa omnium hominum sit orta mortalitas, non in unam tamen, sed in multi-
15 plicem imbecillitatem corruptibilis natura distrahitur, et sive morbis sive debilitatibus sive vulneribus non solum anni aut menses vel dies aetatis humanae, sed et omnes horae omniaque momenta subiecta sunt, nec est aliquod mortis genus aut ullus obeundi modus, qui non intra universitatem mortalium in
20 aliquam incidat portionem. Manet enim *grave iugum super filios Adam a die exitus de ventre matris eorum in diem sepulturae in matrem omnium.*

(XXII.) **39.** Sed huius asperrimi iugi pondera non ita in Adae filios irruerunt, ut divina iustitia nihil eis suae dimensionis adhiberet; quae defectionum legibus ita defecturos subiecit, ut ab eis moderationum suarum non averteret potestatem, ne ideo
5 omnes omnia inciderent mala, quia per communem condicionem omnes omnibus subiacerent, sed ut generali necessitate variata   *mia 1122* causas sibi dominus indulgentiae correptionisque servaret esset-   *mip 709* que in uno omnium debito quod et misericors remitteret et iustus exigeret. Cum igitur iusta et omnipotens providentia dei
10 incessabiliter universa diiudicet et nemo in hunc mundum veniat neque ab hoc mundo exeat nisi eo ortu atque discessu, quem

---

38, 20–22 Sir. 40, 1

κ ($WPLC + \kappa^1[ADFJTOI] + \kappa^2[RK]$) μ ($QGMaX$) λ ($MVHNS\lambda^1\lambda^2$)
13 quamvis *inc.* Do   **18** sunt *des.* Do   **20** manet *inc.* Do   **22** omnium *des.* Do

12 ei *om.* μ **13** quam posse deficere *om.* P (*ac.*)   **14** orta] ista κ^1 | una LR
15 et sive] cum Do   **17** et *om.* $\kappa^1\lambda^1$ **19** abeundi κ^2 **20** incidant Ma
21 Adae M | eorum] *usque *add.* κ^1 (*pc.* F) $\kappa^2\mu$
39, 2 irruere Ma | eis] ei C ba; s. iugo *add.* C (*sl.*) | sua λ^1 | *dimensionis suae
tr. μ **3** quae] s. iustitia *add.* C (*sl.*) | defecturos μ; defectura $\kappa\lambda$ edd | subegit
AFJO   **4** adverteret LRMa; everteret λ | ne] nec κ (*exc.* WP) M (*ac.*) V (*ac.*);
nec ut M (*pc.*); non ut λ (*exc.* Mλ^2; *pc.* V); *om.* λ^2 **5** *omnia omnes *tr.* $\kappa\lambda$ edd
7 dominus *om.* κ | corruptionisque K   **9** iusta et *om.* W; iuste P | omnipo-
tentis X   **10** universam P   **11** decessu PFIUY ba mia

rerum arbiter secundum altissimam scientiam suam sapientiamque decernit, sicut scriptum est in libro Iob: *Quis ignorat, quod
omnia haec manus domini fecerit, in cuius manu anima omnis
viventis et spiritus universae carnis hominis?* et iterum: *Breves dies* 15
hominis sunt et numerus dierum eius apud te est, quis audeat causas
operum et consiliorum eius inquirere? Inscrutabile enim est
valdeque secretum, cur tantis differentiis condicio humana variata sit: Illum ab infantia usque ad senectutem longaeva carpit
infirmitas nec inter perseverantes dolores statutae deficit tempus 20
aetatis, illum integris valentem viribus annosissimus vigor vegetat; huic in pueritia finis est, illi in adolescentia; huic ultra iuventutem non licet progredi, illi impossibile est usque ad loquendi
rudimenta grandescere. Quas vitae metas multiformiter inaequales minus acerbas experiretur caduca mortalitas, si praesentis 25
tantum saeculi detrimenta pateretur et non in aeternas miserias
caderent qui hinc sine lavacro regenerationis exissent.

(XXIII.) **40.** Sed cum inscrutabilior sit causa donorum quae
gratia tribuit quam miseriarum quas natura promeruit, ipsa nos
intelligentiae difficultas ad nostrum remittit auctorem, et cum
quaerimus, quomodo *omnes homines salvos fieri* velit qui non
omnibus illud tempus impertit, in quo per voluntariam fidem 5
percipiendae gratiae sint capaces, non irreligiose arbitror credi
neque inconvenienter intellegi, quod isti paucorum dierum homi-

---

39, 13–15 Iob 12, 9–10   15sq. Iob 14, 5
40, 4 1 Tim. 2, 4

κ (*W P L C* + κ¹ [*A D F J T O I*] + κ² [*R K*]) μ (*Q G Ma X*) λ (*M V H N S* λ¹ λ²)
39, 17 inscrutabile *inc. Do*   24 grandescere *des. Do*

---

12 altissimam] sanctissimam *add. H* | scientiam *om. F* (*ac.*) | suam scientiam
tr. κ¹ *H* | suam *om.* μ; suamque *U*   **14** manu] est *add.* κ² (*sl. R*) *V*   **15** vivetis
Ma | et¹] est *Q Ma; om. G* | hominibus *P*   **16** dierum] mensium *O* | eius
om. R (*ac.*)   **19** ad] in *P* λ (*exc. U*) *mia mip* | longaevam κ¹ (*exc. F I*) *Do*
21 illum *om. P*   **22** huic¹ ... illi] hic ... ille *S*   **23** loquendi *om. W*   **25** acervas *P L*; acerbis *N*; acerba λ¹   **27** existent *P S* (*ac.*)
40, 1 inscrutabilis λ² *mia* | dolorum *L* (*ac.*) *R*; bonorum *U*   **3** remittit] ad
add. Ma (*ac.*)   **4** quo *W* (*ac.*)   **6** incapaces non religiose *P*   **7** intellegere *Q*

nes ad illam pertineant gratiae partem, quae semper universis est
impensa nationibus; qua utique si bene eorum uterentur paren-
10 tes, etiam ipsi per eosdem iuvarentur. Omnium namque exordia
parvulorum totaque illa principia necdum rationalis infantiae sub
arbitrio iacent voluntatis alienae, nec ullo modo eis nisi per alios
consuli potest, et consequens est illos ad eorum pertinere consortium, quorum vel recto vel pravo aguntur affectu. Sicut enim ex
15 aliena confessione credunt, ita ex aliena infidelitate aut dissimula-
tione non credunt. Et cum ipsi nec praesentis vitae desiderium
habuerint nec futurae, quam ipsorum factum est nasci, tam
ipsorum efficitur non renasci. Sicut autem circa maiores praeter   *mip 710*
illam generalem gratiam parcius atque occultius omnium homi-
20 num corda pulsantem excellentiore opere, largiore munere,
potentiore virtute vocatio specialis exseritur, ita etiam circa
innumeros parvulos eadem manifestatur electio. Quae quidem
nec illis qui renati non sunt in parentibus defuit, sed his qui
renati sunt prae parentibus affuit ita, ut multis saepe quos suo-
25 rum impietas deseruit, alienorum cura servierit et ad regeneratio-   *mia 1123*
nem venerint per extraneos, quae eis non erat providenda per
proximos. (XXIV.) In quo opere gratiae quis nisi arrogantissimus
atque inanissimus de divina iustitia conqueratur, quod non omnibus parvulis simili providentia consulat omniaque pericula, quae
30 moriturorum regenerationem prohibere possunt, aut potestate

---

κ(WPLC+κ¹[ADFJTOI]+κ²[RK])μ(QGMaX)λ(MVHNSλ¹λ²)

8 est impensa] imperta (*pc.* impertita) *W*   **9** impensa nationibus] impensa-
tionibus *P* | qua] quia *P*; quam *R* | *uterentur eorum *tr. μ* | parentes ... 10
iuvarentur *om. S*   **14** affectum *P*; effectu *Ma*   **17** habuerunt *K λ edd*
20 pulsante *λ¹ B* | excellentiori *W κ²*; excellentio *S* | largiori *W κ²*; largitione
Ma   **21** potentiori *W* | virtute] iustitia *κ¹* | exoritur *Q (ac.) Ma S*   **22** relec-
tio *P*   **23** nec] in *add. κ* | defuit] desint *N (ac.)* | sed] in *add. κ (pc. L)*
sed ... 24 affuit *om. L (ac.)* | his] iis *U λ² edd*   **24** prae] pro *κ²; om. N* | ita
om. κ* | multi *R* | *saepe multis *tr. μ*   **25 pietas *κ (exc. L C)* | et] quod *add.
I*   **26** erant *J (ac.)* | provisa *K*   **27** opera *P* | atque inanissimus nisi arrogan-
tissimus *tr. P*   **28** *vanissimus *μ λ ba mia* | divinae *P* | iustitiae *P*   **29** similis
λ edd   **30** moriturum *D (ac.)* | generationem *I (ac.)*

submoveat aut miseratione praeveniat? Quod utique erga omnes
fieret, si ita fieri omnino deberet.

41. Non autem latet, quantum in cordibus fidelium desidiae
gigneretur, si in baptizandis parvulis nihil de cuiusquam negligen-
tia, nihil de ipsorum esset mortalitate metuendum, quandoquidem ut tales baptismo fraudarentur, nullo modo posset accidere.
Hac vero tam inamissibili felicitate infantium vehementissime　5
opinio illius roboraretur erroris, qui gratiam dei secundum merita hominum dari audet contra fidem catholicam praedicare; videretur quippe inculpabili innocentiae hoc tota aequitate deberi,
ut neminem eorum adoptio praeteriret, quos nullus reatus ob-
stringeret, nec impie a quodam de parvulorum baptismo dictum　10
fuisset: 'Habet gratia quod adoptet, non habet unda quod diluat';
sed hoc detestabiliter praedicatum omnes discipuli veritatis
intellegunt, et inde manifestum est eos qui salvi fiunt non merito,
sed gratia liberari, quia sine baptismo mortuos perisse non dubium est. Qui utique nisi gravissimi peccati essent participes, non　15
perirent. Nunc autem occulta quidem dei discretione, sed iusta
sic ostenditur et quid conferat gratia et quid praevaricatrix merea-
tur natura, ut nec contra donum elevetur superbia nec contra
periculum cesset industria.

41, 11 Ps.-Aug., hypomn. 5, 8

κ ($WPLC$+ κ^1[$ADFJTOI$]+ κ^2[RK]) μ ($QGMaX$) λ ($MVHNS\lambda^1\lambda^2$)
41, 13 manifestum *inc. Do*　**19** industria] *des. Do*

31 praeveniatur U | itaque λ^1 | erga] gratia O | erga omnes *om. W* | omnes]
ita *add.* λ *mia*　**32** si] sed P (*ac.*) | omnino fieri (*om.* ita) W
41, 1 in *om.* λ *mia mip* | fidelium] talium μ | desidia P　**3** nihil] nisi P
morte κ *ba mip* | quandoquidem] quod *add.* K　**4** ut *om.* P | ut tales] vitales
R; vitali K | frauderentur D (*ac.*)　**7** catholicam fidem *tr.* μ (*ac. G*)　**9** per-
stringeret λ *mia*　**11** unda] nuda YZ　**13** inde] tamen λ^1 | manifestum] si
enim *praem. Do* | est *om. M*　**15** essent peccati *tr. W*　**16** quidem dei *om.* μ;
dei quidem *tr. Do M* (*ac.*) | discretione] dispositione K　**17** quid²] quod UZ
18 donum ... contra² *om.* N (*ac.*)

(XXV.) **42.** Sive igitur novissima contemplemur saecula seu prima seu media, rationabiliter et pie creditur omnes homines salvos fieri deum velle semperque voluisse, et hoc non aliunde monstratur quam de his beneficiis eaque providentia dei, quam *mip 711*
5 universis generationibus communiter atque indifferenter impendit. Fuerunt enim ac sunt eiusmodi dona ista generalia, ut per ipsorum testimonia ad quaerendum verum deum possent homines adiuvari. Quibus donis auctorem suum per omnia saecula protestantibus specialis gratiae largitas superfusa est; quae licet
10 copiosius nunc quam ante praestetur, causas tamen distributionum suarum dominus apud scientiam suam tenuit et intra secretum potentissimae voluntatis occuluit; quae si omnibus uniformiter affluerent, non laterent, et quam nulla est ambiguitas de benignitate generali, tam de speciali misericordia nihil quod
15 stupendum esset existeret, ac proinde illa esset gratia, ista non esset. Deo autem placuit et hanc multis tribuere et illam a nemine submovere, ut ex utraque appareat non negatum universitati, quod collatum est portioni, sed in aliis praevaluisse gratiam, in aliis resiluisse naturam.

(XXVI.) **43.** Hanc quippe abundantiorem gratiam ita credimus atque experimur potentem, ut nullo modo arbitremur

---

42,1–43,5 sive … obsequium] Hincm., praed. lib. arb. (PL 125,259C–260A) **2sq.** omnes … velle] *cf.* 1 Tim. 2,4

$\kappa\,(W\,P\,L\,C + \kappa^{1}[A\,D\,F\,J\,T\,O\,I] + \kappa^{2}[R\,K])\,\mu\,(Q\,G\,Ma\,X)\,\lambda\,(M\,V\,H\,N\,S\,\lambda^{1}\,\lambda^{2})$

42,1 contemplentur *D*; contempletur *NUY* | saecula *om.* κ^{2} **2** et *om. A* et pie *om. DFI* **3** fieri] feri *P* | semper *L* (*ac.*); semper quod *X* **4** his] iis *edd* | eaque] quae *C ba mip* | quam²] qua *L*; *om. CDUBr mip* **5** generationibus] nationibus *W* | differenter λ^{1} **6** huiusmodi λ *edd* | ista] ita λ *edd* per ipsorum testimonia] *ipsorum testimonio κ ba mip **7** deum verum *tr. L* **10** nunc quam] numquam *P Ma* | causa *P* **12** occultavit *HS* | quae] s. causae *add. C (sl.)* | si omnibus *iter. L* (*ac.*) **13** informiter *S* | non laterent *om.* κ^{2} **14** de² *om. R* (*ac.*) **15** perinde *WPKXHNY*λ^{2} **16** hanc] *istam μ **17** utraque] vel generali vel speciali *add. C (sl.)*
43,2 credimur *P*; credamus *YZ* | atque experimur potentem] benignam κS *ba* (*v. p. 58sq.*)

mia 1124 esse violentam, quod si quid in salvandis hominibus agitur, ex
sola dei voluntate peragatur, cum etiam ipsis parvulis per alienae
voluntatis subveniatur obsequium. Gratia dei illa quidem in　5
omni iustificatione principaliter praeeminet suadendo exhortationibus, monendo exemplis, terrendo periculis, incitando miraculis, dando intellectum, inspirando consilium corque ipsum
illuminando et fidei affectionibus imbuendo, sed etiam voluntas
hominis subiungitur ei atque coniungitur, quae ad hoc praedictis　10
est excitata praesidiis, ut divino in se cooperetur operi et incipiat
exercere ad meritum, quod de superno semine concepit ad studium, de sua habens mutabilitate si deficit, de gratiae opitulatione
si proficit. Quae opitulatio per innumeros modos sive occultos
sive manifestos omnibus adhibetur, et quod a multis refutatur,　15
ipsorum est nequitiae, quod autem a multis suscipitur, et gratiae
est divinae et voluntatis humanae.

　　44. Sive igitur initia sive profectus fidelium sive usque in
finem perseverantiam cogitemus, nullum genus, nulla species
mip 712 cuiusquam virtutis occurret, quae vel sine dono divinae gratiae
vel sine consensu nostrae voluntatis habeatur. Ipsa enim gratia
hoc omni genere medendi atque auxiliandi agit, ut in eo quem　5
vocat primam sibi receptricem et famulam donorum suorum

κ (*W P L C* + κ¹[*A D F J T O I*] + κ²[*R K*]) μ (*Q G Ma X*) λ (*M V H N S* λ¹ λ²)
43, 5 gratia *inc. Do*

---

3 quo λ (*exc. H U*) *mia*; *om. U* | si quis *W* (*ac.*); *quidquid μ λ edd*　**4** volunta-
te dei *tr. K U*　**5** dei illa quidem] quidem dei illa quidem *P* (*ac.*) *L* (*ac.*) *R* (*ac.*);
quidem dei illa *tr. P* (*pc.*) *L* (*pc.*) *R* (*pc.*) *E ba mip*; quidem dei (*om.* illa) *Do μ
λ* (*exc. E*) *mia* | in omnibus iustificatione *Q*; in omnium iustificationem *G*;
in omnibus iustificationibus *Ma X λ mia* (*v. p. 66, 68*)　**6** praemonet *W P L K*
7 movendo κ (*exc.* κ²) *S mip*　**8** consilium] periculum λ¹　**9** actionibus *W*
sed] et *add. R* | etiam] et *Do*　**10** hominum *μ*; homini *Br* | contingitur *I*
11 est excita *Ma* (*ac.*) *N λ¹*; excita est *Q G* (*ac.*) *X*　**12** de *om.* λ² *mia*　**13** opi-
tulante *Y Z*　**16** nequitia *P* | autem] aut *D*; *om. Ma*
44, 1 in *om. L D F*　**2** perseverantium κ¹ λ *mia* | nullum *om.* λ　**3** cuiusquam
om. W | occurrit *W R λ mia* | divinae *om.* κ *Do Ma*; divino *X* (*ac.*)　**4** sine
om. μ | nostra *P* | habeatur] quid primum agat in homine salvando gratia
dei *add. C* (*mg.*)　**5** omne *P*　**6** primum *ba* (*in nota*) | sibi *om. Y Z* | et
famulam *om. μ*

praeparet voluntatem. Nam virtus nolentium nulla est, nec potest asseri vel fidem vel spem vel caritatem eis inesse, quorum ab
his bonis consensus alienus est.

(XXVII.) **45.** Hunc autem consensum non solum cohortatio praedicantium et incitamenta doctrinae, sed etiam metus
gignit, propter quod scriptum est: *Principium sapientiae timor
domini.* Qui quantislibet terroribus inferatur, non aliud agit,
5   quam ut quem fecit timentem, faciat et volentem, nec solum
volentem, sed etiam sapientem; unde et illud scriptum est: *Beatus
cui donatum est habere timorem dei.* Quid enim tam beatificum
quam hic timor, qui genitor eruditorque sapientiae est? In cuius
utique devotione devota est et voluntas, quae auctore gratia
10   eodem proficit timore quo coepit. Cum ergo hic timor etiam per
quandam vim magni terroris immittitur, non ibi ratio exstingui-
tur nec intellectus aufertur, sed illa potius quae mentem preme-
bat caligo discutitur, ut voluntas depravata prius atque captiva
recta efficiatur et libera. Unde sicut animus nihil virtutis capit
15   nisi radium veri acceperit luminis, ita gratia nihil ei quem vocat
confert nisi oculos in eo aperuerit voluntatis.

46. Quae in plerisque, sicut superius disputatum est, ab ipso
initio sui ardentissima citis et magnis ditatur augmentis, in plerisque autem tarde cunctanterque proficiens vix ad ea incrementa

---

44, 8 fidem ... caritatem] *cf.* 1 Cor. 13, 13
45, 3sq. Prov. 9, 10   **6sq.** Sir. 25, 15
46, 1 superius] *cf.* capp. 17–19

κ (*W P L C* + κ^1[*A D F J T O I*] + κ^2[*R K*]) *Do* μ (*Q G Ma X*) λ (*M V H N S* λ^1 λ^2)
44, 7 est *des. Do*

---

7 praepararet *R U (ac.)* | volentium *X*λ (*exc. V N Y E; ac. S*); violentium
Ma (ac.) E | ulla *S*   **9** alienus *om. Ma*
45, 2 et] est *I (del.)* | etiam] et *X*λ^2 *mia* | metus] timor μ **4** temporibus *U*
Y | agit *om.* μ; ait *U Z*   **5** ut *om.* μ | effecit *P*; fecerit μ λ *edd*   **6** volentem]
timentem *W*   **7** domini *W U* | quod *X* | beneficum λ^1 **9** quae] quo *W P L*
Cκ^2 | actore *R*; auctorem *Z* | gratia *om.* κ; gratiae *Ma*λ *mia mip*   **11** terro-
ris] timoris *P Ma*; timoris *add. X (ac.)* | non *om. P*   **14** capit] facit *U*
15 ita ... **16** voluntatis *om. P* | ei nihil *tr. W*
46, 1 dictum *R (ac.)*   **2** sitis *D Br B*; satis *A T O* | magni *Ma* | dicatur *Ma*

provehitur, quae idoneam ad perseverandum habeant firmitatem.
Dicit quidem dominus: *Nemo venit ad me, nisi pater qui misit me*   5
attraxerit eum, sed hoc ideo dictum est, ut illam fidem, sine qua
mia 1125 nemo ad Christum venit, ex patris haberi munere noverimus
secundum illud quod apostolo Petro dicitur: *Beatus es, Simon Bar*
Iona, quia caro et sanguis non revelavit tibi, sed pater meus qui in
caelis est; qui in cordibus trahendorum hoc egit ut crederent, hoc   10
effecit ut vellent. Non enim esset unde traherentur, si sequaces
fide et voluntate non essent, quoniam qui non credunt, nec
trahuntur omnino nec veniunt, neque accedunt qui dissentiunt,
mip 713 sed recedunt. Qui ergo veniunt, amore ducuntur; dilecti enim
sunt et dilexerunt, quaesiti sunt et quaesierunt, et quod eos voluit   15
deus velle voluerunt; (XXVIII.) qui ad oboediendum sibi ipsum
velle sic donat, ut etiam a perseveraturis illam mutabilitatem
quae potest nolle non auferat. Alioquin nemo umquam fidelium
recessisset a fide, neminem concupiscentia vinceret, neminem
tristitia elideret, neminem iracundia debellaret, nullius caritas   20
refrigesceret, nullius patientia frangeretur et collatam sibi gratiam
nemo negligeret; sed quia haec possunt fieri et in consensum
talium temptationum facilis nimium proclivisque descensio est,
numquam debet in auribus fidelium vox illa domini non sonare
qua apostolis dicitur: *Vigilate et orate, ne intretis in temptationem.*   25
Ubi si de vigilando tantum, non etiam de orando discipulos

5sq. Ioh. 6, 44   **8-10** Matth. 16, 17   **20sq.** caritas refrigesceret] *cf.* Matth.
24, 12   **25** Matth. 26, 41

$\kappa\,(W P L C + \kappa^1[A D F J T O I] + \kappa^2[R K])\,\mu\,(Q G Ma X)\,\lambda\,(M V H N S \lambda^1 \lambda^2)$
46, 14 qui *inc.* Do

---

4 ad *om.* P | infirmitatem *Ma* (*ac.*)   **6** attraxerit] traxerit *W μ*   **8** quod *om.*
I (*ac.*) | Petro *om.* λ^2 *mia*   **9** caro *om. I* | et *om. M* (*ac.*) | est in caelis *tr.*
κ^1 (*exc. F J*)   **10** es *T* | tradendorum *L*   **13** inveniunt *U*; inveniuntur *Y*
14 redunt *L* (*ac.*)   **15** deus voluit *tr. U Y*   **16** noluerunt *H* | qui] et *pr. X U*
Y   **17** ut] ubi λ^1 | a *om. P M* (*ac.*) | illa *I*   **18** qua *G* | possunt *G* (*sl.*) | auferatur *I* | numquam *Ma* (*ac.*) *U* | fidelium *om. U Y*   **19** neminem² ... 20 debellaret *om. K*   **20** laederet *P* | caritem *U Y*   **21** nullius ... et *om. κ Do*
22 neminem negligere *P* | possunt haec *tr. W* | consensu $\kappa^2 X$ **23** procliviusque *A* (*ac.*)   **24** numquam] non quam *K* | domini *om. Do* | resonare *W*

admoneret, solas liberi arbitrii vires videretur hortatus; sed cum addidit: *et orate*, satis docuit superni futurum muneris, ut eos etiam vigilantes temptationis procella non vinceret. Tale est et
30 illud quod ait: *Simon, Simon, ecce Satanas expostulavit, ut vos cerneret velut triticum. Ego autem rogavi pro te, ne deficiat fides tua, et tu tandem conversus confirma fratres tuos et roga, ne intretis in temptationem.* Si ergo defectura erat fides tanti apostoli nisi pro ea Christus oraret, inerat ei procul dubio mutabilitas, quae
35 posset in temptatione nutare, et non ita iam perseverantiae fuerat virtute solidatus, ut nullis periculis esset obnoxius, siquidem tam gravis eum perturbatio etiam post ista concusserit, ut in Caiphae domo unius ancillae interrogatione pavefactus usque ad trinam negationem eius, cui commoriturum spoponderat, constantia de-
40 ficiente perductus sit. Qui ergo tunc conturbatum cor apostoli non humanis, sed divinis convenit oculis et ad largos poenitudi- nis fletus potenti incitavit aspectu, potuit hanc firmitatem animi praecipuo conferre discipulo, ut sicut ipsum dominum nihil ab

---

30–33 Luc. 22, 31–32   37–40 in ... sit] *cf.* Matth. 26, 57–74; Ioh. 18, 17–27
40–42 qui ... aspectu] *cf.* Luc. 22, 61–62; Leo M., serm. 60, 4, 93–96 (*v. p.* 37)

κ ($WPLC + \kappa^1[ADFJTOI] + \kappa^2[RK]$) $Do\,\mu$ ($QGMaX$) λ ($MVHNS\lambda^1\lambda^2$)
29 vinceret *des. Do*

---

27 solius *R* | arbitrii liberi *tr.* P   28 docuit] fructum *add.* K | futuro *L*; infuturum *X*; *om.* K | ut] aut λ^1 | etiam eos *tr.* κ (*exc.* *WT*) *Do M* (*ac.*)   29 et *om.* K   30 quod ait *om.* μ | Simon² *om.* $\kappa^2 S$ | postulavit *OHNba mip*; expetivit μ 31 cerneret] cribraret $\kappa^1 \kappa^2$ *mia* | sicut $O\kappa^2\mu M$ | ne] ut non $O\mu$ 32 et tu] ut λ^1 | tandem] aliquando *J* (*ac.*) *O* | rogate $C\mu\lambda$ (*exc.* λ^2; *pc.* V) *ba mip*; *cf. lib. 1, 56, 67* | intres *P*   34 ea] eo $PX\lambda^2$ *mia mip* | mutabilitas] natu- rae *add.* G (*mg.*)   35 temptationem *P* | mutare *O*; vitare λ^1; deficere μ; natura *add.* *QMaX* | ita *om.* *YZ* | iam] tam *Y*; in *add.* U   36 nullius *H* siquidem] cum *add.* K (*sl.*) | tam] iam K   37 istam *LCQMaX*; illa *Y* | con- cluserit μ; ita *add.* κ^2 38 pavefactus ... trinam *om.* μ 39 eius negationem *tr.* κ^2; in negationem (negatione *MaX*) Christi μ; negationem Christi λ *mia mip* | eius *om.* *W* | moriturum λ^2 *mia*; se *praem.* *L* (*sl.*) *CFK\mu U*; se *add.* λ (*exc.* U) *edd*   40 qui] quid *S*; quod λ^1 | tunc *om.* P   41 poenitudinis] pleni- tudinis *P*   42 hanc] eam μ 43 conferre *iter.* *L* (*ac.*) | ab] ad K

explendae passionis proposito deterrebat, ita nec beatum Petrum
ulla tunc formido superaret.　　　　　45

47. Sed haec stabilitas illius tantummodo propria fuit, qui
solus vere potenterque dicebat: *Potestatem habeo ponere animam*

mip 714　　*meam et potestatem habeo iterum sumere eam.* In ceteris vero hominibus, donec *caro concupiscit adversus spiritum et spiritus adver-*
sus carnem, et donec *spiritus quidem promptus est, caro autem*　5
infirma, incommutabilis animi fortitudo non potest reperiri,
quoniam non huius, sed alterius vitae est verae pacis perfecta et

mia 1126　　secura felicitas; in praesentis autem agonis incerto, ubi tota vita
temptatio est et ab insidianti superbia nec ipsa est tuta victoria,
mutabilitatis periculo non caretur. Et licet innumeris sanctis suis　10
donet virtutem perseverandi usque in finem divina protectio, a
nullis tamen aufert quod ipsis repugnat ex ipsis, ut in omnibus
studiis eorum atque conatibus semper inter se velle et nolle decer-
tent. Quam compugnantiam idem beatissimus Petrus etiam in
ipsa palmarum omnium consummatione perpessus est, siquidem　15
hoc ipsi dominus protestetur et dicat: *Amen, amen, dico tibi,*
quando iuvenis eras, praecingebas te et ambulabas ubi volebas; cum
autem senueris, extendes manus tuas et alius te praecinget et ducet

---

47, 2sq. Ioh. 10, 18　　**4sq.** Gal. 5, 17　　**5sq.** Matth. 26, 41　　**8sq.** tota … est] *cf.*
Iob 7, 1　　**16–20** Ioh. 21, 18–19

κ (W P L C + κ^1 [A D F J T O I] + κ^2 [R K]) μ (Q G Ma X) λ (M V H N S λ^1 λ^2)
47, 4 donec *inc. Do*

---

44 explendam *P*
47, 2 ponendi … sumendi κ　　**3** et potestatem habeo *om. K*　　**4** donec] igitur
add. Do　　**5** quidem spiritus *tr. D (ac.)*　　**6** formido λ (*exc.* N S); firmitudo *mia*
7 pacis *om.* λ^2 *mia*　　**8** felicitatis *L (ac.)* | ubi] nisi λ^1 | vita *om.* V Y　　**9** insidi-
antis κ (*exc.* R) M *mip*; insidiante G; s. diaboli *add.* C (*sl.*) | ipsi λ^1 | tuta victo-
ria est *tr.* I (*ac.*) | tota U Y　　**10** non] est *add.* N (*ac.*) | caret H; careret S U Y
sanctis *om.* κ; s. fidelibus *add.* C (*sl.*)　　**12** tamen] iam G | aufertur κ Do | ex
ipsis] eternis λ^1　　**13** eorum *om. Ma* | inter] in μ | decertet μ λ (*exc.* N) *mia*
14 idem] ipse *Do* | in *om.* Y Z | in ipsa *om. U*　　**15** omnium palmarum *tr.*
M | consumationem U | siquidem … 18 tuas] secundum hoc quod ei prae-
dictus est *Do*　　**16** ipse $\kappa^2 \lambda$ *mia* | protestatur W T $\kappa^2 \lambda^1$ | dicit W κ^2　　**17** nole-
bas S　　**18** manum tuum O | cinget W P F (*ac.*) O Do κ^2 Br B

quo tu non vis. Hoc autem dixit significans, qua morte glorificaturus
20 *esset deum.*
   48. Quis ergo ambigat, quis ignoret hanc fortissimam
petram, quae ab illa principali petra communionem et virtutis
sumpsit et nominis, hoc desiderium semper habuisse, ut ei mo-
riendi pro Christo constantia donaretur? Verumtamen ita inevi-
5 tabilis erat obluctatio trepidationis, ut vir martyrii avidissimus
adepturus quidem denuntiaretur victoriam passionis, sed non
sine temptatione formidinis. Merito igitur non solum ab incipientibus, verum etiam a provectis sanctis uniformiter domino
supplicatur et dicitur: *Ne nos inferas in temptationem, sed libera*
10 *nos a malo.* Universis enim qui in fide et dilectione permanent ab
ipso donatur, ne in temptatione superentur, ipsamque victoriam
iisdem quibus eam impertit ascribit, ut quamvis auxilio dei stete-
rint, tamen quia in se habebant unde caderent, ipsorum sit meritum quod steterunt. Igitur sicut qui crediderunt iuvantur ut in
15 fide maneant, sic qui nondum crediderunt iuvantur ut credant, et
quemadmodum illi in sua habent potestate ut exeant, ita et isti in
sua habent potestate ne veniant, fitque manifestum, quod diversis

---

48, 1–3 hanc ... nominis] *cf.* Leo M., epist. 28, 5 (PL 54, 773A; *v. p.* 37)
2–4 petram ... donaretur] *cf.* Matth. 16, 18   9sq. Matth. 6, 13
14–20 igitur ... reluctantur] Hincm., praed. lib. arb. (PL 125, 260A)

κ (*W P L C* + κ¹[*A D F J T O I*] + κ²[*R K*]) *Do* μ (*Q G Ma X*) λ (*M V H N S* λ¹ λ²)
19 vis *des. Do*   48, 7 merito *inc. Do*

---

19 hoc] haec *Ma* | dicebat κ | clarificaturus κ *M Br*
48, 1 ambiat *L*   2 et *om. Ma* (*pc.*) *M* (*pc.*) *U*   4 pro Christo *om. U Y*   5 ob-
lectatio *W P L C* κ²; abluctatio *U* | viro (vir *ac. F*) martyrii avidissimo
adepturo κ¹ (*v. p. 63*) | avidissimus martyrii *tr. Br* (*ac.*) *B* (*ac.*)   6 adepturus]
adepturis *L* | victoria *L* κ¹ (*pc. F*)   8 verum] sed *Ma U* | provectissimis μ λ
edd | domino *om.* μ   9 inferas] inducas λ (*exc. Y Z*) *mia mip*; vel inferas *add.*
V (*sl.*); et inferas *add. U*   11 superentur] ut qui gloriatur in domino glorie-
tur *add. V* (*mg.*) λ² *edd* | victoriam] gloriam λ² *mip*   12 isdem *K U* | eam *om.*
Do | impartit *Ma U E* | dei auxilio *tr. P*   13 habeant *I*   14 ut ... 15 iuvantur
om. C K N (*ac.*)   15 sic] et *add.* λ | sic qui] sicut *X*   16 habent in sua *tr. X*
suam *U Y* | habent *om. M* (*ac.*); habeant *U* | potestatem *P U* (*ac.*) | ut ... 17
potestate *om. Ma* (*ac.*) *U* | ita ... 17 ne *om. N* (*ac.*) | et] ut *P* (*ac.*)   17 potesta-
tem *P* (*ac.*) *Z* | ne] ut non *P* | quod] de *add. J*

atque innumeris modis *omnes homines vult deus salvos fieri et in*
mip 715 *agnitionem veritatis venire*; sed qui veniunt dei auxilio diriguntur,
qui non veniunt sua pertinacia reluctantur.   20
(XXIX.) **49.** Quamvis enim multi amantes tenebras suas
splendorem non recipiant veritatis et multi qui illuminati fuerant
tenebrescant, *verbum tamen dei manet in aeternum* et de promissionis veritate nihil excidit. Intrat cotidie praescita et promissa
gentium plenitudo et in Abrahae semine omnis gens, omnis tri-   5
bus, omnis lingua benedicitur. Quod enim pater filio dedit, filius
non amittit neque quisquam potest de manu eius rapere quod
accepit. *Firmum fundamentum dei stat*, et mansuri in aeternum
templi aedificatio non vacillat praetenta super omnes veritate et
misericordia dei, a quo, quod et nemini negatur et nulli debetur,   10
in his quos promisit efficitur. Ipse enim *operatur omnia in omni-*
bus, sed *omnia* procul dubio iusta et bona: *Universae enim viae*
mia 1127 *domini misericordia et veritas.* Qui sicut praescivit ante saecula,
quanta totius mundi hominum multitudo vel communibus adiu-
ta donis vel specialibus adiuta praesidiis, declinans tamen ab itine-   15
re veritatis et vitae ingressura esset latitudinem erroris et mortis,
ita semper praecognitum habuit, quantus piorum numerus per
opem gratiae et per servitutem oboedientiae ad aeternam beatitudinem pertineret, ut nullo excidente de plenitudine promis-

---

18sq. 1 Tim. 2, 4
49, 3 Is. 40, 8 (*LXX*)   **4sq.** intrat ... plenitudo] *cf.* Rom. 11, 25   **5sq.** in ...
benedicitur] *cf.* Gen. 22, 18; 26, 4   **6–8** quod ... accepit] *cf.* Ioh. 6, 39; 10, 29
8 2 Tim. 2, 19   **11sq.** 1 Cor. 12, 6   **12sq.** Ps. 24, 10

κ (*W P L C* + κ¹[*A D F J T O I*] + κ²[*R K*]) *Do* μ (*Q G Ma X*) λ (*M V H N S* λ¹ λ²)
20 reluctantur *des. Do*   **49, 12** universae *inc. Do*   **13** veritas *des. Do*

---

18 fieri salvos *tr. Ma*   19 auxilio dei *tr. M* (*ac.*)
49, 1 enim] *autem μ λ (*exc. N*) *mia*   3 tamen] autem *K* (*del.*) *Br* | domini *A*
D T O μ   4 intra *P* | promissa] praecognita κ²   5 omnes gentes Ω   6 omnis
om. Q (*ac.*); et *add. Q G Ma*; et *praem. X* | filio pater *tr. U*   7 eripere λ *mia*
8 dei *om. L* (*ac.*)   9 templi *om. W*   10 quo] et *add. O E* (*ac.*) | et¹] quo *I*
11 in¹ *om. V B* | his] iis *V B ba mip*   13 misericordia] sententia *U Z* | prae-
scit λ¹   14 adiuta] usa λ *edd*   15 bonis *Ma* (*ac.*)   17 cognitum *P K*   18 servi-
tutem *om. L* (*ac.*) | oboedientiae servitutem *tr.* κ²

20 sorum, qui nec proventu erat fallendus nec auxilio defuturus, eos
glorificaret pro omnibus, quos elegit ex omnibus. Universitati
quippe hominum, quod abunde probavimus, ita multiplex atque
ineffabilis bonitas dei consuluit semper et consulit, ut neque ulli
pereuntium excusatio suppetat de abnegato sibi lumine veritatis
25 neque cuiquam sit liberum de sua iustitia gloriari, cum et illos
propria nequitia demergat ad poenam et istos dei gratia perducat
ad gloriam.

    (XXX.) **50.** Quod itaque in principio secundi huius volu-
minis insinuavimus, hoc nunc iterum commendamus, ut cum de
gratiae profunditate et altitudine disputatur, tribus illis saluber-
rimis et veracissimis definitionibus simus innixi, quarum una
5 profitetur aeternum et proprium divinae esse bonitatis, ut *omnes*
homines salvos fieri velit *et in agnitionem veritatis venire*; alia simul praedicat omnem hominem, qui salvus fit quique in agnitio-   *mip 716*
nem veritatis venit, dei auxilio iuvari et regi utque in fide *quae*
per dilectionem operatur permaneat, custodiri; tertia vero tempe-
10 ranter et sobrie protestatur non omnem voluntatis dei compre-
hendi posse rationem et multas divinorum operum causas ab
humana intelligentia esse subductas, ut cum in temporibus, in
nationibus, in familiis, in parvulis, in nondum natis et geminis
quaedam aut varie aut insigniter gesta noscuntur, non ambigamus
15 ea ex illis esse, quae iustus et misericors deus in hoc transituro

---

50, 1 in principio] *cf.* cap. 1   **5sq.** 1 Tim. 2, 4   **8sq.** Gal. 5, 6

κ ($W P L C$ + κ^1[$A D F J T O I$] + κ^2[$R K$]) μ ($Q G Ma X$) λ ($M V H N S \lambda^1 \lambda^2$)
21 universitati *inc.* Do   **27** gloriam *des.* Do

20 nec[1]] in haec *P* (*pc.* in hac) | *provectu* $O \mu \lambda$ *edd* | erant *P* (*ac.*)   **21** pro]
prae *P* λ *edd*   **22** quod abunde probavimus *om.* Do   **23** bonitas *om.* Ma
consulit *K S*; consul *V* | semper et consulit *om.* *V* (*ac.*) | et] que *I* | consuluit
O K | illi *P*; *om.* *D* (*ac.*)   **25** cui *T O* | cumque illos *I*   **26** dimergat *W*
50, 2 insinuamus *L* (*ac.*) | haec *Ma* | nunc *om.* μ | commendamus] tribus illis
saluberrimis *add.* Y   **3** profunditatem *P*   **5** esse divinae *tr.* κ^2 | bonitatis]
potestatis κ^2; voluntatis μ **7** fit] sit *T*   **8** veritatis *om.* *J* (*ac.*) | utque] atque
G X; atque ut *Q Ma*; quia *H*   **11** operum *om.* *Q G* (*mg.* iudiciorum) *X*
13 in[3] *om.* *V* (*ac.*) | genitis λ^2 *mia*   **14** varie] van(a)e *P C R*; naturae *W*

saeculo noluit sciri. Quod quidem ad utilitatem nostram dispositum sentiendum est ut, quoniam *spe salvi facti sumus*, cui praeparavit deus *quod oculus non vidit nec auris audivit nec in cor
hominis ascendit*, sicut constanter credimus videndum quod nondum videmus, ita patienter exspectemus intellegendum quod 20
nondum intellegimus. Si ergo cesset insidiosa malignitas, si inso-
lens praesumptio conquiescat his recte, ut arbitror, pertractatis,
nullius superest causa certaminis neque ultra necesse est nos in-
terminabilibus quaestionibus occupari.

   (XXXI.) **51.** Elaboratum est enim, quantum dominus adiu-
vit, ut non solum in novissimis diebus, sed etiam in cunctis retro
saeculis probaretur gratiam dei omnibus hominibus affuisse
providentia quidem pari et bonitate generali, sed multimodo
mia 1128 opere diversaque mensura, quoniam sive occulte sive manifeste 5
ipse est, ut apostolus ait, *salvator omnium hominum, maxime
fidelium*. Quae sententia subtilissimae brevitatis et validissimi
roboris si tranquillo consideretur intuitu, totam hanc de qua
agimus controversiam dirimit. Dicendo enim: *Qui est salvator
omnium hominum*, confirmavit bonitatem dei super universos 10
homines esse generalem, adiciendo autem: *maxime fidelium*,
ostendit esse partem generis humani, quae merito fidei divinitus
inspiratae ad summam atque aeternam salutem specialibus bene-

---

17 Rom. 8, 24   **18sq.** 1 Cor. 2, 9
51, 6sq. 1 Tim. 4, 10

κ (*WPLC*+ κ¹[*A D F J T O I*]+ κ²[*R K*]) μ (*Q G Ma X*) λ (*M V H N S* λ¹ λ²)

16 positum μ   **17** ut *om.* κ² μ | spe] saepe *C* (*ac.*); *om.* λ | cui] quibus *W C* κ²
λ² *ba*   **19** constantes *P*   **20** expectamus κ (*exc. C*)   **21** sic ... sic *K*   **22** re-
tractatis κ (*sed cf. supra cap. 14, 2*)   **23** superest] est *R* (*ac.*) | interminalibus *P*
μ (*ac. G*)
51, 1 elaboratum] et laborantum *Ma* | in quantum μ   **2** in¹ *om.* κ (*exc. W P
F*) *Y Z* | recto *H*   **3** gratia *P*   **4** pari *om. W* | multimoda *C*; multitudo *I*
5 opere *om. C* | sive¹] si ut *P* (*ac.*)   **6** *ait apostolus tr.* μ | hominum] et *add.*
κ²   **8** considerentur *P* | tota *Ma*   **9** *egimus μ λ (exc. U) mia* | omnium
salvator *tr. P*   **10** hominum *om.* κ (*exc.* κ²)   **13** inspirante *O* | salutem *om.*
Ma (*ac.*); vitam *U*

ficiis provehatur. Quod utique nulla iniquitate agitur iustissimi et
15 misericordissimi dei, cuius iudicium in his dispensationibus non
cum arrogantia discutiendum, sed cum tremore laudandum est,
(XXXII.) siquidem in ipsis quoque fidelium populis, quod iam   *mip 717*
superius ostensum est, non eadem omnibus nec paria conferantur
et ante ulla humanorum pondera meritorum dissimillima divino-
20 rum mensura sit munerum.
     52. Si enim de parentum carnalium iudiciis conqueri non
audemus, cum aliquos filios suos ante ulla morum examina, ante
aliqua pietatis obsequia indulgentiore amplectuntur affectu, si in
dominis quoque erga famulos libera est dispositio nec iuste a
5 quoquam reprehenditur qui de unius condicionis familia quosdam sibi, quos benignius honestaret et quos liberalius erudiret,
elegit, numquid de summi patris et veri domini benevolentissima
aequitate causandum est, quod in magna domo eius innumeris
differentiis universa variantur, cumque nemo aliquid boni habeat
10 quod non ille donaverit, non omnes tamen iisdem virtutibus
micant aut eadem charismatum dote ditantur? Nec possumus
hanc diversitatem graduum causis aptare meritorum, cum totius
boni meriti principalis causa sit gratia, de cuius opibus sumitur
quidquid in singulis probabile reperitur.
     (XXXIII.) **53.** Sicut ergo de his quae intra ecclesiam multi-
formiter spiritus sanctus operatur, impium est ullam querelam

---

18 superius] *cf.* cap. 9

κ (*W P L C* + κ*¹* [*A D F J T O I*] + κ² [*R K*]) μ (*Q G Ma X*) λ (*M V H N S* λ*¹* λ²)
51, 14 quod *inc. Do*   **16** est *des. Do*

15 non *om. U*   **16** cum¹ *om. Ma; sine U*   **17** ipsis] his κ² | quoque *om. W*
λ*¹* | fidelium] quoque *add. W* (*sl.*)   **18** conferuntur κ²   **19** dissimilia *I*
Ma (*ac.*) *U*; dissimilis *Ma* (*pc.*) | sit divinorum mensura *tr. W*   **20** fit κ²
52, 1 conquiri *L*   **2** audemus] a simili *add. C* (*mg.*)   **3** aliqua] ulla κ²; alia
λ*¹* | indulgentiori μ | effectu *L* | si *om.* λ *mia*   **4** ne *L*   **6** benignus *U; om.*
R (*ac.*) | benignius ... quos² *om. Z*   **7** et veri domini *om. U* | benevolentiis
Ma (*pc.* benevolentis)   **8** causandum] curandum *O*   **10** ille] illi κ² | tam *N*
12 hanc *om. A T* | optare *W P*   **13** gratia sit *tr. M* | cuius] gratia *add. Ma*
14 probabile *om. L* (*ac.*)
53, 1 ergo *om.* κ² | his] iis *E mip*   **2** impius *W* (*ac.*)

corde concipere, ita etiam de illa providentia quae infidelibus praesidet nullatenus murmurandum est, quoniam iustus et bonus arbiter nec voluntatis iniquae est nec discretionis incertae, ut sub 5 immensa omnipotentis dei misericordia atque iustitia putemus quod quisquam pereat, qui perire non debeat. Nulla pars mundi ab evangelio vacat Christi, et licet illa generalis vocatio non quiescat, tamen etiam ista specialis iam universis est facta communis: Ex omni gente, ex omni condicione adoptantur cotidie milia 10 senum, milia iuvenum, milia parvulorum, et effectibus gratiae Christianae etiam ipsa quibus mundus atteritur arma famulantur.

54. Quam multos enim qui in tranquillitate pacis sacramentum baptismatis suscipere differebant, ad aquam regenerationis confugere instantis periculi metus impulit, et lentis tepidisque animis quod diu cohortatio quieta non suasit, minax subito terror extorsit! Quidam ecclesiae filii ab hostibus capti dominos 5 suos Christi evangelio manciparunt, et quibus condicione bellica serviebant, iisdem fidei magisterio praefuerunt. At alii barbari dum Romanis auxiliantur, quod in suis locis nosse non poterant, in nostris didicere regionibus et ad sedes suas cum Christianae religionis iustificatione remearunt. Ita nihil obsistere divinae 10 gratiae potest, quominus id quod voluerit impleatur, dum etiam

mip 718
mia 1129

53, 4–7 nullatenus ... debeat] Hincm., praed. lib. arb. (PL 125, 260B–C)

κ (W P L C+ κ¹[A D F J T O I]+ κ²[R K]) μ (Q G Ma X) λ (M V H N S λ¹ λ²)
53, 4 quoniam *inc. Do*   **7** debeat *des. Do*

---

4 praesidet] possidet O | murmurandum] praesumendum W | quoniam] et *add. T O* λ² *mia mip*   **5** nec¹] ne A (*ac.*)   **6** omnipotentis dei misericordia] misericordia eius κ   **8** illa *om. K*   **9** etiam *om. J* (*ac.*) | universis] omnibus κ (*sed cf. supra cap. 51, 10*) | facta est *tr. A D O Q* (*ac.*) *G* (*pc.*) | communis] et *add.* λ (*exc. U* λ²; *sl. V*); et *praem.* λ² *mia*   **10** gente] et *add. mip* | adaptantur λ⁷   **12** arma atteritur *tr. Ma*
54, 2 aquam] quam I (*ac.*)   **3** confungere O (*ac.*)   **4** subitor Br; subite *mip*
5 dominis suis P (*pc.*)   **6** emanciparunt S | et *om. W P L C* | et ... 7 praefuerunt *om.* λ¹   **7** at] ut P   **8** auxiliabantur μ | nosse] posse κ¹; noscere N
9 didicere] *cognovere κ ba   **10** institutione λ² *edd* | remearunt] *redierunt
μ   **11** dum ... 12 vertuntur *om. R* (*ac.*)

discordiae ad unitatem trahunt et plagae in remedia vertuntur, ut
ecclesia unde metuit periculum, inde sumat augmentum. Ad
quoslibet igitur rerum humanarum exitus nostra se convertat
15 inspectio, nulla saecula, nulla negotia, nullos generationum ortus
atque decessus ab aeternis et inscrutabilibus iudiciis dei vacare
reperiet.

55. Omnes varietatum compugnantiae et universae dissimi-
lium proventuum causae, quas investigare et discernere non
valemus, in illa aeterna scientia simul notae simulque divisae sunt
et nihil ibi inordinatum est etiam de necdum existentium qualita-
5 tibus actionum, quoniam non est in deo accidens motus aut nova
voluntas aut temporale consilium, nec cogitatio eius cum rerum
mutabilium inaequalitate variatur, sed cuncta pariter tempora et
temporalia sempiterno ac stabili comprehendit intuitu et omnibus omnia iam retribuit, qui quae sunt futura iam fecit. Hinc
10 illud est beati Pauli apostoli scribentis ad Ephesios: *Benedictus
deus et pater domini nostri Iesu Christi, qui benedixit nos in omni
benedictione spiritali in caelestibus in Christo, sicut elegit nos in ipso
ante mundi constitutionem, ut essemus sancti et immaculati in
conspectu eius in caritate; qui praedestinavit nos in adoptionem
15 filiorum per Iesum Christum in ipso secundum propositum voluntatis suae, in laudem gloriae gratiae suae* et cetera, quae sub eiusdem
sensus praedicatione connectit docens donum atque opus gratiae

---

54, 16 inscrutabilibus iudiciis] *cf.* Rom. 11, 33
55, 5–33 non ... aeterna] Hincm., praed. lib. arb. (PL 125, 117B–D)   10–16
Eph. 1, 3–6

$\kappa\,(WPLC + \kappa^{I}[ADFJTOI] + \kappa^{2}[RK])\,\mu\,(QGMaX)\,\lambda\,(MVHNS\lambda^{I}\lambda^{2})$

12 unitatem] bonitatem *P* (*ac.* nitatem) | trahuntur *WP*κ^{I} 13 meruit *YZ*
14 quoslibet] quos licet *Ma* | humanarum rerum *tr. K* | se nostra convertat
tr. Qλ (convertat nostra *ac. M*) *mia*   15 nullus *WP*   16 et] *atque *κ*ba* | dei
om. μ   17 reperietur *WU*
55, 2 provectuum *ba*   3 diversae *KYZ*   4 nil *P* | de nedum *W* (*ac.*); donec
dum *P* | adsistentium *P*   5 metus *N*   9 tribuit *M* | quae sunt] quaerunt *W*
P | futurae *P* | iam²] quae *W*   12 in¹ *om.* λ^{I} | in² *om. W*   15 in ipso] domi-
num nostrum *μ*λ *mia*; *om. mip*   16 in ... suae² *om. P* (*ac.*) | cetera] cuncta *O*
17 participatione *K* | consistit *I* | donens *P* (*ac.*)

in aeterno dei semper mansisse consilio omnesque adoptionis
filios non solum in eo tempore, quo iam existentes vocati sunt,
sed etiam priusquam mundus constitueretur electos. In qua 20
electione quidquid hominum in Christo praecognitum non est,
nulla eidem ratione sociabitur; omnes enim qui in regnum dei de
cuiuslibet temporis vocatione venturi sunt, in ista quae saecula
cuncta praecessit adoptione signati sunt, et sicut nullus infidelium
in hac sorte numeratus, ita nullus piorum ab hac benedictione 25
discretus est. De plenitudine quippe membrorum corporis Christi praescientia dei quae falli non potest nihil perdit, et nullo
detrimento minui potest summa praecognita atque in Christo
ante saecula aeterna praeelecta, sicut ad Timotheum scribens
apostolus dicit: *Collabora evangelio secundum virtutem dei, qui* 30
nos liberavit et vocavit vocatione sancta non secundum opera
nostra, sed secundum suum propositum et gratiam, quae data est
nobis in Christo Iesu ante tempora aeterna.

mip 719 (appears left margin at line 30)

(XXXIV.) **56.** Contra hanc invictae veritatis splendidissi-
mam lucem solent quidam non sobrie dicere superfluo ad acqui-
renda bonorum operum merita laborari, frustra etiam orationibus quibus deus exorandus speratur insisti, si ex incommutabili
propositio eius Christianae gratiae subsistit electio nec aliter 5
quidquam procedere potest, quam omnipotentis voluntate dispositum est. Sed qui hoc ingeniose arbitrantur opponere, non

mia 1130 (left margin at line 5)

30–33 2 Tim. 1, 8–9

κ(WPLC+ κ¹[ADFJTOI]+ κ²[RK])μ (QGMaX)λ (MVHNSλ¹λ²)

18 semper dei *tr.* Kμλ edd **19** in *om.* κ¹ (pc. F) **20** constitueret I; *conde-
retur μλ (conderet HSZ) mia **22** sociatur I | regno K **23** temporibus P
24 adoptionem λ¹ **25** numeratur κ¹ (exc. D) ba mip; est add. UY | numera-
tus ... benedictione *om.* H (ac.) | benedictione sorte λ mia **26** corporis
Christi membrorum *tr.* W (ac.) **28** atque] ante TOBr **29** praelecta μ;
parte electa YZ **30** dicit] ait W | collaboro W **31** secundum] solum L
32 vestra D | gratia P | est] in add. Ma **33** vobis O | in Christo Iesu om. κ
56, 2 ad *om.* Ma | acquirendo P; acquirendam λ¹ **3** merito P | liberari L;
liberati I | orationibus *iter.* L (ac.) **4** orandus I (ac.) | incommutabilis P
6 quae P **7** hoc (haec C) ingeniose (ingenio se κ²) κ ba mip; *ingeniose hoc
tr. μ U; se ingeniose hoc λ (exc. U) mia

intellegunt scientiam dei, quae et praeterita et praesentia et futura
complectitur, tempore non teneri et tam in conspectu eius astare
10 ea quae gerenda sunt quam illa quae aut geruntur aut gesta sunt.
Quod cum verissimum sit, non indiget mora cernendi et discer-
nendi illa virtus, quae perpetuo veroque contuitu creata et cre-
anda, orta et oritura, acta et agenda simul aspicit, et quidquid in
universitate rerum per saecula praefinita evolvitur ac multimodis
15 varietatibus explicatur, id totum in eo iam ordine comprehendit,
quem ex ipsius summo illo perfectoque iudicio mundi huius finis
accipiet.

57. Haec autem aeterna et semper tranquilla cognitio nulla
nos urget necessitate peccandi, nec inde manat iniquitas unde
iustitia, quia cum bonus deus omnia bona fecerit et mali nulla sit
omnino natura, a liberis voluntatibus, quas utique bonum fuit
5 liberas fieri, spontanea est orta transgressio, et natura mutabilis,
cuius incolumitas ab incommutabili pendebat essentia, a summo
se bono, dum propriis delectatur, abrupit; cui nunc ruinae mede-
tur gratia dei, (XXXV.) et propterea *Iesus Christus venit in hunc
mundum, ut solvat opera diaboli*; quae utique sic solvuntur, ut in   *mip* 720
10 destructionem eorum etiam ab his quibus succurritur laboretur,
quoniam et hoc a salvante donatur. Ideo beatus apostolus: *Non
solum autem*, inquit, *sed et gloriamur in tribulationibus scientes*

57, 8sq. 1 Tim. 1, 15 + 1 Ioh. 3, 8   **11–16** Rom. 5, 3–5

κ ($W P L C$ + κ^1 [$A D F J T O I$] + κ^2 [$R K$]) μ ($Q G Ma X$) λ ($M V H N S \lambda^1 \lambda^2$)
57, 3 quia *inc. Do*   **11** apostolus *des. Do*

---

8 et praesentia *om.* V (*ac.*)   **10** aut quae *tr.* L C; quae ut R; quae $K U$ | sunt^2
om. Ma (*ac.*)   **11** indigne $M V H N Y Z$; digne S | et discernendi *om.* P (*ac.*)
12 virtus *om.* Ma (*ac.*) | perpetue λ^1 | veroque] unoque λ^1 **14** rerum *om.*
κ (*sed cf. Prosp., in psalm. 144, lin. 80; 148, lin. 6*) | praefinite volvitur μ
15 iam in eo *tr.* κ^2 **16** mundus U | mundus finem accipiet U
57, 2 manet Q (*ac.*)   **3** mala $\kappa^1 Do$ **4** quas *om.* Q (*ac.*)   **6** cuius] quibus L
essentia] quae *add.* K | assumpto H **7** proprie (proprio λ *mia mip*) perverse
$\mu \lambda$ *mia mip* | abrumpit λ^1 | cui] cuius κ^2 **8** et] nam Do **9** volvuntur λ^1
10 *destructione $\kappa^2 \mu \lambda$ (*exc. Br*) *edd* | his] iis E *edd* | succurritur] suboritur P
11 quoniam *om.* Q (*ac.*) | a] ad P | salvanter P; salvatore $U Y$ **12** autem *om.*
κ (*exc. W P*)

quod tribulatio patientiam operatur, patientia autem probationem,
probatio vero spem; spes autem non confundit, quia caritas dei
diffusa est in cordibus nostris per spiritum sanctum qui datus est　15
nobis. Itemque idem ad Ephesios: *Gratia,* inquit, *salvati estis per*
fidem, et hoc non ex vobis. Dei enim donum est, non ex operibus, ne
quis glorietur. Ipsius enim sumus figmentum creati in Christo in
operibus bonis, quae praeparavit deus, ut in illis ambulemus. Deus
ergo his quos elegit sine meritis, dat unde ornentur et meritis, et　20
frustra dicitur, quod ratio operandi non sit electis, cum etiam ad
hoc ut operentur electi sint; virtutum quippe munera otiosa esse
non possunt, quoniam, sicut veritas ait, *omni habenti dabitur,*
non habenti autem etiam quod habet auferetur ab eo. Non igitur ad
hoc datur continentia, ut concupiscentiis non repugnet, nec ideo　25
cuiquam tribuitur sapientia et intellectus, ut non die ac nocte in
domini lege meditetur. Quid agit donum dilectionis, si benevolentiae sollicitudo non vigilat? Quis fructus est patientiae, si non
habet fortitudo quod toleret? Aut quomodo in Christo pie vivere
ostenditur, qui nulla persecutione pulsatur? Vel pax, quae est a　30
deo et cum deo, numquid bene quieta est, si non discordat a
mundo? Aut amor dei potest sine diaboli inimicitiis obtineri?

16-19 Eph. 2, 8-10　　**23sq.** Matth. 25, 29　　**26sq.** die ... meditetur] *cf.* Ps. 1,
2　**29** in ... vivere] *cf.* 2 Tim. 3, 12

κ ($W P L C + \kappa^1 [A D F J T O I] + \kappa^2 [R K]$) μ ($Q G Ma X$) λ ($M V H N S \lambda^1 \lambda^2$)
16 ad Ephesios *inc. Do*

13 patientiam operatur *om. S*　**14** vero] autem $W\lambda$ *mia*　**15** per] ipsum *add.*
Ma | sanctum *om. Ma*　**16** item *Y*; *om. U* | ipse *Ma* | Ephesios] scribens
add. Do | salvi λ (*exc.* λ^2)　**17** non hoc *tr. M* | enim *om. N*　**18** figmentum]
munera *add. N* (*ac.*) | in Christo *om. Do* | Christo] Iesu *add. G V H U*
19 in *om. M V* (*ac.*)　**20** eligit *M* (*pc.*) *V E* | ornantur *K* | et² *om. W*　**21** sit]
in *add. λ mia mip* | ad huc *P*; ut *add. A* (*ac.*)　**22** ut *om. P* | operentur ut *tr.*
λ | sunt *P* | quippe] quoque *K*　**24** habenti] habens *P L C F* (*ac.*) *K* | etiam
autem *tr. K* | aufertur *W L D F R μ*　**25** ut] cum *add. X*　**27** domini] dei
κ (*exc. W P*) | lege domini *tr. Do U*　**28** sollicitudo *om. Do* (*ac.*) | paeniten-
tiae *W P*; paenitentis *L* (*ac.*); sapientiae *O*　**29** quomodo] quo *Ma*　**30** osten-
ditur] creditur κ^1 *Do* | a deo *om. Do*　**31** et cum deo *om. W* | deo²] domino
P | numquid ... 32 mundo *om. P* | discedat κ^1 *Do*　**32** poterit $\mu \lambda$ *mia*
diaboli *om. K* | inimitiis *W* (*ac.*) *L* (*ac.*) | optineri *P*

Neminem prorsus dei gratia intemptabilem facit, neque ob hoc
caelestium armorum praesidio a dextris et sinistris instruitur   *mia 1131*
35 Christiana militia, ut nullo cum hoste confligat, cum laudabilius
sit atque felicius pugnantem non potuisse vinci quam desidem
non potuisse temptari. (XXXVI.) **58.** Orationum vero sollicitudinem divinae electionis proposito non resolvi uno testimonio evidenter probabo,
ut cetera studio brevitatis omittam. In libro igitur Tobiae ad filium eius Tobiam Raphael angelus dicit: *Memor esto mandatorum*   *mip 721*
5 *patris tui, quoniam praecepit tibi accipere debere uxorem de genere*
patris tui. Et nunc audi me, frater: noli computare daemonium
illud, sed postula eam. Et scio quia dabitur tibi hac nocte uxor, et
cum introieris in cubiculum, tolle de iecore piscis illius et impone
super carbones, et odor manabit, et odorabitur illud daemonium et
10 *fugiet et non apparebit circa illam omnino in perpetuum. Et cum*
coeperis velle esse cum illa, surgite primum ambo et deprecamini
dominum caeli, ut detur vobis misericordia et sanitas. Et noli time-
re; tibi enim destinata est ante saecula, et tu eam sanabis.
59. Quamvis ergo quod statuit deus nulla possit ratione non
fieri, studia tamen non tolluntur orandi nec per electionis propositum liberi arbitrii devotio relaxatur, cum implendae voluntatis   *mia 1132*

58, 4–13 Tob. 6, 16–18 (*LXX*)

κ (*W P L C* + κ¹[*A D F J T O I*] + κ²[*R K*]) *Do* μ (*Q G Ma X*) λ (*M V H N S* λ¹ λ²)
36 *post* pug- des. μ (*ac. G*)

34 caelestium armorum praesidio *om. Do* | et] a *add. A D T O U mip* | sini-
stris] armis caelestibus *add. Do*   **36** felicius] hic deficit in vetustissimo codice dicitur esse beati Augustini opus et sic titulus est in exemplari aliqui vero
dubitant non esse opus beati Augustini *add. X* (*mg.*)
58, 1 vero] igitur *Do* | sollicitudine *W P L R V*   **2** propositum *Do* | resolvit
Do   **3** cetera] cuncta *O* | Tobis *P L C J* κ²   **5** debere *om. mip*   **6** copulare
U Y   **7** scito λ *edd* | quia] quoniam *C* λ *edd* | dabit *I*   **8** cum] quando *P*
intraveris λ (intravieris *H*) *edd*   **9** illud] illa *P*   **10** ullam *P S*; illa *H* | in
perpetuo λ (*exc.* λ²)   **11** esse velle *tr. Y Z* | ambo *om.* λ¹ | et] orate et *add.*
λ¹ | deprecabimini *T O*   **12** nolite *P G* λ *mip*   **13** sanabis] fruaris λ¹
59, 1 *deus statuit *tr. W P* | non fieri] subverti λ¹ (reverti *U*)   **2** elationis
C (*ac.*)   **3** relaxatur] tollitur *U*

dei ita sit praeordinatus effectus, ut per laborem operum, per instantiam supplicationum, per exercitia virtutum fiant incre- 5 menta meritorum, et qui bona gesserint, non solum secundum propositum dei, sed etiam secundum sua merita coronentur. Ob hoc enim in remotissimo ab humana cognitione secreto praefinitio huius electionis abscondita est, (XXXVII.) et de nullo ante ipsius finem pronuntiari potest quod in electorum gloria sit futu- 10 rus, ut perseverantem humilitatem utilis metus servet, et qui stat videat ne cadat, ac si forte aliqua victus temptatione corruerit, non absorbeatur tristitia nec de eius miseratione diffidat, qui allevat omnes qui ruunt et erigit omnes elisos. Dum enim in hoc corpore vivitur, nullius est negligenda correctio, nullius despe- 15 randa reparatio. Oret itaque sancta ecclesia et pro his qui crediderunt gratias agens proficientem eis perseverantiam petat, pro his autem qui extra fidem sunt poscat ut credant; nec ideo ab obsecrationibus cesset, si pro aliquibus exaudita non fuerit: Deus enim qui omnes vult in agnitionem veritatis venire, non potest 20 quemquam sine iustitia refutare.

59, 11sq. qui … cadat] *cf.* 1 Cor. 10, 12   **13** absorbeatur tristitia] *cf.* 2 Cor. 2,7   **13sq.** qui … elisos] *cf.* Ps. 144, 14   **14–16** dum … reparatio] *cf.* Leo M., serm. 34, 5, 184–185 (*v. p.* 37)   **19sq.** deus … venire] *cf.* 1 Tim. 2, 4

κ ($WPLC + \kappa^{1}[ADFJTOI] + \kappa^{2}[RK]$) *Do G* (*pc.*) λ ($MVHNS\lambda^{1}\lambda^{2}$)

4 per[1] *om. YZ* | roborem *P*   **5** per] et *YZ*   **6** secundum *om. D* (*ac.*)   **7** secundum *om. PF* (*ac.*) κ^{2} | suo merito κ^{2} **8** remotissimo] novissimo *Do* praefiniti *I* (*ac.*)   **11** perserantem *W* (*ac.*) *P* (*ac.*)   **12** ac] et *W*λ *edd* | virtus *K*; vinctus *U*   **14** corruunt *PLCTODo*κ^{2}*edd* | enim *WPG; om. cett.*   **15** correptio *KY* | nullius[2]] est *add.* λ *edd*   **16** reparatio] concludit *add. Y Z* | his] iis *E edd*   **18** his] eis *E edd* | fide *P* | ab *om. YZ*   **20** vult omnes *tr. G* | in] ad λ (*exc. U*) | in … venire] salvos fieri *U* | veritatis *om. V* (*ac.*) explicit … Prosperi (*om. L*) de vocatione omnium gentium *WPLCR*; explicit … Prosperi … de vocatione gentium κ^{1} (*exc. A*) *G*; de vocatione omnium gentium … explicit *VHNBr*; explicit … Ambrosii de vocatione omnium gentium $\lambda^{1}BE$; *deest in ceteris* (*v. p.* 45–56)

Index locorum similium

a) Biblia

Gen. 1, 27	*cf.* 1, 14, 1	14, 5	1, 42, 15; 2, 39, 15
4, 6–7	2, 22, 5–8	23, 13	1, 30, 33
5	*cf.* 2, 16, 9	41, 2	1, 52, 15
6, 1–3	*cf.* 2, 21, 2	**Ps.** 1, 2	*cf.* 2, 57, 26
6, 2	*cf.* 2, 16, 3	2, 1	*cf.* 2, 29, 6
6, 3	2, 16, 7	2, 1–2	2, 27, 13–15
6, 7–8	*cf.* 2, 21, 8	2, 8	1, 19, 20
7, 7	*cf.* 2, 23, 1	13, 2–3	1, 20, 12–15
8, 16	*cf.* 2, 23, 1	24, 10	2, 49, 12; *cf.* 2, 1, 15
9, 1	*cf.* 2, 23, 9	32, 5	2, 7, 18
9, 3–4	*cf.* 2, 23, 10	35, 9	*cf.* 2, 19, 11
9, 13	*cf.* 2, 23, 11–13	36, 23–24	1, 50, 2–4
11, 1–9	*cf.* 2, 24, 2–10	42, 3	1, 50, 5
12, 3	2, 26, 2	43, 22	1, 56, 37; 2, 29, 28
17, 5	*cf.* 2, 25, 6	50, 6	*cf.* 2, 1, 19
17, 11	*cf.* 2, 25, 9	58, 10–11	1, 50, 8
22, 17	*cf.* 2, 25, 4	62, 12	*cf.* 2, 1, 18
22, 18	*cf.* 2, 49, 5	67, 19	*cf.* 1, 54, 7
26, 4	*cf.* 2, 49, 5	71, 11	2, 33, 17
28, 14	1, 18, 11	71, 17	2, 33, 18
Exod. 4, 11	1, 30, 10–12	76, 19	2, 7, 3
Lev. 20, 26	1, 6, 5–7	77, 39	1, 9, 26
Deut. 32, 8–9	1, 6, 1–4	85, 9	2, 33, 15
32, 19–21	2, 33, 8–14	111, 9	1, 54, 19
Iud. 6, 15	*cf.* 1, 11, 23	114, 5	*cf.* 1, 26, 24
10	1, 37, 27–30	118, 155	2, 7, 16
Tob. 6, 16–18	2, 58, 4–13	144, 14	1, 19, 29; *cf.* 2, 59, 13
Est. 10, 9–10	1, 6, 8–10	**Prov.** 2, 6	1, 50, 10
Iob 7, 1	*cf.* 2, 47, 8	8, 14–15. 16	1, 50, 13–15
12, 6	1, 30, 15	8, 35	1, 50, 18; 2, 16, 16
12, 9–10	2, 39, 13–15	9, 10	2, 45, 3
12, 10	1, 42, 13–15	19, 21	1, 50, 19
12, 13–25	1, 30, 18–32	20, 24	1, 50, 16
14, 4	1, 14, 6–8	21, 2	1, 50, 17

206

b) Auctores

Aug., civ. 15, 7, 1	cf. 2, 22, 14
16, 11	cf. 2, 24, 7
Ps.-Aug., hypomn. 5, 8	2, 41, 11
Gelas., adv. Pelag. (coll. Avell., epist. 97) 47	1, 13, 12–14
Hier., comm. Matth. 4	cf. 2, 24, 7
Hincm., praed. lib. arb. PL 125, 117B–D	2, 55, 5–33
PL 125, 204A	2, 12, 12–15
PL 125, 256B	1, 6, 15–7, 9
PL 125, 256C	1, 15, 17–19; 28–16, 7
PL 125, 256D–258A	1, 25, 1–27, 9
PL 125, 258A–C	1, 28, 9–29, 6
PL 125, 258C–D	1, 40, 1–12
PL 125, 258D–259A	2, 5, 6–12
PL 125, 259A	2, 7, 1–4; 7–9
PL 125, 259A–B	2, 7, 17–24
PL 125, 259B	2, 15, 4–9
PL 125, 259B–C	2, 35, 7–14
PL 125, 259C–260A	2, 42, 1–43, 5
PL 125, 260A	2, 48, 14–20
PL 125, 260B–C	2, 53, 4–7
PL 125, 334C–336A	1, 37, 32–40, 12
PL 125, 336A	1, 10, 8–17
PL 125, 336A–D	2, 30, 1–31, 5
PL 125, 473B–474A	1, 38, 20–39
Leo M., epist. 28, 5 (PL 54, 773A)	cf. 2, 48, 1–3
serm. 10, 2	cf. 2, 12, 25–29
serm. 18, 2	cf. 2, 8, 17–22
serm. 34, 5	cf. 2, 59, 14–16
serm. 60, 4	cf. 2, 46, 40–42
serm. 82, 2 (β)	cf. 2, 31, 17sq.
Prosp., carm. de ingrat. 1, 40–42	cf. 2, 31, 21sq.
ep. Ruf. 16, 17 (PL 51, 86, 54)	cf. 2, 33, 5sq.
Ratram., div. disp. 1 (PL 121, 27C–28D)	1, 29, 1–30, 34
Sen., vit. b. 8, 1	cf. 1, 2, 5sq.